本专著系国家社会科学基金项目"商业银行参与上市企业公司治理的机理研究"（08BJL030）的研究成果，受博士后科学基金项目"我国上市商业银行公司治理机制与实证研究"（2011M501308）资助，重庆市重点学科：重庆工商大学工商管理学科专项资助出版

# 银行与公司治理：
## 理论与经验研究

邓莉
等著

中国社会科学出版社

# 图书在版编目（CIP）数据

银行与公司治理：理论与经验研究/邓莉等著 . —北京：中国社会科学出版社，2015.12

ISBN 978 - 7 - 5161 - 6687 - 1

Ⅰ.①银… Ⅱ.①邓… Ⅲ.①商业银行—上市公司—企业管理—研究—中国 Ⅳ.①F832.33

中国版本图书馆 CIP 数据核字（2015）第 166937 号

| | | |
|---|---|---|
| 出 版 人 | 赵剑英 | |
| 责任编辑 | 王　曦 | |
| 责任校对 | 周晓东 | |
| 责任印制 | 戴　宽 | |

| | | |
|---|---|---|
| 出　　版 | 中国社会科学出版社 | |
| 社　　址 | 北京鼓楼西大街甲 158 号 | |
| 邮　　编 | 100720 | |
| 网　　址 | http：//www.csspw.cn | |
| 发 行 部 | 010 - 84083685 | |
| 门 市 部 | 010 - 84029450 | |
| 经　　销 | 新华书店及其他书店 | |

| | | |
|---|---|---|
| 印　　刷 | 北京君升印刷有限公司 | |
| 装　　订 | 廊坊市广阳区广增装订厂 | |
| 版　　次 | 2015 年 12 月第 1 版 | |
| 印　　次 | 2015 年 12 月第 1 次印刷 | |

| | | |
|---|---|---|
| 开　　本 | 710×1000　1/16 | |
| 印　　张 | 14.5 | |
| 插　　页 | 2 | |
| 字　　数 | 256 千字 | |
| 定　　价 | 56.00 元 | |

凡购买中国社会科学出版社图书，如有质量问题请与本社营销中心联系调换
电话：010 - 84083683

# 前　　言

本专著是关于银行参与企业公司治理的研究。运用委托代理理论、利益相关者理论、金融中介功能理论、资本结构理论、公司治理机制理论以及债务契约理论等，分析探讨了商业银行债权参与企业公司治理的机理；实证考察了商业银行通过子公司持有企业的股权来间接参与企业公司治理，以及通过提供并购贷款影响企业的控制权市场等；并提出了拓宽企业融资渠道、加大债券融资比例，提高企业信用水平、提高银行风险意识和风险管理能力，鼓励银行积极稳妥地参加并购融资等对策建议。

**一　主要研究结论**

1. 商业银行参与上市企业公司治理的机理主要有降低代理成本、信息传递、监督与激励等，商业银行参与上市企业公司治理的机制主要有董事会机制、金融机构集中持股监督机制、控制权市场机制和债务治理机制。商业银行参与企业公司治理的理论基础研究表明，由于商业银行作为企业重要的利益相关者，以及商业银行作为委托人与代理人的企业之间存在典型的委托代理问题，银行作为投资人应该参与或介入企业的公司治理中。理论研究还提示，关于商业银行参与企业公司治理的机理有降低代理成本、监督与激励、信息（或信号）传递等。关于商业银行参与企业的公司治理机制主要有董事会机制、金融机构集中持股监督机制、控制权机制和债务治理机制等。

2. 不同类别的银行贷款具有不同的性质和特点，参与企业公司治理的机理也各异。债务期限结构可以影响企业的自由现金流，从而激励、约束股东和经理人的行为，同时向外部投资者传递企业真实价值，减少信息不对称。贷款的信用条件（或保障条件）中的抵押质押、保证、信用这几种贷款形式对银行利益的保证力度不同，抵押贷款是对企业财产的部分控制；保证贷款相对复杂一些，不但要对贷款企业的资信状况进行监控，还要对担保企业进行跟踪；信用贷款则是通过契约条件限制约束，具体的如监督贷款的使用，要求企业提供相应的财务账簿等，甚至对企业经营活动进行监控。因此，银行对抵押质押、担保和信用贷款的治理力度依次加强。按贷款信息条件，贷款分为关系型贷款和契约型贷款。关系银行通过持续不断的监督，与企业客户建立长期的合作关系，因而关系型贷款对企业的公司治理力度会强于契约型贷款的治理力度。而银行贷款质量与企业公司治理间表现出一种相机治理的特征，银行对正常贷款、关注贷款、不良贷款参与企业公司治理的力度不断加强。

3. 不同银行贷款类别的公司治理效应不同，债务期限结构的公司治理效应明显，贷款保障条件并未发挥出其应有的公司治理效用，关系型贷款能降低代理成本，但其他治理作用不显著。银行贷款期限结构的公司治理效应检验发现，银行贷款总量的公司治理绩效效应是显著正向的，银行短期贷款具有显著的清算约束效应，银行长期贷款具有显著的自由现金流和代理成本治理效应。而银行贷款的保障条件的公司治理效应检验结果显示，不同保障条件下的各种贷款的绩效效应都为负；不过也存在合理的自由现金流效应和代理成本效应，但是结果不显著。关系贷款除能显著降低代理成本外，其他治理效应都不显著。

4. 我国商业银行通过股权参与企业公司治理的机制主要是间接地介入公司治理，通过成立可以从事证券投资业务的子公司介入企业股权投资，或者作为基金托管人的身份也可以间接地通过对基金资金投向的管理和监督对上市公司的治理产生影响。不过也有通过债转股等形式直接获得企业股权的，如中国建设银行通过债转股获得部分企业股权，中国银行持有 4 家非金融企业的股份，并且能对其中 2 家企业产生重大影响。

5. 并购贷款将对上市企业公司治理产生重大影响。我国的并购贷款可以说是 LBO 的雏形，银行可通过融资监督和信息传递，影响企业的重大战略投资选择，同时也可以间接地通过控制权来激励管理者，在我国已有支持 MBO 的并购贷款。不过由于我国并购贷款的开展时间较短，关于其治理效应未能检验。另外，我国并购贷款中还存在法律法规不完善，专业人才缺乏，风险控制能力有限和专业配套服务不足等问题，还需要进一步完善相应的保障条件，扫除并购贷款的障碍。

## 二　主要的政策建议

1. 拓宽企业直接融资通道，加大企业债券融资比例。目前，我国企业债券在企业内部融资占比不高，银行持有企业债券占其资产中的比例也非常小，而银行贷款是企业融资的主要来源，对企业而言压力大，对银行而言风险高。所以拓宽企业的直接融资通道，特别是对于上市公司除了股权融资、银行贷款，应加大企业债券等市场融资工具的运用。

2. 提高企业的信用水平。实证研究结果提示，我国企业的信用水平也许并不能让银行放心，关系贷款并没有降低企业的债务融资成本，出现了保证贷款、信用贷款和抵质押贷款的公司治理绩效效应依次增强的现象。此外，这几种贷款存在对管理者的约束作用但效应不明显。说明银行监督意识不强的同时，企业的信用水平还有待提高，管理者的机会主义动机明显。因此，应该加强企业的信用水平，进而提高企业的融资能力和公司价值。

3. 强化商业银行的商业化运作理念，综合运用各种贷款的性质和特征，加强对企业的公司治理，同时增强风险意识和风险管理能力。如债务期限结构中短期贷款的运用上，加强其治理作用、限制管理者的自由现金流和管理成本；对信用贷款、保证贷款、抵质押贷款等，也要针对贷款特性，加强对其监督和控制，令其发挥出应有的公司治理效应；关系贷款的应用上，应进一步加强关系贷款在限制企业自由现金流中的作用，进而提高企业的运作效率。

4. 积极稳妥地推动商业银行参与并购融资。发展并购贷款业务，有利于推动我国产业升级和行业重组，有利于资源的优化配置。因此，尽快建立和完善相关法律制度及管理机制，帮助商业银行建立开展并购贷款的技术和人才等条件，促进并购贷款业务和并购市场的健康发展。这样便为银行通过控制权市场参与企业公司治理提供条件。

本专著是在邓莉主持的国家社科基金项目《商业银行参与上市企业公司治理的机理研究》的研究成果基础上，由邓莉主撰，李宏胜、秦冬梅、张婉君、党文娟、徐世伟、桂银香、陈静、崔子龙、冉勇等共同著述完成。本书在出版过程中，得到了重庆市重点学科：重庆工商大学工商管理学科专项资助，以及王曦编辑的热情帮助和其他各位编辑的大力支持，在此一并表示最诚挚和衷心的感谢！需要指出的是，本书可能存在诸多不足，欢迎相关领域专家学者和读者批评指正，当然文责自负。

邓　莉

2014 年 10 月 22 日

# 目　　录

# 第一章 绪论

## 第一节 研究的背景和问题

关于银行与公司治理的研究，可以追溯到公司治理机制中对治理主体的讨论。目前，公司治理主体主要有股东、债权人和职工等。而这些主体在公司治理中发挥作用如何？这又与各国的政治、法律、金融系统密切相关。研究表明，在市场基础型的金融系统（market – based system）更加强调股东这一治理主体，而在银行基础型的金融系统里债权人特别是银行的作用显得更为重要。由于我国资本市场不发达，是一个典型的银行基础型的金融系统，而商业银行是银行基础型系统里重要的金融机构，在我国提供了 50% 左右的债务资金（邓莉，2007），因此我国银行在企业公司治理中的作用更值得关注。

当今全球银行业综合经营已成为一个发展趋势，为此，本书中系统探讨了银行特别是商业银行作为投资人参与企业公司治理的机理，结合银行综合经营的背景和思路探索了其参与公司治理的路径。本书运用委托代理理论、公司治理机制理论、资本结构理论、金融中介理论和债务契约理论等，探讨商业银行参与企业公司治理的机理，基于我国公司治理实践探索我国商业银行参与上市企业公司治理的特殊规律，并探索了适合我国商业银行实际转化的路径。

## 第二节 国内外研究综述

关于银行参与企业公司治理的理论和实证研究成果都较丰富，从宏观的金融经济理论到具体的金融工具应用等都有丰硕的成果。

## 一　国外文献综述

### 1. 理论成果综述

理论研究成果主要有金融资本理论、金融中介理论和资本结构理论等。研究结果表明商业银行可以通过监控等途径参与企业公司治理。

（1）金融资本理论

金融资本理论认为，银行资本通过资本信用支配社会资源，促进产业资本的扩张，并利用金融的优势地位控制和监督企业，金融资本对企业有较强的控制作用（鲁道夫·希法亭，1910；赖特·帕特曼，1978 等）。1910 年，鲁道夫·希法亭在他的《金融资本》一书中，明确指出，"产业对银行的依赖，是财产关系的结果，产业资本的一个不断增长的部分不属于使用它的产业资本家了。它们只有通过代表同它们相对立的银行，才能获得对资本的支配……我把通过这种途径实际转化为产业资本的银行资本，即货币形式的资本，称为金融资本"。并且还认为银行不仅可以向股份公司提供信用，还可以持有公司股票进而对公司施加影响，指出"银行一方面为保证适当地利用信用，必须对股份公司进行监督；另一方面，为保证自己一切有利可图的金融交易，也必须尽可能地对股份公司进行控制……从银行的这种利害关系中，产生出不断地对与它利害攸关的股份公司进行监督的努力，这可以通过监事会中的代表来最有效地进行。"到了20 世纪 60 年代，一些学者却认为，现代大公司的控制权实际上是掌握在各类金融机构手中，即金融机构控制了大公司，进而提出"金融机构控制论"的观点。主要代表人物有赖特·帕特曼（Wright Patman）、戴维·M. 考兹（David M. Kotz）、贝思·明兹（Beth Mintz）和米切尔·施瓦兹（Michael Schwartz）等。赖特·帕特曼研究小组通过对美国商业银行活动的调查研究，形成了《帕特曼报告》，并指出：商业银行作为贷款人——也就是资本的提供者，对非金融公司施加了影响和控制；商业银行作为股票持有人和投票人，对非金融公司实施着控制；商业银行与公司之间兼任董事，影响和控制着非金融公司。此后，戴维·M. 考兹进一步证实了《帕特曼报告》的观点。考兹从历史角度分析了美国 1865—1974 年大公司的金融控制情况。分析发现，特别是第二次世界大战后，非金融公司外部融资需求增长，商业银行又成为非金融公司最主要的资金提供者，再加上商业银行信托部的投资业务急剧发展，商业银行替代了投资银行成为最有权力的金融控制机构。贝思·明兹和米切尔·施瓦兹在其 1985 年出版的《美国企业的权力结构》一书中,从理论和实证角度也论证了金融机构实际上支配和控制着工商企业的观点,提出了著名的"金融霸权论"(The Theory of Financial Hegemony)。金融机构在控制支配企业的方式上,Stiglitz(1985)提出了银行在控制管理层时处于有利的地位,具有鲜明的控制能力。他在《信贷市场和资本控制》一文中指出,传统的控制机制有股东大会、接管和"美元投票"(Voting with Dollars),这三种机制都不是很有效。Stiglitz 进而提出,应该由银行贷款者实施控制职能,而不是由证券所有者;如果允许企业持有企业一定比例的股票,银行的监控动力就更强。

(2)金融中介理论

金融中介理论认为银行可对潜在的借款人进行筛选和监督,具有代理监督的优势和动力,持债人如银行有较高的干预企业的积极性,银行贷款者应该实施控制职能并实行相机治理(Leland and Pyle,1977;Diamond,1984;Stiglitz,1985;Dewatripont - Tirole,1994;青木昌彦等,1999)。

Leland 和 Pyle(1977)开始用"信息"概念解释金融中介理论。他们认为,对任何贷款人或投资者而言,交易成本产生于不完备信息和信贷市场的独特性质,即现实的商品(货币)与未来交付商品(如本金加利息)的承诺相交换。只有当这一承诺充分可信时,市场才是有效的。他们将金融中介视为可减少及消除信息不对称和可信性问题的机构,因银行可对潜在的借款人进行筛选,并对实际借款人进行监督。由于相对于零散的储蓄者,金融中介机构处于更有利的地位来监督和影响借款人在借款后的行为,银行可通过合同有效期内的监督活动,减少由于道德风险所引起的交易成本。另外,银行为客户提供支付服务的同时,通过客户开立的账户,可以很容易监督该客户的金融交易情况,从而得到客户的信用资料,这为银行的筛选和监督功能的发挥也提供了方便。

Douglas W. Diamond(1984)提出了银行的代理监督(Delegated Monitoring)作用。Diamond 认为,金融中介(如银行)相对于直接贷款和借款具有净成本优势,这种优势构成了银行进行代理监督的有效激励,使银行有动力进行相应的监督。Diamond 还建立了一个中介模型,说明由银行监督企业,是确保投资者利益的最优解。他假设一银行以契约方式从 M 个存款人那里获得资金,并且为 N 个企业提供融资。若一个企业需要向 m 个贷款人融资，若每个贷款人监督成本平均为 C，企业的投资收益为独立的均衡分布，每个企业投资期望收益为 E（R），而且 E（R）> mC。如果贷款人直接借款给企业，他们会选择监督解决方法对付企业的隐瞒利润行为，监督成本为 mC；如果企业是从银行获得资金，银行执行监督职能，则将产生成本 C。这样，与直接借款相比，由银行充任监督者，对每个企业的总监督成本就可减少（m－1）C。可见，由银行监督企业，是确保投资者利益的最优解。

青木昌彦等（1999）对银行的监督动力进行了分析，认为银行作为代理监督者（Delegated Monitor）有动力对企业实施监督，这种监督动力来自于长期"租金"的获得，并提出相机治理的观点。这些租金归纳为：①信息优势和信息租金。②市场力量和成本的均匀分担。③声誉。④特殊关系租金（relation - specific rents）。青木昌彦（1994）建立一个模型来说明关系型出资者和企业之间如何产生关系型租金。若出资者在企业治理结构中发挥作用，就可减少某种工作组织特有的道德风险问题。设想企业的内部组织集中了本企业特有的、互补的，而其单个贡献又很难衡量的人力资产。这些资产的所有者（工人）想方设法"搭便车"利用别人的劳动。但如果企业停业，他们将失去其特殊资产的连续性价值。因此，企业陷入财务危机时面临清算的威胁可有效地控制工人的道德风险行为。另外，工人资产的连续性价值也需要得到保护，避免受不可控制的外部事件造成企业暂时的财务危机的影响。即使出资者因信息不对称不能区分道德风险因素的影响和外部风险因素的影响，为了将来获得关系型租金，他也会对陷入困境的企业采取代价高昂的救助行动，除非企业的状况已明显低于某种水平线，才会选择清算。如果企业运营良好，银行不会直接介入企业治理，即银行进行相机治理。

（3）资本结构理论

资本结构理论研究的主要内容是关于资本结构对公司价值的影响，其影响机理从某种意义上也提出了资本结构的公司治理作用。威廉姆森（Willamson，1988）就指出，股权融资和债权融资不仅是不同的融资手段，还是不同的治理结构。资本结构理论的先驱者英迪利安尼和米勒（Modigliani and Miller，1958），最先提出了企业价值与资本结构无关论的假说，认为在给定企业风险和盈利预期等前提下，企业价值与资本结构无关。也就是说，不同的融资政策不会改变企业的总价值。随后，英迪利安尼和米勒（Modigliani and Miller，1963）又提出，在加进了政府变量后，政府要通过税收参与企业利润分配，而由于公司所得税允许利息费用在税前抵扣，这种情况下企业价值会随着负债比率的上升而增加。也就是说，债权融资会增加企业价值，因而企业会不断加大负债。但这一推测又与现实不符。米勒（Miller，1977）研究发现，由于个人所得税税率在利息收入和股利收入上存在的差异会抵消公司所得税利息抵税的好处，这使得企业负债比率不可能一味地放大。此后，关于负债对公司价值的影响及最优资本结构的讨论也非常激烈。罗斯（Ross，1977）、利兰和派尔（Leland and Pyle，1977）等，认为负债水平选择是企业质量好坏的信号，企业质量越好，负债水平越高。负债可以作为一种反兼并的工具；而且负债还是一个制约机器，因为违约风险的存在，贷款人有了决定是否让企业清算破产的权力，同时也给了投资者相应的知情权（Harris and Raviv，1988；1990）。

资本结构的公司治理机理，还出现在代理理论的研究成果中。代理理论认为，由于债权人的出现，原有的股东和管理层之间的利益格局出现了新的变化。债权人会减缓股东和管理层之间的矛盾，因为债务的偿还减少了管理层手中的可自由支配的"自由现金流"，而且负债的硬约束还可以限制管理层的回旋余地（Jensen，1986）。但是新的矛盾又产生了，可能会产生新的代理成本，甚至会出现"投资不足"。Jensen 和 Meckling（1976）分析了股东、债权人和管理者三者利益冲突对企业投资和融资决策的影响，发现与债权融资有关的代理成本主要有：①负债对企业投资决策的影响而导致的机会财富损失；②由债权人和所有者—管理者（即企业）承担的监督和约束支出；③破产和重组成本。Myers（1977）对"投资不足"这一债权代理成本进行了专门研究，发现在负债率和投资不足之间存在显著正相关关系；但同时他也指出，由于投资会加大项目的风险，权益持有者转移风险的动机会缓和"投资不足"这一问题，因此，资本结构最大优点与企业风险水平相关，资本结构的最优点就是边际权益代理成本和边际债务代理成本趋于相等时的资本结构水平。

（4）金融工具治理机理

关于金融工具治理机理主要是对贷款和债券等的研究。

研究关系贷款的治理机理的代表性成果主要有：Sharpe（1990）认为关系型借贷是在信息不对称的基础上通过社会网络的长期交流而形成的隐

性合约。Berlin 和 Mester（1998）认为银行贷款按贷款方式可分为市场交易型贷款和关系型贷款。市场交易型贷款多为一次性的交易行为，信贷需求不会反复发生，如抵押贷款等。贷款人也没有企业专有信息，不干预、控制企业，而是通过优先受偿权和抵押担保等方法来保障其债权；而关系型贷款以银行对借款人保持密切监督、银企重新谈判和双方隐含的长期合约为基本特征，其主要表现形式为额度贷款和承诺贷款，它们是银行在预先设定的条件下提供流动资金融资的事先承诺。Boot（2000）、Berger 和 Udell（2002）等都研究了关系型贷款的作用机理，认为关系型贷款的决策主要依靠的是不宜公开获得且难以量化、难以传递的"软"信息，如企业所有者品质和能力，银行通过与关系企业及其所有者进行多方面、长期的交往来收集这些"软"信息。可以理解为银行在收集这些信息过程中，参与了企业的公司治理。关于债券的公司治理机理研究的主要有：Rajan（1992）假定，私人债权人（银行）能够获得企业的内部信息并监督之，而公众债权人则由于过高的监督成本而无法监督，研究结论是企业将选择其最优的债务结构，以便减少私人债权人掠夺其利润的能力，同时不会过分地减少私人债权人对于不营利项目的控制能力。后来，Hart（1995）认为可以形成一个关于最优债权人数量的理论。Bolton 和 Scharfstein（1996）将这个想法精细化为模型，并用这个模型解释了企业的公众债/私人债的选择问题。

2. 实证研究成果综述

实证研究成果主要集中在转轨国家、德国、日本和美国等经验研究，且具体到金融工具的应用。

银行参与公司治理的比较研究。国外许多学者都对银行参与公司治理的机制进行过比较研究。Macey 和 Miller（1999）在《公司治理和商业银行：德国、日本和美国的比较研究》一文中指出，日本的主银行体制和德国的全能银行体制鼓励了整个社会最优的公司决策制定，而与日本和德国银行不同，美国法律限制银行持股，为了防止对借款人进行经营控制，法律对借款人的银行债务也进行控制，美国银行并不能积极参与公司治理。并得出结论：最高效的模式是，大量股东对任职经理施加新任威胁，银行通过控制道德风险使它们的比较优势最大化。Gray（1997）以转轨经济中的东欧部分国家为例，他认为债权人依靠债务人偿还的债务维持其生存，没有可靠的债务回收，任何监督和竞争都无法保障银行的经营效益。因此，银行主导型融资模式，强化对大中型企业尤其是国有企业的监督作用，首先是银行维护其资产安全和利益的需要。此外，他还提出，建立有效的债权人监控机制是成功地进行经济转轨的一个关键因素，银行等债权人对企业的监督可以有两种方式：一是积极方式，即直接插手评价企业的经营状况、投资决策、偿还能力及意愿等；二是消极方式，即依赖抵押价值进行放贷决策。此外，Day 和 Taylor（2004）以保加利亚、捷克、匈牙利、斯洛伐克四个转型经济国家为例，认为在经济转型初期，市场存在很多缺陷，此时对债权市场进行规制改革可能更为有效，治理模式以债权主导的公司治理更为有效。银行基础型的公司治理系统是许多亚洲转型经济的当然选择（Nam，2004）。

从股东控制角度进行研究。Franks、Mayer（1998）从股东控制角度的研究，对德国银行控制的研究，利用了事件研究法，发现银行对投标结果产生实质影响，其权力主要来源于监事会中的席位和中小股东的投票权委托。中小股东的委托投票确实可以限制大股东的权力，但是投标价偏低，又显示了银行并没有完全从维护中小股东利益角度而行动。Boehmer（2000）研究了股东集中和银行控制对收购方公司绩效的影响，发现银行与其他大股东比较时，银行控制是有益的，但是由银行这一大股东控制下的并购最糟糕，认为在大股东控制，无论是银行还是其他大股东都不能保证是最大化公司价值。

从银行作为贷款人的信息生产和传递角度进行研究。Allen、Jagtiani、Peristiani、Saunders（2004）从贷款人生产和传递信息的角度看，研究了商业银行和投资银行作为投资顾问在收购兼并中的作用。研究发现，目标公司聘请自己的贷款银行做投资顾问时，可获得更高的超常收益；而收购方公司聘请商业银行投资顾问与否，对超常收益的影响不显著。收购方公司更多利用以前的贷款关系来选择其投资顾问，贷款关系越密切的银行被选为顾问的可能性越大。这可能是因为商业银行作为目标公司的顾问时，由于商业银行比其他投资人拥有更多的信息，在目标公司定价时提供了一种鉴证作用（certification effect），因而提高其超常收益。而由于商业银行是公司的贷款人，由于其自身利益的驱使，可能会因为利益冲突而使信息发生扭曲，弱化其鉴证效应。对收购方公司，银行可能是收购后期的重要融资来源，因而其鉴证作用被利益冲突所抵消。Ivashina、Nair、Saunders、Massoud 和 Stover（2005），对银行及银行贷款在公司控制权市场中的作用进行了研究。研究发现银行贷款强度和银行客户网络显著地影响着贷款公司，且与借款者成为收购目标正相关。此外，并购的成功率与借款强度也呈正相关关系。于是得出银行在公司控制权市场上对公司有重要的约束作用的结论。日本、德国经验研究认为，银行参与公司治理可克服公司的道德风险，同时又存在银行作为贷款人与股东的矛盾冲突，银行通过控制道德风险使它们的比较优势最大化（Macey and Miller，1999），德国银行并没有完全维护中小股东利益（Franks and Mayer，1998），目标公司聘请自己的贷款银行做投资顾问可获得更高的超常收益（Allen 等，2004），德国和日本的银行体制能降低代理成本并部分地代替美国资本市场的作用（Mork and Nakamura，1999）。美国经验研究表明银行可通过公司控制权市场等途径参与公司治理，银行通过公司控制权市场对公司有重要的约束作用（Ivashina 等，2005），美国银行对公司的行为远远超出了贷款合约的范围，扮演了重要的公司治理角色（Choi，2004）。

关系贷款的实证研究结论有：主要关系贷款带来的产出结果包括优惠的贷款价格、信贷可得性或当借款者面临财务紧缩时提高银行投资决策的效率。代表性成果主要有：Stuart、George 和 Itzhak（1989）研究发现，通过理论模型对银企关系下的均衡贷款价格进行了分析，得出银企关系的期权性质决定了关系的持续将改善银行信息结构，使内部银行相对于潜在贷款者获得信息优势，同时减少了收益的不确定性与期权价值。

**二　国内文献综述**

国内对银行参与公司治理的探索主要集中于公司治理机制比较，具体路径主要从法学和经济学角度进行研究。

1. 国内对公司治理机制进行的比较研究。主要有：周睿（1999）采用比较制度分析方法，从公司治理结构的制度基础、作用机制、绩效及评价等方面比较了德国、日本、美国银行在公司治理结构中作用的不同特点，从我国企业改革历程和银企关系的变迁分析了银行在我国公司治理结构中发挥作用的可能，进而得出结论：认为银行对企业有较强的监控能力，但由于信息不对称，银行的债权控制具有不完全性，这就要求银行债权控制需与企业破产机制相结合，为我国银行发挥监控功能创造条件。王继康（2000）借鉴国外经验，认为在转轨经济时期，银行对企业治理尤其是对国有企业治理结构改革更具有不可替代的作用。徐强胜、李中红

（2001）比较了美国、德国、日本银行参与公司治理结构模式，认为美国银行对公司治理基本上是持消极态度的，德国和日本则是积极参与。美国银行对公司主要采取相机治理机制，避免了银企之间的相互包庇、隐瞒，使银行能迅速从财务不佳的企业中脱身，从而减少银行风险。德国和日本的优势在于通过稳定的银企关系，使企业重视技术的开发和应用，重视长远利益和发展，以及减少市场不必要的波动与资源浪费。提出"建立银行对公司的相机治理机制和赋予银行股票代理控制权等"建议。

2. 法学的规范研究表明银行应该参与公司治理，银行应该从"债权治理"向"股权治理"过渡（周惠媛，2004），银行可通过银行董事监事制度、相机治理、代理投票权、银行持股和主银行制度等参与公司治理（鲁薇薇，2006；郭大瑞，2006），银行代表进入公司监事会参与公司内部监督（安毓秀，2006），强化银行监事在公司资本监管范围内的监督权（李哲，2004）。

3. 经济学视角的实证研究表明我国银行对企业有一定的监督作用，但作用有限，监督力度较弱。邓莉、张宗益、李宏胜（2007）对银行债权的公司治理效应进行检验发现，我国银行债权整体上对上市公司的治理力度很弱，由于长期债权能发挥一定的监督作用，长期贷款占比少，以致银行债权不能有效约束经理人。邓莉、张宗益、李宏胜等（2008）对银行的控制权治理机制中的信息传递机制进行实证研究发现，银行通过其信息传递途径影响公司治理的结论与理论假设正好相反，显示了我国银行对公司治理的消极作用。其他相关的实证研究结论主要有：德国、日本等银行对企业有较强的监控能力（周睿，1999；王继康，2000；徐强胜、李中红，2001），银行借款在上市公司的债务融资中占比相当大（汪辉，2003），企业财务和公司治理将影响贷款定价（胡奕明、谢诗蕾，2005），银行贷款政策与企业财务状况之间存在一定联系但不是很明确（胡奕明、周伟，2006），主营业务利润率变动与长期银行借款的变动在10%水平上呈负相关关系（雷英，2007），等等。另外，政策建议主要有：银行债权控制需要与企业破产机制相结合（周睿，1999），建立银行对公司的相机治理机制和赋予银行股票代理控制权的建议（徐强胜、李中红，2001），商业银行可以采取约定参与、法定介入和对经理人约束等参与控制权配置（宋玉华、虞迪锋，2005）。

4. 关系贷款的研究成果综述。关系贷款的代表性成果主要有：黄纯纯（2003）把长期债权债务关系视为关系贷款，考察了关系贷款对民营企业上市公司的影响，研究表明企业的信息显示越充分，银行的信息成本越低，银行与企业在签订贷款合同中的地位会有所改变，从而影响了银企关系的程度与方式。顾海燕（2003）研究发现，各国市场环境下，银行与企业之间的关系型融资有不同的表现形式，信贷行为受到银企双方谈判地位、主观认识的影响以及社会信用、经济条件、制度背景等客观环境的制约；在利率市场化和银行业适度竞争的条件下，中小企业和中小银行之间的关系贷款安排易于满足合约双方的参与约束和激励相容约束，不失为我国中小企业融资的一条可行途径。

5. 并购贷款的研究进展。并购借款在 2008 年年底国家政策出台以来，实业界和理论界都进行了较为广泛和深入的探索。实业界主要是完善并购贷款相关制度及实施细则等，以及对业务的尝试开展。理论界主要探索了并购贷款的内涵、国际经验和风险防范等。代表性的文献有：费国平、张云玲（2009）对并购贷款的内涵进行了详细介绍和探讨。冯波（2010）对并购贷款与国外的 LBO 贷款进行比较，从国际经验借鉴的视角进行探讨。李瑞红（2010）、谢清河（2010）、秦宏昌（2010）等都从并购贷款的风险防范和控制角度进行了探讨。

银行参与公司治理的机制研究成果，国外文献较多，国内在近年来也有一些成果出现。国外主要从股东控制角度和从银行贷款的信息传递机制角度进行研究。国内主要是对银行的治理效应进行实证检验，以及对银行贷款监督作用进行考察。总之，上述国内外丰富的文献为本书的研究奠定了坚实的基础，为本书的研究框架和思路提供了重要支撑。

# 第三节　研究任务和技术路线

## 一　研究任务

1. 商业银行通过债权参与公司治理的机理和有效性研究。我国商业银行与企业间主要是距离型关系而不是关系型的债权债务关系，银行债权人对借款人的治理是消极的。在信息严重不对称的情况下，银行债权人利益被侵蚀的事件时有发生。而银行债权人以何种方式参与公司治理？本书将从银行的资产业务出发探讨其参与公司治理的方式和途径。银行的资产业务主要有：贷款、证券和租赁业务等。贷款按期限分为长短期贷款，按信用条件分为抵押、担保和信用贷款，按信息对称与否及是否参与公司治理分为契约贷款和关系贷款，按贷款质量分为正常、关注、次级、可疑和损失贷款，等等；证券投资业务主要包括国库券、中长期国债、政府机构债券、市政债券或地方债券以及公司债券。不同资产业务特性决定了银行不同的治理方式和治理效率，探讨能实现高效治理效率的资产组合及其治理作用方式。

2. 商业银行通过股权参与公司治理的可行性和途径研究。在银行基础型的金融系统中，银行与客户是长期的合作关系，银行不仅是企业的债权人，还是企业的股东，通过产权关系对公司进行强有力的监督和控制，并取得一定成效。我国商业银行法规定，银行不能直接持有非金融企业的股票。目前，我国商业银行正向综合经营转型，银行混业经营已经启动，银行持股、银证合作方式等问题亟待研究，这无疑成为本书的研究重点。

3. 商业银行通过控制权市场参与公司治理的机理研究。随着资本市场的发育和完善，公司控制权市场治理机制日益被广泛采用。目前，银行主要通过三种方式影响控制权市场：为杠杆收购提供融资、为促成其他机构投资者收购提供信息服务，以及自己作为机构投资者接管公司。本书将研究银行利用其贷款人的特殊地位，通过信息传递、杠杆融资等方式，直接威胁公司现有不称职的管理者的公司治理机理。

**二　主要技术路线及研究框架**

本书的主要技术路线见图 1 - 1。研究的基本思路是从理论研究到实证研究，进而得出研究结论和政策建议。在理论研究中，委托代理理论、利益相关者理论和金融功能中介理论以及资本结构理论为公司治理机理提供了重要理论依据，可以将公司治理归纳为降低代理成本，激励与监督和信息传递等机理。其中，在实证研究中这些机理又量化为具体的治理效应指标为：代理成本效应指标；控制权激励指标（自由现金流指标）和清算约束效应指标（治理绩效效应指标）等。公司治理机制理论和债务契约理论主要为公司治理机制提供了重要理论依据，本书重点研究了债务治理机制、股权治理机制和控制权市场治理机制等。在实证考察这些治理机制过程中，运用并检验了相关公司治理机理的作用效果。最后得出了相应的政策建议。

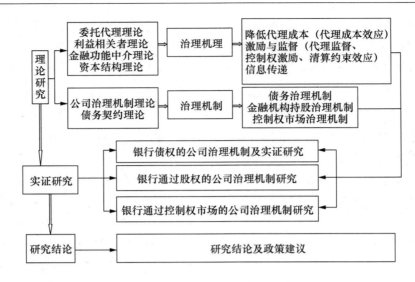

**图 1 - 1　本书研究的技术路线**

# 第四节　主要研究方法

本书综合采用了描述分析与规范分析、理论研究与实证研究等研究方法，具体到各部分研究内容时，各种方法又有所侧重。

1. 计量、统计回归分析方法。在研究我国银行债权参与公司治理的有效性时，采用了计量统计分析方法，对上市公司的相关数据进行数理统计分析和多元回归分析。主要分析了债务期限的治理效应和机理、债务的信用条件结构的治理效应和机理，以及债务的信息条件（重点是关系贷款）的治理效应和机理，这些分析研究中都运用了统计回归分析方法。

2. 比较研究法。在研究银行股权参与公司治理部分时，对国际银行的综合经营和银行作用探讨时进行了国际比较。

3. 案例研究法。对我国银行通过股权参与公司治理的路径探索时，选择了几大银行和几个行业里的大公司作为案例进行分析研究；研究银行通过控制权市场参与公司治理的机理部分，结合我国并购贷款的发放和安排实践，主要对典型案例进行分析。

# 第五节　研究对象及概念说明

## 一　研究对象选择

治理主体选择了商业银行。在银行基础型金融系统里，商业银行是企业融资的主要来源，即使在上市公司，银行贷款也占到其资产总额一半以上。作为企业的重要融资主体和重要债权人，商业银行参与企业的公司治理理由都是充分的。而如何参与公司治理，便是本书研究的主要内容。

治理客体选择了非金融的上市企业（又称上市公司）作为研究对象。因为作为上市公司是我国企业里的明星同时也占用了大量的社会资源，其产品的市场占有率高，管理规范，信息披露相对规范完整，其公司治理水平也相对较高。因此，以上市公司作为研究对象更具有代表性和实践价值。

## 二　相关概念说明

上市企业与上市公司在本书中是同一概念。书中关于上市企业和上市公司有混用的情形，因为我国上市的企业只能是公司制的企业，所以上市企业就是上市公司。但书中又涉及公司治理这一概念，为了表达的顺畅和方便，所以表达为上市企业的公司治理或者企业的公司治理。

银行与商业银行在本书中也是同一概念。本书中银行与商业银行概念混用，其中银行就是指商业银行，如银行债权、银行通过持股、银行通过控制权市场等表达就没有用商业银行，但实质上指的就是商业银行，因为商业银行的主要业务是存贷款业务，以及本书的研究主体就是商业银行，所以有时把商业银行直接简化表达为银行。

银行的公司治理机理和机制。银行的公司治理机理主要是从理论上解释银行参与企业公司治理的原理，即在经济金融理论框架内，理解银行发挥作用的原理和产生的效应等。而银行的公司治理机制主要强调作用的过程，即实现公司治理的路径或具体实现方式等。所以这两个概念是相对的，相对于具体实现路径或方式，某一公司治理机制又成为其实现方式的机理。公司治理机制理论中具体的几个机制如债务治理机制等相对公司治理这一理论层次，属于治理机制，而相对于具体的债务期限结构治理机制而言，它又可以称为公司治理的机理；同理，控制权市场相对公司治理理论层面称为控制权市场机制，其相关的理论基础又构成下一层面如 MBO、信息传递等机制的机理。所以，在书中可能个别地方没有区分二者的区别，甚至有混用的情况，特此说明。

银行参与上市企业公司治理几个机制的表达。银行通过贷款等债权融资工具参与企业公司治理的机制简称为银行债权的公司治理机制；银行通过持有企业股权参与企业的公司治理机制，书中表达为银行通过股权的公司治理机制或简称为银行股权治理机制；银行通过控制权市场的治理机制有时也简称为银行的控制权市场治理机制。

# 第二章 商业银行参与公司治理的理论基础

关于商业银行参与企业公司治理的理论基础，主要可归纳为公司治理理论、委托代理理论、利益相关者理论、金融中介功能理论、资本结构理论，以及债务融资契约理论等。委托代理理论和利益相关者理论不但可以解释商业银行参与企业公司治理的缘由，还与后面的几个理论一起为研究商业银行参与公司治理的机理和机制提供了思路和理论支撑。

## 第一节 公司治理理论

### 一 公司治理的内涵

公司治理作为一个研究领域引起人们的重视是在 20 世纪 80 年代初，特里克（Tricker）在其 1984 年出版的《公司治理》一书中首次提到了公司治理在现代公司中的重要性。此后，伴随着一些西方大型公司中出现的重大管理问题，有关公司治理的研究进入了一个更为丰富、更为精细的阶段。我国学术界对公司治理研究的关注始于 90 年代初。1994 年 8 月，美国斯坦福大学的青木昌彦（M. Aoki）教授和钱颖一教授在"中国经济体制的下一步改革"国际研讨会上分别发表了论文《对内部人控制的控制：转轨经济中的公司治理结构的若干问题》和《中国的公司治理结构改革和融资改革》，首次将"公司治理"的概念框架引入了对中国企业改革的理论分析之中。然而，迄今为止，国内外文献关于公司治理的内涵和功能，并没有统一的解释。据统计，国内外有关公司治理或公司治理结构的概念多达数十种。本章从公司治理的目的和治理机制两方面来归纳这些公司治理的定义。

1. 从治理目的定义公司治理

由于学者们看待问题的角度以及对问题认识的深入程度不同，对于公司治理的定义目前还存在许多争议。从公司治理的目的来看，分为股东利益导向和利益相关者导向两种观点。

股东利益导向。许多学者从公司治理产生的背景出发，特别是基于美国股权结构高度分散的现实，股东利益被疏忽，认为公司治理就是以股东利益最大化为目的，解决股东和经理人员之间的委托代理问题，解决经理人员的激励约束问题。代表性的观点有：Jensen 和 Meckling（1976）认为，公司治理应致力于解决所有者与经营者之间的关系，公司治理的焦点在于使所有者与经营者的利益相一致。Fama 和 Jensen（1983）进一步提出，公司治理研究的是所有权与经营权分离的情况下的代理人问题，其中心问题是如何降低代理成本。施利弗和维希尼（1997）认为，公司治理是讨论以何种方式确定公司的资金供应者按时收回投资并获得合理的回报。李维安（2001）认为，公司治理是一个由主体和客体、边界和范围、机制和功能、结构和形式等诸多因素构成的体系。公司治理的主体是以股东为核心的诸多利益相关者，公司治理的客体由治理的边界决定。柯林·梅耶（Colin Mayer）把公司治理定义为，公司赖以代表和服务于他的投资者的一种组织安排。它包括从公司董事会到执行经理人员激励计划的一切东西。并认为公司治理的需求随市场经济中现代股份有限公司所有权和控制权相分离而产生。

利益相关者导向。与股东治理相对的是利益相关者理论。该理论认为，公司治理不仅仅要维护股东的利益，还要对其他利益相关者包括雇员、顾客、供应商、债权人以及社区等的利益协调。科克伦和沃特克（Philip L. Cochran，Steven L. Wartick，1988）认为，公司治理是指高级管理阶层、股东、董事会和公司其他利益相关者（Stakeholders）的相互作用中产生的具体问题。构成公司治理问题的核心是：（1）谁从公司决策或高级管理阶层的行动中受益；（2）谁应该从公司决策或高级管理层的行动中受益。当在"是什么"和"应该是什么"之间不一致时，一个公司治理问题就会出现。布莱尔（1995）认为公司治理是指有关公司控制权或剩余索取权分配的一整套法律、文化和制度性安排，这些安排决定公司的目标，谁拥有公司，如何控制公司，风险和收益如何在公司的一系列组成人员，包括股东、债权人、职工、用户、供应商及公司所有者之间分配等一系列问题。孟克斯（Monks）和米诺（Minow）（2004）认为，公司治理是指诸多利益相关者的关系，这些利益相关者决定企业的发展方向和业绩。主要的利益相关者包括股东、经理层和董事会；其他利益相关者包括雇员、顾客、供应商、债权人以及社区等。

2. 从治理机制定义公司治理

在实践中，以什么方式或者以什么途径来实现治理的目的，学者们提出了各种不同的"方案"，我们称为治理机制①，主要有组织结构、制度安排、权力配置等观点。

组织结构说。很多学者是从组织结构的角度理解公司治理的内涵，认为公司治理就是公司治理结构，是由所有者、董事会和高级管理人员组成的一种组织结构。其中，董事会的权力和功能是公司治理的核心内容，由于近年来公司董事会渎职现象的频繁发生，董事会责任逐渐引起学者们的重视。代表性的观点有：吴敬琏（1994）认为，所谓公司治理结构，是指由所有者、董事会和高级执行人员即高级经理人员三者组成的一种组织结构。特里克（Tricker，1995）认为，公司治理就是存在于治理主体与成员、管理者、其他利益相关者、审计员和政策制定者之间的正式和非正式的联系、网络及结构。

制度安排说。由于新制度经济学的发展，越来越多的人认识到公司治理是一套制度安排，用以协调各利益相关者的利益，特别是协调投资者和经理人员之间的委托代理关系，力求使委托人和代理人的激励相容。代表性的观点有：卡德伯里（1993）认为，公司治理是掌握、指导和控制公司的制度与过程。钱颖一（1995）认为，公司治理结构是一套制度安排，用以支配若干在公司中重大利害关系的团体——投资者（股东和贷款人）、经理人员、职工之间的关系，并从这种结盟中实现经济利益。并且还指出，公司治理结构包括：①如何配置和行使控制权；②如何监督和评价董事会、经理人员和职工；③如何设计和实施激励机制。吴淑琨和席酉民（1999）认为，公司治理是指联系企业各相关利益主体的一系列制度安排和结构关系网络，属于基础制度层面。OECD（1999）认为，公司治

---

① 所谓公司治理机制（Corporate Governance Mechanism）指的是公司的投资者或者利用法律以及公司章程等对投资者权益保护的规定，或者借助市场竞争的自发选择，或者在公司治理理论指导下通过人为的制度设计等来实现的公司控制和降低代理成本的各种机制和制度安排的总称（郑志刚，2004）。

理是一种据以对工商公司进行管理的控制体系，公司治理明确规定了公司的各个参与者的现状和权力分布，如董事会、经理层、股东和其他利益相关者。同时还提供一种结构，使之用以设置公司目标，也提供了达到这些目标和监控运营的手段。

权力配置说。从企业权力配置的角度看，公司治理是通过权力的配置，实现对企业的控制，并影响决策的最终制定，进而实现各利益相关者的利益。李维安（2002）认为，公司治理是通过一套包括正式或非正式的、内部的或外部的制度或机制，来协调公司与所有利益相关者之间的利益关系，以保证公司决策的科学化，从而最终维护公司各方面的利益。治理的目标不仅是股东利益的最大化，而且要保证公司决策的科学性。张维迎（1999）认为，公司治理是指有关公司控制权和剩余索取权分配的一整套法律、文化和制度性安排，这些安排决定公司的目标、谁在什么状态下实施控制，如何控制、风险和收益如何在不同企业成员之间分配等问题。也就是使剩余索取权与剩余控制权应尽可能地对应，即拥有剩余索取权和承担风险的人应拥有控制权；反之，拥有控制权的人应承担风险。

3. 公司治理的逻辑概念——本书的观点①

本书从公司治理的目的、适用范围、治理机制等角度，从公司治理的内涵和外延两方面定义，认为公司治理是指，在所有权和经营权相分离的公司制企业形式下，用于解决由于各投资主体利益不一致而引起的委托代理问题，利用以产权制度为基础的企业组织和管理制度即企业制度，以及以市场为基础的市场制度和法律制度等来协调各投资主体的利益及行为安排的制度设计，核心是权力的配置与行使，以实现投资人之间的激励相容，进而提高公司业绩、提升公司价值的目的。该概念不但说明了银行是公司治理的主体之一，还指出了治理的方式和途径——最重要的是产权治理，从理论上支持商业银行参与上市企业公司治理的观点。

公司治理的适用范围是所有权和经营权分离的公司制企业。这是因为从企业的发展史来看，企业从个人业主制，到合伙制，进而演进到公司制企业，前两种企业形式不存在所有权和经营权的分离，公司管理者也是股东，不存在代理成本问题，因而激励相容程度最高；而到了公司制企业之

---

① 这一观点及论述详见邓莉（2007）博士学位论文"商业银行在上市企业公司治理中的作用研究"，第19—20页。

后，由于企业规模扩大，股东人数众多，不可能由所有股东经营企业，于是就形成了由职业经理人管理企业，股东只对重大决策行使表决权的企业管理权和所有权分离的制度，这时股东利益被侵蚀的事实常常暴露出来，于是公司治理概念就应运而生了。

公司治理的重点是解决公司制企业的委托代理问题。在公司制企业中，如果委托人和代理人之间信息是完全的，或者契约是完备的，即使彼此的利益不一致，委托方也会根据完备的契约来约束代理人，或者说委托人和代理人利益一致，那么所有人都会努力去追求最小化成本，最大化公司价值，也不存在对公司的治理了，只需要公司内部管理协调即可。而事实上，在公司制企业中由于所有权和经营权的分离，即拥有所有权的投资人形成了一极，拥有经营权的以董事会为代表的经营者形成了另一极，导致了各利益主体利益差别存在的客观必然性，加之市场信息本身的不完全，因而契约是不可能完备的，因此客观存在的委托代理问题需要公司治理来解决。

公司治理的途径或者治理手段，就是以产权制度为基础的企业组织和管理制度（或称企业制度），以及以市场为基础的市场制度和法律制度来调节各投资人的利益及行为，实现各投资人之间的激励相容，核心是权力的配置。因为各投资人利益的差别，导致各自的行为动机迥异，往往因为不合作而导致效率的损失，甚至交易根本不会发生而导致潜在损失。而企业本身是在社会分工和商品经济条件下，集合生产要素（土地、劳动力、资本和技术），并在利益动机驱动和承担风险的条件下，为社会提供产品和劳务的基本经济单位。而公司制企业已渐渐成为经济生活的主导者，如果由于各投资人的利益不一致，激励不相容，而导致公司制企业的集合生产要素功能不能实现，对社会也不能不说是一种损失。而引导投资人进行投资，就需要以产权制度为基础和核心的企业组织和管理制度，于是在产生了以股东大会、董事会（有的还设有监督董事会）、经理层及员工的组织和管理制度，各自的权利义务在《公司法》里作了明确规定，有的学者把这一套管理制度称为内部治理。而公司制企业比其他类型的企业与市场的联系更加紧密，由于公司制企业的股权更为分散，为了吸引投资，公司产权制度也进行了一系列创新，首先是对股东实行有限责任制度，后来又防止股东的流动性风险，而实行股份制，并允许股权上市交易，这就把公司从产品市场推到了要素市场、资本市场，即公司完全处于市场竞争中了。因此对公司治理，市场的作用就至关重要。而市场的高效运作，需要法律等制度的协调，因此公司治理还应该通过市场制度，以及与之相关的法律制度来规范和完善，这也称为外部治理。

公司治理的目的是提高公司业绩、提升公司价值。从公司的性质看，公司是以营利为目的的企业，因此，公司治理也必须服从这一目的，必须以投资人的利益为核心，以提高公司价值为目的。

**二 公司治理的分类**

目前关于公司治理的认识，还没有形成系统化的理论体系。本书尽力运用现有的理论分析方法，对系统化梳理公司治理的理论成果做一些努力。为此，对公司治理做一归类整理。

1. 按治理主体分

公司治理按治理主体分，可分为股东单边治理和利益相关者共同治理。股东单边治理，即强调股东这一重要投资人的地位和作用，认为股东是公司的出资人，公司的经营目标自然首先要体现股东意志和要求。为了实现这一目标，公司的权力机构都要以股东的意志和利益为发挥作用的基础，股东大会是体现股东意志的最高权力机构，董事会受股东委托，在公司决策中发挥主导作用。利益相关者共同治理，即认为现代公司内部和公司有利害关系的利益主体是多元的，他们是股东、董事、经理、雇员、债权人、供货者、社区、政府等。股东关心股息、雇员关心工资、债权人关心本息的偿还、经理关心职位和薪水、社区关心环境和就业、政府关心税收和社会目标的实现。公司治理结构应该体现各利益相关者的要求。

2. 按治理主体参与治理的态度分

治理主体在参与公司治理的态度方面，不同的主体在不同的公司表现差异较大。因此可以从治理主体参与治理的态度分为积极治理、消极治理和相机治理。然而三种治理具体到不同主体表现各异，具体到实践中，主要有三种：第一是股东积极主义，第二是股东消极主义，第三是利益相关者的相机治理。股东积极主义一般存在于有大股东的公司，主要体现为股东在公司中利益重大或控制实力较强，对公司治理活动参与积极主动，对经理人的监控较强。股东消极主义，一般是在公司股权分散的公司，单个股东持股比例较低，"搭便车"的动机强烈，没有积极参加公司治理活动，股东会往往形同虚设，董事会也是"橡皮图章"，公司高管实际控制着公司。而相机治理主要指利益相关者对公司治理的参与态度，如果公司业绩良好，不会损害利益相关者的利益的情况下，一般不干预公司的治理活动，但是如果公司治理经营业绩不佳，危及利益相关者的利益时，就会积极参与到公司治理活动中，非常明显的就是日本的主银行制度中，日本主银行对贷款企业的态度，贷款企业业绩良好时，银行一般不干预其经营活动，但是企业业绩下滑，陷入经营困境时，银行积极参与贷款企业的救助行动，甚至接管企业，替换现有的管理层。

3. 按公司权力重心分

在发挥公司治理作用时，公司权力配置重心也是各不相同，具体的权力重心可以在股东会、董事会和经理层。据此，公司治理又可分为股东会中心治理、董事会中心治理和经理层中心治理。股东会中心治理，强调股东会是公司的最高权力机构，公司任何重大决策都要经过股东会的表决，董事会的权力较弱，基本上没什么自主权，只是执行股东会决议的一个机构而已。董事会中心的治理，就强调董事会的专家职能作用，股东会将很多重大决策以委托授权等方式授予给董事会，董事会可以对一些重大决策进行决议，甚至可以将公司重大投融资活动自行做主，董事会成为事实上的权力核心，股东会形同虚设。经理层中心的治理，实为一个"内部人控制"的问题，在公司内部管理职能高度专业化，经过专门训练的人员是公司内部真正有权力的阶层，股东会和董事会被架空，都失去了其对公司的控制能力。

**三　公司治理的组织架构**

对公司治理理论框架的理解，目前，同样可以沿着前面公司治理概念里对公司治理的认识，从治理的组织架构和治理机制来理解公司治理，在本节重点介绍公司治理的组织架构，下一节介绍治理机制。按照《公司法》的规定，公司治理的组织架构主要包括股东会、董事会、监事会、经理层等。它们的职能作用构成公司治理的基本框架。

1. 股东（大）会

关于股东（大）会的内容主要包括：股东权利和义务，股东投票表决制度，股东（大）会的形式和表决制度；以及股东会的职权等。①股东的权利主要包括：出席股东大会，行使股东表决权，召集临时股东大会，转让股份，参加股利分配，参加公司剩余资产的分配，查阅公司章程和公司账簿，建议权和质询权，起诉权即起诉股东大会或董事会等。②股东投票表决规则有多数通过规则和最多票数规则等。③股东大会有股东年会和临时股东会两种形式。股东年会就是每个公司都定期召开的，通常是每年举行一次的股东会议，又称为普通股东会议。议题如下：公司的年度财务预算、决策；公布股息；听取和审议董事、监事的年度报告；等等。临时股东大会（非常股东会议）是非定期的、应临时急需而召开的股东会议。为了及时解决两次股东年会之间遇到的重要问题，它可以由董事会提议召开，也可以由持有一定数量股权的股东提议召开。④股东大会的股东投票制度，一种是法定表决制度，另一种是累加表决制度即"累积投票"。法定表决制度是指当股东行使投票表决权时，必须将与持股数目相对应的表决票数等额地投向他所同意或否决的议案。累加表决制度与法定表决制度既有相同之处，也有不同之处。相同之处在于，二者都规定：一股股票享有一票表决权；有效表决总票数等于持股数目与法定董事人选的乘积。不同之处在于，在累加表决制度中，股东可以将有效表决总票数以任何组合方式投向他所同意或否决的议案。① ⑤股东大会的权限。② 决定公司经营机构、监督机构的人选；减免董事、监事；审查公司年度经营情况和财务报表；决定公司盈余分配；决定事关公司存亡和发展的重大问题诸如修改公司章程、公司合并、分立、变更组织形式、解散、清算、注册资本增减等。

2. 董事会

关于董事会，主要从董事会及运行机制、董事和董事会模式及董事会内部委员会等介绍。

（1）董事会及职责

董事会是由股东大会选出的代表（代理人，董事）组成，代表全体

---

① 《公司法》第一百〇六条　股东大会选举董事、监事，可以依照公司章程的规定或者股东大会的决议，实行累积投票制。

本法所称累积投票制，是指股东大会选举董事或者监事时，每一股份拥有与应选董事或者监事人数相同的表决权，股东拥有的表决权可以集中使用。

② 《公司法》第三十八条　股东会行使下列职权：（一）决定公司的经营方针和投资计划；（二）选举和更换非由职工代表担任的董事、监事，决定有关董事、监事的报酬事项；（三）审议批准董事会的报告；（四）审议批准监事会或者监事的报告；（五）审议批准公司的年度财务预算方案、决算方案；（六）审议批准公司的利润分配方案和弥补亏损方案；（七）对公司增加或者减少注册资本作出决议；（八）对发行公司债券作出决议；（九）对公司合并、分立、解散、清算或者变更公司形式作出决议；（十）修改公司章程；（十一）公司章程规定的其他职权。对前款所列事项股东以书面形式一致表示同意的，可以不召开股东会会议，直接作出决定，并由全体股东在决定文件上签名、盖章。

股东利益的必要常设机关。是企业意志执行的决定机关及最高决策机关。① 董事会具有双重功能：一方面作为经营者要负责公司的重大经营决策，雇用管理人员经营公司而使股东的资产增值；另一方面要监督经理人员的行为，防止其损害股东的利益。

（2）董事会的运行机制

董事会的日常办事机构，《公司法》第一百二十四条规定，上市公司设董事会秘书，负责公司股东大会和董事会会议的筹备、文件保管以及公司股东资料的管理，办理信息披露等事宜。董事会会议的召集，董事会会议分普通会议和临时会议。普通会议是企业章程规定定期召开的会议，临时会议则是董事认为必要时召开的会议。董事会的决议。《公司法》第一百一十二条规定，董事会会议应有过半数的董事出席方可举行。董事会作出决议，必须经全体董事的过半数通过。董事会决议的表决，实行一人一票。

（3）董事

《公司法》对董事的提名与选聘，董事义务、法律责任和独立董事等都作了原则性规定。董事是由股东在股东大会上选举产生的，代表股东对公司的业务活动进行决策和领导的专门人才。董事的义务包括勤勉义务（管理职责）（Duty of Care）和忠实义务（职责）（Duty of Loyalty）。勤勉义务产生于董事与公司间的受托关系，实质上是一种管理义务，其含义是董事必须以一个理性、审慎的人在相似的情形下所应表现的谨慎、勤勉和技能履行其职责。忠实义务要求董事忠实于公司的利益，不得将董事或董事关联人的个人利益置于公司利益之上，当其自身利益与公司利益发生冲突时，董事必须以公司的最佳利益为重。董事的责任。董事因没有履行勤勉和诚信义务，导致股东和公司利益遭受损失，一方面股东在获知董事违反义务时，可以向法院提出诉讼，禁止董事不当地行使权力，公司也可以在发现董事签订不适当的合同或以公司名义从事与其有利益关系的交易

① 《公司法》第四十七条 董事会对股东会负责，行使下列职权：（一）负责召集股东会，并向股东会报告工作；（二）执行股东会的决议；（三）决定公司的经营计划和投资方案；（四）制订公司的年度财务预算方案、决算方案；（五）制订公司的利润分配方案和弥补亏损方案；（六）制订公司增加或者减少注册资本（以及发行公司债券）的方案；（七）制订公司合并、分立、变更公司形式、解散的方案；（八）决定公司内部管理机构的设置；（九）决定聘任或者解聘公司经理及其报酬事项，并根据经理的提名决定聘任或者解聘公司副经理、财务负责人及其报酬事项；（十）制定公司的基本管理制度；（十一）公司章程规定的其他职权。

时，撤销有关合同或交易。董事任期由公司章程规定，但每届任期不得超过三年。董事任期届满，连选可以连任。董事在任期届满前，股东大会不得无故解除其职务。董事的提名与选任。我国法律规定，股东有权选举和更换董事，但对谁有资格提名董事没说清楚。一般来说，拥有一定数量股份的股东、董事会、监事会可以提名董事候选人。独立董事的基本含义，指不担任除董事外的其他职务，与所受聘的公司及主要股东存在独立关系。

（4）董事会的模式

单层制董事会，单层制的董事会由执行董事和独立董事组成，这种董事会模式是股东导向型的，也称为盎格鲁—撒克逊治理模式。这种董事会制度下设有内部专业委员会。主要包括：①审计委员会。审计委员会的职责是负责督察公司的内部审计程序并与外部的合法的审计员一起相互作用，以便保证公司的财富完全符合法律的要求。②报酬委员会。报酬委员会的职责是决定对公司的执行董事们和高级经理们的适当的"一揽子"的补偿方案。③提名委员会。提名委员会的职责是提出董事和高级管理人员候选人人选。④执行委员会。一般由执行董事以及某些重要部门总经理组成，执行委员会负责对公司经营活动全面的指导，掌握公司除财务以外的其他各项重要决策，由董事长主持。⑤战略委员会。主要职能就是制定上市公司的发展战略与政策，从而确立公司的中长期发展方向。⑥ 公共政策委员会等。

双层制董事会，一般来说，由一个地位较高的监督董事会监管一个代表相关利益者的执行（或管理）董事会。这种董事会模式是社会导向型的，也称为欧洲大陆模式。德国、奥地利、荷兰和部分法国公司等均采用该模式。处于较高地位的监督董事会（或称监事会）全部都由非执行董事组成，主要是董事和职工董事。而执行董事会则全部由执行董事组成，主席是 CEO，监督董事会是管理董事会的上级机构，即监事会具有聘任、监督和在必要时解聘执行董事会成员的权力。

业务网络模式（business network），或者说日本模式。特指日本公司的治理结构，我们中国也借鉴了这种模式。董事会和监事会都受股东会的委托，董事会执行决策职能，监事会执行监督职能，董事会和监事会是平级机构。不过现在都借鉴了美国的独立董事制度，在董事会下面设置了专业委员会，也引进了独立董事进入董事会。

3. 监事会

从上述董事会模式中可以看出，不是所有国家的公司治理架构里都有监事会，美国不设置监事会，德国和日本的监事会职责权限又不同。美国公司内部不设监事会，相应的监督职能由独立董事发挥。德国设立监事会，且监事会的权力在董事会之上，日本设立监事会，但监事会与董事会是平行机构，也叫复合结构，或网络结构。我国借鉴日本的公司治理结构，设有监事会。

我国监事会的法律地位。主要由《公司法》界定，对国有企业还有专门的行政规定界定。我国《公司法》所表述的监事会，指的是对公司的业务活动进行监督和检查的常设机构。监事会应当包括股东代表和适当比例的公司职工代表。董事、高级管理人员不得兼任监事。《公司法》第五十四条规定：监事会或者监事行使下列职权：检查公司财务；对董事、高级管理人员执行公司职务的行为进行监督，对违反法律、行政法规、公司章程或者股东会决议的董事、高级管理人员提出罢免的建议；当董事、高级管理人员的行为损害公司的利益时，要求董事、高级管理人员予以纠正；提议召开临时股东会会议，在董事会不履行本法规定的召集和主持股东会会议职责时召集和主持股东会会议；向股东会会议提出提案；依照《公司法》第一百五十二条的规定，对董事、高级管理人员提起诉讼；公司章程规定的其他职权。第五十五条规定，监事可以列席董事会会议，并对董事会决议事项提出质询或者建议。监事会、不设监事会的公司的监事发现公司经营情况异常，可以进行调查；必要时，可以聘请会计师事务所等协助其工作，费用由公司承担。《国有企业监事会暂行条例》所表述的监事会。国有重点大型企业监事会（以下简称监事会）由国务院派出，对国务院负责，代表国家对国有重点大型企业（以下简称企业）的国有资产保值增值状况实施监督。监事分为专职监事和兼职监事：从有关部门和单位选任的监事，为专职；监事会中由国务院有关部门、单位派出代表和企业职工代表担任的监事，为兼职。

我国监事来源。目前，我国监事会的组成人员中，监事大多来自公司内部，且多数为控股股东委派。由于监事会成员身份和行政关系上不能保持独立，其工薪、职位基本上都由管理层决定。并且其教育背景和业务素质普遍较差，监事会根本无法担当起监督董事会和管理层的职责。

我国公司监事制度的缺陷。监事会地位缺乏独立，监事会成员构成不合理，监事会职权不足，有关监事资格的规定存在法律上的缺陷等。

4. 经营层

公司治理中的重要部门，经理部门或称经理层，是公司的执行机关，直接代表公司对外行使经营权。所以就是指经理，即具体掌管和处理公司事务，对外可以在董事会授权范围内代理或者代表公司进行商业活动的业务执行机关。

经理的职权。《公司法》第五十条规定，有限责任公司可以设经理，由董事会决定聘任或者解聘。经理对董事会负责，行使下列职权：主持公司的生产经营管理工作，组织实施董事会决议；组织实施公司年度经营计划和投资方案；拟订公司内部管理机构设置方案；拟订公司的基本管理制度；制定公司的具体规章；提请聘任或者解聘公司副经理、财务负责人；决定聘任或者解聘除应由董事会聘任或者解聘以外的负责管理人员；公司章程和董事会授予的其他职权。公司章程对经理职权另有规定的，从其规定。经理列席董事会会议。《公司法》第一百一十四条规定，股份有限公司设经理，由董事会决定聘任或者解聘。本法第五十条关于有限责任公司经理职权的规定，适用于股份有限公司经理。

**四　公司治理的机制**

关于公司治理的机制，从参与主体与治理客体间关系，分为内部治理机制和外部治理机制。内部治理机制主要指内部治理框架中股东会、董事会、监事会、经理层各自的职能作用，外部治理机制主要指市场环境等治理因素，如市场监督规则（交易所上市规则和监管规则等），市场压力约束机制（主要指市场资源提供者的参与约束，包括资本市场、产品市场、经理人市场等）。在本节中重点借鉴金融系统理论综合考察公司的治理机制及相关表述。富兰克林·艾伦、道格拉斯·盖尔在《比较金融系统》一书中对公司治理机制进行了较为全面的概括，他们认为公司治理机制中最重要的有董事会、管理者报酬、公司控制权市场、由金融机构集中持股及监督、债务和产品市场竞争等。[①]

---

① 有的公司治理文献（见 Denis，2001）按照机制设计或实施所利用资源的来源，把公司治理机制简单区分为内部控制系统与外部控制系统。外部控制系统指的是尽管机制的实际实施超出了公司资源计划的范围，但仍然可以用来实现公司治理目标的各种公司治理机制总称，包括公司治理的法律和政治途径、产品和要素市场竞争、公司控制权市场、声誉市场等。内部控制系统指的是机制的设计或实施在一个企业的资源计划范围内，用来实现企业的公司治理目标的各种公司治理机制的总称。它包括激励合约设计、董事会（外部董事）、大股东治理、债务融资等。

1. 董事会机制

艾伦和盖尔（2002）在《比较金融系统》中写到，董事会是股东控制管理者并确保公司实现其利益的首要方法。在美国和英国，股东选举董事并依赖他们制定经营政策和监督管理层，董事会由内部的执行董事和外部的独立董事组成，是一种单层制的董事会模式。在结构上，外部独立董事占绝大多数，内部的执行董事很少①，只在董事会下设的执行委员会或称为管理委员会里任职；目的是让内部董事和外部董事权力保持均衡，确保董事会既了解公司运作，又与管理层之间保持一定的独立性。在德国，实行的是双层制董事会，即股东大会和职工代表大会各自选出自己的代表进入监事会（全称为监督董事会）；由监事会任免董事会（全称为管理董事会）成员，董事会成员主要由在职管理者组成。监事会的主要职责是监管，董事会的职责主要是执行监事会的决议，管理公司的运营。在日本，由股东大会选出董事会成员，同时选出与之平行的监事会成员，董事会任免高管层，监事会监督董事会和高管层。但由于董事会规模庞大，外部董事数量非常有限，以至于 CEO 在决定董事人选上权力巨大，董事会往往形同虚设。

虽然各国的董事会结构有差异，但现有的经验证据表明，各国董事会在约束管理层方面作用类似，表现为同样有效或者同样无效。卡普兰（Kaplan，1994）在研究日本、德国和美国管理层人员更替与各种业绩考核方法之间的关系时，发现各国的表现都很相似。弗兰克斯和迈耶（Franks and Mayer，1997a）发现，在德国，公司较差的业绩和管理委员会人员更替之间有很强的联系，但与监事会人员更替之间的关系不大。

2. 管理者报酬机制

董事会机制的目的旨在对管理层进行有效约束，但这是很不够的。还可以通过对管理者进行激励，实现激励相容，使之与股东的利益保持一致，实现双赢。艾伦和盖尔在其书中也提到，确保管理者追求股东利益的另一种方法是构建适当的薪酬结构。为了有效激励管理者，就要设计一种权变报酬，这种报酬的依据主要是股价和业绩。如果股票市场是有效市场，股价就能反映公司业绩。于是，根据公司业绩授予管理者一定的股权激励，让管理者持有公司的股票，成为股东之一，这样使管理者与股东利

---

① 如花旗银行在其公司章程里规定独立董事要占 2/3 以上。

益一致，因而实现了激励相容，管理者将为股东利益最大化努力工作。为了防止管理者的短期行为，使管理者的薪酬与公司的长期利益相一致，就可以对管理者实施股票期权激励。然而，股价不易被管理层操纵，受市场因素影响大，在牛市时业绩差的公司股价也会因为市场力量而上涨，而在熊市来临时，绩优公司的股价也难逃股价下跌的命运。因此，股价不是影响管理者报酬的唯一因素，于是基于会计报表的业绩考核也被经常使用。如果公司业绩太差，管理者将会被解雇，其他公司如果知道是因为管理者无能引起的业绩差，那么被解聘的管理者就很难再找到工作而受到处罚。同时，其他公司会对那些业绩较好的管理者付出较高报酬水平。这样声誉激励和经理人市场也将在管理者激励方面发挥作用。

此外，管理者这一权变报酬在促使管理层努力工作的激励外，也可能带来经理人员的短期行为和道德风险。如果经理人员报酬对股价过于敏感，并且管理者在股价下跌时面临的风险有限（持股数量有限），那么他们就有激励去冒风险，如他们可能在短期追求虚假繁荣，不但可从业绩考核中获取大量报酬，还可将股份拉上高位，以便抛出其持有的股份而大获盈利。这样他们便会从好的业绩中获得很大的收益，而因业绩差受到的处罚有限。

3. 公司控制权市场机制

公司控制权市场，是指建立在现代成熟的资本市场的有效运作基础之上，通过包括公司接管（Corporate Takeovers）、杠杆收购（Leveraged Buy-outs）以及公司重组（Corporate Restructurings）等在内的公司战略而实现的公司资产控制权力转移的各种市场行为的总称。这一市场允许有能力的管理团体在很短的时间内控制大量的资源，无效的管理者被那些更能胜任工作的人所取代，迫使经理人能够从股东的利益出发，追求企业价值最大化，从而达到公司治理的目的。因而除了把公司控制权市场看作一种融资渠道，在公司治理的文献中，更多地把它看作约束经理人行为的公司治理机制。Marris 早在 1963 年指出，两个市场（产品和要素）的失败可以通过第三个市场——公司控制权市场的适当作用而加以纠正。曼尼（Manne，1965）论证了资本市场要有效运作，一个有活力的公司控制权市场是非常必要的。

公司控制权市场可以通过三种方式运行：代理人竞争、善意兼并和敌意接管。

首先，在代理人竞争中，部分股东试图说服其他股东采取共同行动并取消现任董事会。例如，有一个股东想改变公司的政策，他可以召集其他有相同观点的股东在股东大会上对董事会进行选举。为了这样做，他设法从其他股东那里获得代理权，从而可以按他所代理的股份投票。代理人之争通常很难胜利，因为股份一般都分散在很多人手中。

其次，当两个公司同意合并创造价值时，善意兼并就会发生。合并的形式多种多样：如交换股票或者一公司购买另一公司的股票。善意兼并和收购在所有被考察的国家中都存在，并且在发生的交易中占绝大部分。Prowse（1995）的研究表明，在美国，善意交易占所有交易的比例是82.2%，在英国是62.9%，在其他欧洲国家是90.4%。

最后，公司控制权市场还可以通过敌意接管运行，这种方式在收购方与被收购方对应付价格、将要实施的政策的有效性及其他因素存在矛盾时会发生。敌意接管投标报价使收购方可以越过目标管理层直接向股东报价。曼尼（1965）的研究表明，这一机制在确保资源有效配置方面可能是非常重要的。然而，就像 Hansmann（1996）指出的，敌意投标报价起初出现于1956年，直到20世纪60年代才得以广泛应用，因此相对而言是近年来的事情。在此之前很长的一段时间里，持股分散的公司一般都很常见。对敌意接管投标是否会引起公司管理效率的巨大变化目前还不是很清楚。

4. 金融机构集中持股和监督机制

斯蒂格利茨（Stiglitz，1985）论证了确保公司价值最大化的最重要方法之一是公司股权的集中所有。在极端的情况下，个人或单个家族拥有公司，有极大的动力使其价值最大化。施勒弗和维希尼（1986）、哈达特（Huddart，1993）以及阿玛迪、弗雷德雷和赞奇纳（Admati，Pfleiderer and Zechner，1994）对有一个大股东和一些较小股东的股本融资的公司建立了模型。在所有的这些模型中，所有者较多的财富投入增加了监督和公司业绩。施勒弗和维希尼发现公司价值随着大股东持股的增加而增加，但并不一定都是这样。事实上，不同国家股权集中存在差异。从美国、英国、日本和德国抽取的大型非金融公司中由最大的5个股东持有的股份比例看，美国和英国的股权集中相对较低，但日本，尤其是德国集中度很高。

日本、德国金融机构股权的重要性以及这些国家公司控制权市场的缺乏，使这些国家的代理问题可以通过让金融机构作为大公司的外部监督来解决。在日本，这种监督体系就是主银行制度。这种制度来源于第二次世界大战期间信贷发放方式造成的银行和公司之间密切的关系，其主要特征是银行与其客户公司之间保持长期关系，银行持有企业的债券和股票，如果客户公司遇到财务困境银行便积极干预。人们广泛认为主银行关系确保了银行作为被委托监督者的身份，有助于解决管理者和公司之间的代理问题。在德国，许多银行客户把他们的股份存在银行，并允许银行代表其行使代理权。德国银行因此往往与企业联系非常紧密，并与公司形成长期的关系。这就是所谓的开户银行制度（House Bank）。银行所控制的大型工业企业投票权比例以及在董事会的代表比他们直接持股所能得到的要高。垄断委员会在 1978 年的一份研究发现，在 100 强公司中，银行控制了将近 40% 的投票权，并占董事会代表的 2/3。大量研究为德国银行外部监督的有效性提供了论据，凯布尔（Cable，1985）以及戈顿和施密德（Gorton and Schmid，1996）发现的证据表明，那些由银行控制股权较高的公司有更好的业绩。这一证据与关于银行参与有助于公司提高业绩的假设相一致，但同时也与关于银行善于挑选好的管理者的假设相一致。

5. 债务机制

公司治理的一个重要的流派强调债务对约束管理者的作用。格罗斯曼和哈特（1982）最早提出通过运用债务而不是股权可以使管理者努力工作的观点。与此类似的是，詹森（1986）的"自由现金流"理论指出，债务可以被用来防止管理者浪费资源。在 20 世纪 80 年代晚期和 90 年代初期，人们普遍认为，杠杆收购，即管理者或其他集团通过大比例举债融资来收购公司的做法是解决代理问题的一个方法。然而，债务对管理者行为的影响有合意的也有不合意的方面。詹森和梅克林（1976）指出，如果大量举债，管理者会愿意冒风险，甚至可能接受减少收益的项目。迈尔斯（Myers，1977）指出了举债突出的问题是公司如果债务很大就可能放弃好的项目，原因是对一个面临财务危机的公司而言，一个好项目的回报大部分都给了债券持有者。此外，贷款者可以通过信誉机制确保借款人偿还债务。伊顿和格绍维茨（Eaton and Gersovitz，1981）、艾伦（1983）以及戴蒙德（1989）的债务模型表明信誉在确保债务的偿还上发挥着重要的作用。哈特、穆尔（Hart and Moore，1998）以及哈特（1995）强调违约情况下清算权确保债务偿还的重要性。

6. 产品市场竞争机制

一直有观点认为，产品市场的竞争是解决所有者和管理者之间代理问题的有力手段。理由是，如果公司的管理者浪费或消耗了大量的资源，公司将无法参与竞争并会走向破产。因而竞争（尤其是国际竞争）是确保公司治理有效的强有力手段。

关于产品市场竞争对管理者的最优努力有两种效应：第一，清算威胁效应，即激烈的市场竞争要求公司降低管理成本，提高产品的市场竞争力，否则产品市场将萎缩，这就要求管理层加倍努力工作，避免清算威胁，进而提高管理效率。同时，市场竞争加剧，也识别出管理层努力程度，减少了激励管理者高度努力工作的成本，对管理者而言，其能力也得到真实体现，避免了管理者"搭便车"的行为，也增加了管理者努力工作的动力。第二，利润减少效应。这一效应是指竞争加剧可能导致利润减少，这样就可能降低了管理者努力工作降低成本的效应，这样在考核业绩时，投资人可能不愿意支付管理者实现成本降低所要求的高薪。如果成本降低的价值在竞争中不断减少，竞争加剧的净效应可能会降低管理效率。

产品市场常常被认为是较可行的治理机制之一，上述第二种效应在实际中一般不怎么明显。这可能是因为竞争除了引致管理者的努力外，还可能影响其他因素。例如，从公司高层管理者选择公司方向以及向下属布置重要任务的角度来看，管理者担任了企业家的角色。在价格、产品和市场不断变化的动态市场上，他们发现新的机会并在寻求这些机会时协调管理团队。这种情况下，不可能事前保证哪个管理层会成功，哪个会失败，此时产品市场的竞争无疑是重要的。股东缺乏有效的信息，又对管理层缺乏有效控制手段的情况下，公司之间的竞争不仅显示出了哪个管理层是最好的，并且同时还对其约束。管理最强的公司会开发出最好的产品，实现最高的盈利和成长，并把管理较弱的公司排挤出去或至少留给他们少得可怜的市场份额，这时清算威胁便发挥作用了。

从上述公司治理机制中可以看出，商业银行直接参与企业公司治理的有公司控制权市场机制、金融机构集中持股监督机制、债务治理机制等，有的国家如日本、德国等商业银行也可以参与董事会治理机制。

**五　公司治理的模式①**

目前关于公司治理的模式，不同学者也从不同角度进行了归类总结。

---

①　本节成果已发表，标题为："基于权力视角的公司治理研究及启示"，《西南大学学报》（社会科学版）2009 年第 5 期。

对典型的公司治理模式研究有两条主线：一是以公司治理的目的和服务的主要对象为主要依据的理论模式研究，回答"谁应该拥有控制权和如何行使控制权"；二是从各国公司治理实践出发对其主要特点进行剖析的实践模式研究，回答"谁实际上拥有和行使控制权"。

**1. 公司治理的理论模式**

一是股东中心论。认为股东是公司的出资人，公司的经营目标自然首先要体现股东意志和要求。为了实现这一目标，公司的权力机构都要以股东的意志和利益为基础，股东大会是体现股东意志的最高权力机构，董事会受股东委托，在公司决策中发挥主导作用。

二是经理中心论。认为现代公司制度是一个管理职能高度专业化的组织机构，只有经过专门训练的人员才能承担管理工作，他们是公司内部真正有权力的阶层，而公司出资人已经失去了控制公司的能力，公司的实际控制权落到了经理层手中。

三是利益相关者中心论。认为现代公司内部和公司有利害关系的利益主体是多元的，他们是股东、董事、经理、雇员、债权人、供货者、社区、政府等，股东关心股息、雇员关心工资、债权人关心本息的偿还、经理关心职位和薪水、社区关心环境和就业、政府关心税收和社会目标的实现，公司治理结构应该体现各利益相关者的要求。这一观点为银行等大债权人进入公司董事会、职工进入董事会、政府主管部门人员进入董事会等提供了理论支持。

**2. 公司治理的经验模式**

由于各国的经济条件、文化、法律、制度环境等差异而形成各具特色的治理模式，如家族资本主义、经理资本主义以及机构资本主义等模式。

第一，家族资本主义。又称为私人股东主导的治理模式，股东均为私人股东，股份持有相对集中，主要被少数私人家族持有，一般在50%以上，持股的主要目的是控制公司，而非投机牟利。大股东掌握公司控制权，"用手投票"发挥决定作用，公司所有权与公司控制权相统一。外部控制机制相对较弱，产品市场发育成熟，经理市场也已存在，资本市场已初步形成并发挥作用，"用脚投票"作用微弱，他们不能对公司产生决定性的影响。

第二，经理资本主义。又称为经理主导的治理模式，持股主体是大量的社会公众，股票持有高度分散。股东失去控股地位，普通股东持股的目的主要是获利，而不是为了控制公司，股票流动性很大，股东大会失去最高权力机构的功能，董事会成为"橡皮图章"，经理阶层成为事实上的公司控制者。而外部控制机制相对有效，商品市场十分活跃，经理市场趋于成熟，资本市场非常活跃，特别是公司控制权市场，即兼并和收购交易，对公司经营者形成强有力的约束，其效应是导致公司经营行为短期化。

第三，机构资本主义。又称为法人股东主导的治理模式，法人持股占大量，法人股东介入公司决策，公司控制权向股东回归，实际上是一种大股东的治理。机构资本主义在美国、德国、日本又各有特点。美国持股的法人主要是养老基金、共同基金等机构投资者。日本则是企业法人之间相互持股，以及主银行在贷款公司中派驻董事等在公司治理中发挥重要控制作用。德国既有法人间相互持股，还有以掌握大量代理投票权的全能银行对公司实行强有力的控制。上述公司治理的经验模式表明，股权结构差异导致了公司权力的配置和行使的不同：拥有控制权的主体是家族私人股东、机构股东，甚至是经理人员。

从目前各国公司治理实践发展的趋势看，各种公司治理模式间的趋同在加强。第一，各国公司的股权结构变化，都向适度集中的趋势演进。如美国原来很分散的股权也呼吁有适度集中，机构投资者由消极治理渐渐地走向积极治理；德国和日本股权集中度有所下降，市场化程度有所提高。第二，治理主体向多元化演进。日本、德国治理主体中股东、银行、职工等参与，美国这一强调股东单边治理的公司治理模式里，如今也考虑银行等债权人的利益，在大公司有银行董事了。第三，在董事会这一重要的治理机制里，各国都引进了独立董事和美国董事的内部专业委员会制度。

# 第二节　委托—代理理论

委托—代理理论是主流的企业理论之一。这一理论的前提是，人是理性的和自利的，具有天然的机会主义倾向。在公司这一组织中所有权与经营权分离，拥有所有权的股东和拥有经营权的经理人员之间的委托代理关系中，二者的利益是不一致的，经理人员作为代理人被推断为具有机会主义倾向。在进行战略决策和选择时，他们将以股东利益为代价谋求自身利益的最大化，即出现委托代理关系中的道德风险等问题。

委托代理理论认为，公司治理包括公司监控问题的产生，即源于现代公司中这种所有权与经营权的分离以及由此所导致的委托—代理问题。亚当·斯密在《国富论》中就指出，受雇管理企业的经理在工作时一般不会像业主那么尽心尽力。1932 年，爱德夫·伯利（Adolph Berle）和嘉得纳·米恩斯（Gardiner Means）对企业所有权和管理权分离之后产生的"委托人"（股东）和"代理人"（经理层）之间的利益背离作了经济学分析，奠定了"代理人行为"的理论基础。后来，马克（Mork）、史雷夫（Shleifer）和威施尼（Vishny）解释说："在经理人员持有特别少的股权和股东因太分散而无法坚持价值最大化目标时，经理人员利用资产的目的很可能是使自身受益，而不是使股东受益。"出于委托人与代理人之间的利益背离和信息成本过高而导致的监控不完全，企业的职业经理所作的管理决策就可能偏离企业投资者的利益。从委托人的立场看，他必须设计一种契约或机制，给代理人提供某种激励和约束，使代理人的决策倾向能够有利于委托人效用的最大化。并认为，法律规章制度、产品和要素市场、资本市场和由董事会领导的内部控制制度（Jenson，1993）是形成经理人员有效约束的主要控制力量。所以，委托代理理论中的公司治理结构，是对管理人员的机会主义和推卸管理责任进行控制，使其决策符合委托人的利益的工具之一。

然而，公司中除了股东和经理人员之间委托代理关系外，还有债权人与股东和经理人员的委托代理关系。作为代理人的股东和经理人员与委托人的债权人利益不一致，他们的机会主义的行为同样需要监控和激励。关于债权人的监控和激励主要有代理成本理论和代理监督理论。

## 一　代理成本理论

负债融资能降低股东与管理者之间的代理成本，但同时借贷融资也有独特的代理成本。正是因为这些代理成本的存在，才使债权人有动力采取措施限制公司过度负债并监督公司的经营活动，从而对公司治理发挥作用。Jensen 与 Meckling（1976）认为，因借贷融资而产生的代理成本包括：（1）负债率高的债务人会作出损害债权人而有利于自己的资产替代（asset substiuttion）或财产转移行为。（2）为减少前种行为而支付的监督费用。（3）破产费用等。Mayers（1977）则指出，如果投资收益较小，不足以偿付公司原有债务，公司就会放弃投资，从而导致投资不足问题（underinvestment）。Smith 与 Warner（1979）在前人的基础上总结了四种债务人可能作出损害债权人而有利于自己的违约或财产转移行为：（1）事后改变红利政策问题。如果借款人或债券发行人事后改变红利政策，如提高分红率，那么这样的决定是不利于债权人的。（2）债权侵蚀问题。假如债券的发行是假定债务人事后发行具有同一次序，或更优先次序的债券，那么事后的违约将不利于先前的债权人。（3）资产替代问题。如果债务人事后用高风险而低成功率的项目替代低风险而较有成功希望的项目，那么债务人的财富会增加，而债权人的财富会相应下降。（4）投资不足问题。如果借款公司的价值主要是将来的一系列投资机会，借款公司可能会不从事该类投资，原因是投资的收益在债股比例很高时将主要由债权人取得。

为降低以上所述的代理成本，维护自身利益，债权人必须采取相应的监督债务人的措施。这些措施相应地又形成了债权人发挥治理作用的治理机制。

第一，从代理成本看，债务可以影响经营者的工作努力水平和其他行为选择，从而影响企业的收入流和市场价值。该观点认为，经营者的效用依赖于他的经理职位，从而依赖于企业的生存，一旦企业破产，经理将失去任职的一切好处，对经理来说，存在较高的私人收益与较高的因破产而丧失的所有任职好处的风险之间的权衡。企业破产的可能性与负债比例正相关，所以，负债融资可被当作一种缓和股东与经理冲突的激励机制或担保机制。Jensen和Meckling（1976）认为，当公司的股权融资为100%，即负债融资为零时，经理人对资产的自由支配权最大，其为公司谋利的积极性最低，权益资本的代理成本也就最高。而当给定经营者持股的绝对量不变时，引入负债后经营者持股的相对数量上升，经营者与全体股东的利益趋于一致，这就降低了权益资本的代理成本。Grossman和Hart（1982）通过建立一个正式的代理模型，分析了举债经营是如何缓和经营管理者与股东之间的冲突的。在他们的模型中假定经营者在企业中持股比例为零或接近于零，这个假设符合大型或超大型企业的情况，这时债务可被视为一种担保机制，能够使经营者多努力工作少个人享受，并作出更好的投资决策，从而降低融资的代理成本。Stulz（1990）也认为，在公司的绝对融资量保持不变与实行经理持股的情况下，增大融资中债务融资的比例将增大经理的持股比例。经理股权收益份额和对公司的控制权相应增大，这也就增大了对经理人的激励程度。Fama（1990）的研究也表明，贷款和债券提供了由代理人集中监控违约风险的一种方式，贷款和债券能降低债务—权益契约结构中的契约成本。

第二，从债务约束看，银行可通过债务的期限结构影响企业的现金流，影响企业公司治理。企业经营者有将企业扩张到超过最优规模的动机，因为经营者的权利随他们所控制资源的增加而增大，而且与销售增加正相关的经营者的报酬也会相应增加。因为向股东支付现金减少了经营者控制的资源，进而弱化了经营者的权利，甚至在企业必须获取资金时，会受到资本市场的监督。所以，公司经营者与股东之间在支付现金政策方面存在利益冲突。当企业实现大量自由现金流量时，股东与经营者之间关于现金支出政策的利益冲突更为严重。现在的问题是如何让经营者支出现金而不是投资于回报小于资本成本的项目而浪费。Esterbrook（1984）认为企业经营者通过股票回购或发放股利的形式将现金支付给股东能够降低自由现金流量的代理成本。Lang 与 Litzen – berger（1989）使用托宾 Q 值将他们研究的样本分为 Q 值大于 1 的公司与 Q 值小于 1 的公司两部分，经研究发现，市场对 Q 值小于 1 的公司的股利变化的反应明显强于对 Q 值大于 1 的公司的股利变化的反应，研究结论支持了自由现金流量假说的观点。Nohel 与 Tarhan（1998）1978 年至 1991 年之间以投标出价方式回购股票的 242 家企业为样本研究发现，公司回购股票后，其业绩显著增加，而且业绩增加的原因是低增长公司对现有资产的有效运用，而不是来自新的投资机会。以上的实证研究都支持了发放股利与回购股票能降低自由现金流量的代理成本的观点。但是，由于经营者对未来的自由现金流量拥有控制权，因此，经营者对以发放股利或回购股票的方式降低自由现金流量的代理成本具有随意的决定权。也就是说，发放股利或股票回购对经营者的约束是软性的。与此相反，企业通过负债方式取得的资金是必须偿还的，企业经营者必须在债务到期时，以一定的现金偿还债务本息，否则面临的将是诉讼与破产。负债融资对经营者的这种威胁，能有效保证经营者兑现支付未来现金的承诺。也就是说，与发放股利和回购股票相比，负债对经营者支出自由现金流量具有硬约束，能够更好地降低自由现金流量的代理成本。Jensen（1986）把负债的这种功效称为负债产生的"控制假说"，并且认为，债务期限的不同也对公司治理结构起到不同的作用，短期债务可以减少经营者所控制的自由现金流量。Hart 和 Moore（1995）认为公司中的长期债权可以阻止经营者进行利己的非营利投资。

第三，从经营业绩看，企业的债务数量可反映公司的经营状况。Ross（1977）在他的信号传递模型中指出，由于在经营者与外部投资者之间存在关于公司收益的不对称信息，如果市场对公司的证券估价过高，经营者将受益。但是，如果公司破产，经营者要受到重大损失。因此，外部投资者往往把较高的负债水平视为高质量的一个信号，而低质量的公司无法通过发行更多的债券来模仿高质量公司的行为。

## 二　代理监督理论

最早提出银行对企业进行代理监督的是金融中介理论。20世纪80年代，金融中介理论进入了一个新的发展时期，引入新制度经济学、信息经济学的交易成本、不对称信息、逆向选择、道德风险等新概念，建构起了新的金融中介理论。新金融中介理论认为，银行等金融中介机构的作用可归纳为三个方面：（1）转换作用，即将企业（借款人）所发行的非流动性的初级证券转换成消费者（贷款人或投资者）所需的二级流动资产；（2）代理筛选和监督，即为了维护贷款人或投资者的利益，银行对潜在的借款人进行筛选，并对实际借款人进行监督；（3）支付作用，即银行通过建立完善的支付系统和网络，以满足广大投资者和存款人的流动性要求。可见，由于信息不对称和契约的不完备性，银行等金融中介机构的介入，可降低借款人的逆向选择风险和道德风险；银行等金融中介机构对企业（借款人）的代理监督比出资者（存款人）的直接监督更为经济；银行所具有的信息优势和所处的特殊地位，使其可获得各种"租金"，因而有动力和能力去监督企业。

对于银行监督动力的研究，许多学者都作了分析。Douglas W. Diamond（1984）认为，金融中介如银行具有净成本优势，使银行有动力进行相应的监督。青木昌彦等（1997）认为，银行作为代理监督者有动力对企业实施监督，这种监督动力来自于长期"租金"的获得，并将这些租金归纳为：（1）信息优势和信息租金。出资者第一次提供融资后，就能经常获得其他出资者所没有的企业的信息。出资者的信息优势使其拥有租金机会。获得信息租金的可能性促使出资者监督企业以获得更准确的信息。（2）市场力量和成本的均匀分担。Petersen和Rajan（1995）认为，如果出资者拥有市场力量而不是垄断信息，他可望将来获得投资的净收益。因此，出资者可在各个时期均匀分担融资成本。这使他在不太优惠的条件下也有积极性提供融资，因为长期内他可得到补偿。（3）声誉。在重复进行的交易中，常见的保证参与者信守承诺的一个机制是声誉机制。Sharpe（1990）认为，如果出资者将来能否得到正收益取决于他的收益状况，他就会不惜血本保持良好声誉。例如，银行可能会信守承诺，向陷入困境的借款人提供应急贷款，否则它的声誉受损并失去未来盈利的贷款机会。（4）特殊关系租金。通过关系融资，可创造其他情况下不可能实现的经济价值。这种价值的分配取决于关系型出资者和借款人的谈判，关系型出资者占有的那部分价值称为特殊关系租金，为了获得租金反过来促使他们承诺继续提供融资。

对银行监督能力的研究，Leland 和 Pyle（1977）认为，银行可对潜在的借款人进行筛选，并对实际借款人进行监督；他们将银行等金融中介视为可减少和消除信息和可信性问题的机构。由于相对于零散的储蓄者，金融中介机构处于更有利的地位来监督和影响借款人在借款后的行为，银行可通过合同有效期内的监督活动，减少由于道德风险所引起的交易成本。另外，银行为客户提供支付服务的同时，通过客户开立的账户，可以很容易监督该客户的金融交易情况，从而得到客户的信用资料，这为银行的筛选和监督功能的发挥也提供了方便。

## 第三节　利益相关者理论

从企业的参与主体看，主要涉及利益相关者，由此利益相关者理论提出公司治理应该有债权人、员工等利益相关者的参与，银行作为重要的利益相关者应该参与公司治理。

大多数理论认识到了债权人在公司治理中的作用，但仅强调债权人作为公司的外部人利用市场机制和合同机制所能发挥的作用。是从股东利益至上的逻辑出发来认识债权人作用的，对债权人与股东之间的代理成本以及债权人在保护自身利益的过程中所采取的直接介入公司治理的行为及其机制有所忽视。因而导致债权人的作用不能充分发挥，债权人的利益常遭侵害。因此，利益相关者理论对债权人的作用提出了新的看法。

Stislizt（1972）认为，理解现代公司制度的关键在于对监督成本的认识：谁能有效地从事监督活动？谁有动力去从事监督活动？作为公司最大的债权人的银行是最符合这两个标准的机构之一。Fama（1985）的研究表明，贷款和债权提供了由代理人集中监控违约风险的一种方式，通过将固定清偿合同违约风险的监督委托给可信赖的专家，贷款能降低债务—权益合同结构中的合同成本。银行具有信息优势和人才优势，又是公司的债权人，既有能力又有动力去监督公司经理人员的行动。但如果银行贷款份额不足以构成公司融资的依赖，则银行会仅仅关心还本付息问题，而不愿付出太多的监督努力。解决的途径在于要么使银行成为主银行，要么让银行持有公司的股份。一旦银行的利益与公司密切相关，监督的动力问题也就迎刃而解。在日德公司治理机制的比较中，青木昌彦（2001）对银行的监督优势作了分析。研究发现，对于日德公司来说，银行等金融机构所投入的资金具有较大的比重，这使公司的行为直接影响到银行等金融机构的绩效。也就是说，金融机构的效率和公司息息相关。正是出于这种命运共同体的考虑，银行作为债权人，必须直接介入公司的经营活动，以尽可能地降低自身的风险。可以说，股东通过股票的买卖调整资产组合，化解风险。但银行等债权人却无法通过这种方式进行风险化解，只能发挥自身优势，与公司形成协同关系，从事前、事中及事后三个阶段同时加强对公司的监督，争取防患于未然，并通过信息交流形成双方的合作收益。由此可知，利益相关者理论更深入地认识到债权人在公司治理中的作用，从而为债权人直接介入公司治理提供了理论依据。

**一　利益相关者概念**

利益相关者概念于 20 世纪 60 年代首先提出，它的发展经历了一个从利益相关者影响到利益相关者参与的过程，可分为三个阶段：

第一阶段是 20 世纪 60 年代，斯坦福大学研究小组给出的利益相关者的定义为：对企业来说存在这样一些利益群体，如果没有他们的支持，企业就无法生存。人们开始认识到，企业存在的目的并非仅为股东服务，在企业的周围还存在许多关系到企业生存的利益群体，这些利益群体会影响企业的生存和发展。

第二阶段是 20 世纪 80 年代，美国经济学家 Freeman 给利益相关者下的定义为：能够影响一个组织目标的实现或者能够被组织实现目标过程影响的人。这个定义提出了一个普遍的利益相关者概念，不仅将影响企业目标的个人和群体视为利益相关者，同时还将企业目标实现过程中受影响的个人和群体也看作利益相关者，正式将社区、政府、环境保护主义者等实体纳入利益相关者管理的研究范畴，大大扩展了利益相关者的内涵。

　　第三阶段是 20 世纪 90 年代中期，美国经济学家布莱尔将利益相关者定义为：是所有那些向企业贡献了专用性资产，以及作为既成结果已经处于风险投资状况的人或集团。利益相关者是企业专用性资产的投入者，只有他们对其专用性资产拥有完整的产权，才能相互签约组成企业。专用性资产的多少以及资产所承担风险的大小正是利益相关者团体参与企业控制的依据，可以说资产越多，承担的风险越大，他们所得到的企业剩余索取权和剩余控制权就应该越大，那么他们拥有的企业所有权就应该越大，这也为利益相关者参与企业所有权分配提供了可参考的衡量方法。

　　上述利益相关者的概念应该越来越明确和具体化，特别是布莱尔对利益相关者的定义强调利益者向企业投资专用性资产，并以此作为参与企业控制的依据。为此，利益相关者这一群体内部彼此应该有别，下面将进行分类介绍。

## 二　利益相关者的分类

　　关于利益相关者的分类，国外不同学者从不同的视角对利益相关者进行了分类，有的具体、有的宽泛，主要有：

　　Freeman（1984）认为，利益相关者由于所拥有的资源不同，对企业产生不同影响。他从三个方面对利益相关者进行了细分：（1）持有公司股票的一类人，如董事会成员、经理人员等，称为所有权利益相关者；（2）与公司有经济往来的相关群体，如员工、债权人、内部服务机构、雇员、消费者、供应商、竞争者、地方社区、管理结构等称为经济依赖性利益相关者；（3）与公司在社会利益上有关系的利益相关者，如政府机关、媒体以及特殊群体，称为社会利益相关者。

　　Frederick（1988）从利益相关者对企业的影响方式来划分，将其分为直接的和间接的利益相关者。直接的利益相关者就是直接与企业发生市场交易关系的利益相关者，主要包括：股东、企业员工、债权人、供应商、零售商、消费商、竞争者等；间接的利益相关者是与企业发生非市场关系的利益相关者，如中央政府、地方政府、外国政府、社会活动团体、媒体、一般公众等。

　　Charkham（1992）按照相关群体是否与企业存在合同关系，将利益相关者分为：契约型和公众型利益相关者两种。

　　Wheeler（1998）从相关群体是否具备社会性以及与企业的关系是否直接由真实的人来建立两个角度，比较全面地将利益相关者分为四类：

（1）主要的社会性利益相关者，他们具备社会性和直接参与性两个特征；（2）次要的社会利益相关者，他们通过社会性的活动与企业形成间接关系，如政府、社会团体、竞争对手等；（3）主要的非社会利益相关者，他们对企业有直接的影响，但却不作用于具体的人，如自然环境等；（4）次要的非社会利益相关者，他们不与企业有直接的联系，也不作用于具体的人，如环境压力集团、动物维权集团，等等。

前面三位学者的分类应该说较为具体，而 Wheeler（1998）的分类却显得过于宽泛，特别是环境和动物等都包括进来了。本书借鉴国内学者刘丹（2003）的分类方法：

（1）真实利益相关者和潜在利益相关者

以是否实际向公司投入了专用性资产为标准，可以将利益相关者分为潜在的利益相关者和真实的利益相关者；直接利益相关者和间接利益相关者。当利益相关者未实际向公司投入专用性资产时，称为潜在的利益相关者；只有当潜在的利益相关者实际向公司投入了专用性资产时，才转化为真实的利益相关者。直接利益相关者如布莱尔所说，是那些对公司投入了专用性资产，而这些资产又在公司中处于风险状态的自然人或法人，没有他们的参与，公司就不能作为一个经营主体存在下去，如股东、经营者、职工、债权人、消费者、供应商等；间接利益相关者指虽然不与公司发生直接商事关系，但客观上影响公司或受到公司影响，公司必须对其承担一定社会责任的利益主体，如社区、政府、社会团体、新闻媒介等。直接利益相关者和间接利益相关者作为一个整体，构筑了公司生存的内、外部环境。

（2）社会利益相关者和非社会利益相关者

以是否可以直接与之交流为标准，可以将利益相关者分为社会利益相关者和非社会利益相关者。凡是可以直接与之交流的利益相关者，为社会利益相关者；凡是不能直接与之交流的利益相关者，为非社会利益相关者，包括自然环境、人类后代、非人类物种、环境压力集团、维护动物利益的组织。其中，社会利益相关者又分为主要的社会利益相关者和次要的社会利益相关者。主要的社会利益相关者包括股东、债权人、员工、顾客、供货商和其他业务伙伴、社区；次要的社会利益相关者包括政府、市民机构和社会压力集团，如工会、媒体和贸易团体。

（3）关键利益相关者和非关键利益相关者

以是否直接影响公司经营为标准，可以将利益相关者分为关键利益相关者和非关键利益相关者。凡是直接通过公司治理获取决策参与权与对经营者的监督权的利益相关者，称为关键利益相关者；凡是通过市场的影响和法规的制约来间接影响公司经营的利益相关者，称为非关键利益相关者。股东是公司唯一的关键利益相关者，除股东之外的其他利益相关者均属非关键利益相关者。

（4）合同利益相关者和非合同利益相关者

以是否具有合同关系为标准，可以将利益相关者分为合同利益相关者和非合同利益相关者。凡是与公司靠合同来约定双方权利与义务关系的利益相关者，称为合同利益相关者，如股东、债权人、员工、经营者、顾客、供货商等；凡是与公司没有合同关系，但其利益受公司经营影响的利益相关者，称为非合同利益相关者，如社会群体、社区成员、竞争对手等。合同利益相关者又分为完全合同利益相关者和非完全合同利益相关者。完全合同利益相关者是指具有完全合同的利益相关者，主要通过法律和市场来间接影响公司经营；非完全合同利益相关者是指具有非完全合同的利益相关者，主要通过体现与公司法人之间的合同关系的公司治理直接控制公司经营。

（5）一级利益相关者和二级利益相关者

以是否是公司生存的必要条件为标准，可以将利益相关者分为一级利益相关者和二级利益相关者。凡是没有其参与，公司就不能作为经营主体而存在下去的利益相关者，为一级利益相关者。包括股东、债权人、雇员、顾客、供货商、政府与社区。公司与一级利益相关者之间保持着较强的独立性。凡是影响公司或受公司影响，但与公司之间没有业务关系，且不是公司生存的必要条件的利益相关者，为二级利益相关者。如大众传媒和各类专门的利益集团。这是美国学者克拉克森的划分方法。

上述分类表明，银行是公司的真实直接的利益相关者、社会利益相关者、合同利益相关者和一级利益相关者，即在公司股东之外，银行就是最重要的利益相关者之一。刘丹（2003）在其论文中也将利益相关者的范围限定为股东、债权人、经营者和职工，且重点放在职工、债权人，特别是银行债权人等利益相关者身上。

### 三　利益相关者的公司治理理论

斯蒂格利茨（1985）针对公司治理中的"股东至上主义"提出了一种替代理论——"多重委托代理理论"（Multiple Principal Agent Theory），

也就是广为流传的"利益相关者理论"（Stakeholder Theory）。斯蒂格利茨（1985）认为，在考虑公司治理或考虑公司利益时，公司的目标不是股票市值最大化，而是存在更宽的一系列目标，包括要考虑其他利益相关者的利益。Cochran 和 Wartick（1988）、费方域（1996）等认为，应该把股东利益置于利益相关者（国家、社区、顾客、员工等）相同的位置上，因此，公司治理研究的内容应该是包括股东在内的利益相关者之间的关系，以及规定他们之间的制度安排。Walker 和 Marr（2001）在《利益相关者权力》一书中指出，商业领袖们应该花一些时间来了解如何利用"利益相关者的权力"，以及如何围绕利益相关者的权力来经营他们的公司，但提到一个折中的观点，认为应该考虑利益相关者的利益，股东利益不是企业唯一的目标，但股东利益仍然是第一位的。

　　综合各学者的观点，利益相关者理论的核心内容是：公司是各种投入的组合，是由不同要素提供者组成的一个系统。股东仅仅是资本的提供者。除此之外，债权人、经营者，特别是公司职工对公司都做出了专门化的特殊投资，他们提供的投资有许多是公司的专用资产，例如，专用性人力资本[①]，他们是公司的利益相关者，因而，他们应该有权参与公司治理。公司经营除了要考虑股东利益外，还要考虑其他利益相关者的利益。公司经营不仅仅是为股东利益最大化服务，也应为利益相关者创造财富服务。

　　如何保护利益相关者的利益？学者们提出了利益相关者参与企业公司治理的主张。玛格丽特·M. 布莱尔强烈主张应当将利益相关者纳入到公司治理当中去。她认为："视企业为属于股东的资产的联合体侵害了其他参与者，他们的投资也应得到保障的期望……公司并非简单的实物资产的集合，而是一种法律框架结构，其作用在于治理所有在企业财富创造性活动中做出特殊投资的主体间的相互关系。当然，其中包括股东，并且权益资本是总体投入组合中极为重要的构成部分之一。但投资并不仅限于股东，供货商、贷款人、顾客，尤其是企业雇员往往都做出了特殊的投资，这些投资的价值在很大程度上依赖于他们与那家公司的持续长久的关系。"布莱尔举例指出：长期雇员很可能具备了专业化的技能，这种专业化技能就是一种人力资本，这种技能对特定的公司具有特定的价值。供货商们可能在一个特殊的位置建立起一家工厂，仅为了满足这家公司的需

---

① 吴冬梅：《公司治理结构运行与模式》，经济管理出版社 2001 年版，第 34 页。

要。这意味着进行该投资的个人或者团体承担了一旦公司倒闭投资尽失的风险。[①] 由此，她总结道，"认识到公司是一种治理和管理者的专业化的制度安排，会促使人们关注这样一个事实，即雇员、贷款人、供货商或者其他人都可以（并且经常是如此）做出专业投资，这些投资与股东们的投资一样面临完全的风险。所有在企业从事的业务活动中做出特殊投资的各方，他们之所以做出投资，都事先假定并期望他们能从企业内部这些资产的联合运用所创造的利润中获得相应份额的收益"。按照玛格丽特·M. 布莱尔的观点，公司应该承认利益相关者的所有权并吸收利益相关者参与公司治理。

在治理实践中，利益相关者理论在英美国家已经得到了一定程度的认可。例如，美国法律协会在其《公司治理原则》中，就明确提出现代公司与众多的利益集团，如公司的员工、客户、供应商等有相互依存关系。《OECD 公司治理原则》也专门将利益相关者作为其中的一个重要组成部分，明确提出公司在追求股东利益最大化的同时，应关注和考虑利益相关者的利益不受损害。我国在 1996 年 1 月，中国人民银行、国家经贸委、国家国有资产管理局联合发布了《关于银行向企业监事会派出监事任职资格的审查办法》，该办法称，"银行方面的监事由被监督企业设立基本账户的银行派出，且一人可以同时担任若干企业的监事"。该条件和办法对于银行参与国有企业治理结构，意义是重大的。在我国 2006 年施行的《公司法》中，也将职工监事占监事会席位数规定为至少 1/3。这些已经表明利益相关者参与公司治理已经从学术研究进入到实践探索。

虽然有关利益相关者在公司治理中的地位和作用还没有形成完整的理论体系，但是已经有较多的实践尝试，如实行员工持股计划、发挥机构投资者和债权人的作用等。特别地，利益相关者理论对债权人利益的关注，为商业银行介入上市企业公司治理提供了重要的理论基础。

## 第四节  金融中介功能理论

金融中介理论阐明了商业银行参与公司治理的必然性。关于金融中介

---

① 何玉长：《国有公司产权结构与治理结构》，上海财经出版社 1997 年版，第 29 页。

功能的研究，影响较大的是 Merton 等的金融功能观。在 Merton 看来，金融系统的基本功能就是在不确定环境中进行资源的时间和空间配置，而这种基本功能又可以细分为六种子功能。即支付中介、时空中介、规模中介、风险中介、信息生产以及监督和激励。

## 一　支付中介

支付中介职能，指负责支付的清算和结算（clearing and settling payments）。清算（clearing）是指支付通知的处理，也即确定和计算交易各方的责任；结算（settlement）就是交易各方责任的实际结清。支付中介功能主要是指商业银行利用活期存款账户，为客户办理各种货币结算、货币收付、货币兑换和转移存款等业务活动。在执行支付中介职能时，商业银行是以企业、团体或个人的货币保管者、出纳或支付代理人的资格出现的。商业银行的支付中介职能形成了以它为中心、经济过程中无始无终的支付链条和债权债务关系。

关于金融系统这一功能的解释，主要原因是节约了交易费用。清算和结算过程的交易成本主要包括：处理支付通知的费用、融资或保存抵押品的成本、纪经商的佣金、买卖价差以及各种形式的税收。如去旅游，要为宾馆、商店等付费问题，如果国际旅游涉及货币兑换等问题，金融系统就可能提供便捷的支付和结算，使家庭和企业不必为了购买资源而耗费时间。

虽然各国的清算和结算机制存在差异，但都以中央银行在内的银行系统作为核心。所以，Bodie 和 Merton（2000）在论述银行时，就把银行的主要功能看成是利用支票账户、信用卡和电子通信网络进行金融交易的清算和结算。不过，他们也指出，随着金融创新的发展和管制的放松，货币市场共同基金甚至企业也可以从事此项功能。如今互联网金融的发展，第三方交易平台也执行着支付和结算的某些功能，但目前仍然以银行系统支付和结算为基础。

## 二　时空中介

时空中介功能即在时间和空间上转移资源的职能。金融系统在不同的时间、地区和行业之间提供了经济资源转移的途径。

金融系统在时间点之间的转移，便利了很多交易，甚至增加了社会财富。如学生贷款、借款购买房屋、储存养老金和投资于生产设备，都是将资源从时间上的一点转移到另一点的活动。如果没有机会获得学生贷款，许多年轻人将因家庭没有能力送他们上大学而不得不放弃接受高等教育的机会；如果不能得到风险资本，许多公司会无法开业。所以从社会效率看，增加社会福利和社会财富。

金融系统除了帮助资源在不同时间点转移外，对于在不同地点之间转移经济资源也扮演着重要的角色。可以使稀缺资源在时间和空间上，从获得相对较低收益的地方转向收益较高的地方，从而提高了效率。例如，德国的家庭可能拥有未被有效利用的实物资本（如卡车、拖拉机），而这些资本可以在俄罗斯得到更高效率的使用，而这一转移可以借助金融系统。金融系统提供了许多转移资源的机制，仍然以德国向俄罗斯转移资源为例，一种途径是德国公民投资于位于俄罗斯的公司发行的股票；另一种途径是德国银行向俄罗斯的那些企业贷款。当今以复杂的市场和中介网络为特点的全球金融系统，也可以使日本工人的退休养老存款可以为美国的年轻夫妇购买房屋提供融资。当然，经济越复杂，金融系统为资源在时间和空间上的转移提供高效率的手段的角色就越重要。例如，假设所有的家庭都将它们的投资局限于家庭，家庭 A 获得 2% 的回报。与此同时，家庭 B 却可以获得 20% 的回报。建立一家投资公司，将 A 的储蓄借给 B，效率便会得到提高。

关于商业银行作为时空中介的解释，是商业银行的技术优势和成本优势。一是与借款人或贷款人相比，银行等中介机构有人才、技术和管理经验等方面的优势，如银行可以自己承担利率风险，但更通常的做法是通过利率期货、利率期权等衍生工具进行套期保值，不过采用衍生工具进行套期保值时，银行必须承担衍生工具交易的费用。二是通过它们进行的大额交易，具有能降低单位交易成本的规模效应。但是商业银行的传统业务是借短贷长，可能会出现银行资产与负债期限的不匹配，使银行暴露于利率风险中。

## 三　规模中介

规模中介职能又被称为积聚资源和分割股份职能。金融系统提供了有关机制，可以储备资金，购买无法分割的大型企业，或者在很多所有者之间分割一个大型企业的股份。

在现代经济中，经营一家公司所需的最低投资，往往超过个人甚至一个大家族的能力。金融系统提供了很多机制（如股票市场和银行），可以储备或聚集家庭的财富，形成大笔的资本用于办公司。换个角度看这个问题，金融系统将一个个家庭的资金聚集起来并在投资中分割股份，为单个家庭提供了参与需要大量资金的投资的机会。例如，假设你希望为一匹赛马投资 100000 美元，而你只有 10000 美元可用于投资，如果有一种方式将赛马分为 10 份，你就可以购买一份。但是，在这种情况下，整体显然比各部分加在一起的价值高得多。将一匹马分成几块显然不可行。金融系统解决了这一问题，将马分成几份，而不必将马杀掉。建立一个投资组合，为投资人分配股份，100000 美元可以分为 10000 美元一份，而不必将马分成几块。这匹马在比赛中获得的奖金，减去训练和维护费用，在所有股东之间分配。

货币市场是另外一个例子。假设你想投资于最安全和最有流动性的以美元计价的资产美国国库券。最小的面值是 100000 美元而你只有 1000 美元可用于投资。此时，你投资于国库券的唯一方法是同其他投资者合股。20 世纪 70 年代，持有美国国库券的共同基金正是为了实现这一目的而发展起来的。在共同基金中，投资者的钱被聚集在一起，他们有各自的账户表示在基金中所占的比例。共同基金经常公布股份的价格，允许其客户在任何时候添加或减少任何数额的资金，这样，如果股份的价格是 11 美元，你投资的 1000 美元，基金将贷记你的账户 1000/11，或者 90.91 的股份。国库券共同基金通过把大面额的国库券转换成无限可分的证券，提高了风险职能的效果。

### 四　风险中介

一般的个人或企业都有风险厌恶的倾向。风险厌恶（risk aversion），是指在确定性结果和不确定性结果中，人们更愿意选择前者。所以，现代的金融中介机构都提供风险中介或风险管理的服务。金融中介机构风险管理的手段有三种：资产分散、对冲和保险。

第一种是通过资产的多样化来降低风险。比方说，投资者购买共同基金发行的股份，相当于购买了由多种证券组成的一个组合，这比仅仅购买一种证券的风险低得多。商业银行同时向众多客户发放大量的贷款，相当于给每个储蓄者提供了高度分散的一个资产组合。

第二种就是利用金融衍生工具进行套期保值。金融衍生工具有远期、期货、互换和期权四种基本形式。经济活动中的主要风险——利率风险、汇率风险和股票价格风险——都可以通过相应的金融衍生工具进行套期保值。比如，远期利率协议（FRA）、利率期货、利率期权或利率互换都可用来对利率风险进行套期保值。20世纪70年代以来，金融衍生工具交易已经成为许多金融中介机构的主要业务活动和主要利润来源。

第三种就是通过保险公司进行风险转移。它们从希望转移风险的客户那里取得保费，然后将其转移给那些愿意承担风险并获得权益的投资者，并从中取得收益。资金和风险经常是"捆绑"在一起，同时通过金融系统转移的。如银行贷款时，要求通过第三方提供担保，风险就会转移到担保方。

在资本资产定价模型（CAPM）中，投资者进行资产分散可以有两种选择：第一，直接选择各种风险证券和无风险证券的适当头寸；第二，存在两只基金，其中，一只基金的资产仅包括无风险证券，另一只基金的资产则包括所有的风险证券，投资者可以根据自己的偏好和禀赋选择适当比重的两种基金，这里的两种基金可理解为两个金融中介机构。其实，这其中不仅是在转移资金，也是在转移风险。金融世界中的很多金融合约都是关于转移风险，而不是转移资金的，如保险合约和担保、期货、互换和期权等。

## 五　信息中介

信息中介功能主要有信息生产的信息传递，即从证券价格中提取有用的信息（或称为生产信息），并将这些信息传递出去（如价格信息等），可以帮助协调不同经济部门的决策。我们在日常生活中，注意更多的金融中介机构提供的价格信息，这实际上是其信息传递功能。如每天报纸、广播、电视都播放股票价格和利率。在收到这些报道的千百万人当中，只有很少一部分在买卖证券。然而，许多不进行证券交易的人，也利用证券的价格信息制定其他决策，如家庭在决定把当前收入的多大一部分用于储蓄和如何投资时，就利用了利率和证券价格方面的信息。对企业而言，企业经理选择投资项目和安排融资时，资产价格和利率将提供关键的信息。不在金融市场上进行交易的企业经理，往往利用这些市场提供的信息作出决策。例如，某企业在生意红火的年份赚了1000万美元利润，它面临的是将利润再投资、给股东分红或是买回股份这样的决策。对自己和其他企业股票价格及市场利率的了解，无疑会帮助其作出决策。

其实金融中介机构的信息生产非常重要，比如，根据离散的纯贴现国债收益率推导连续的收益率曲线，根据两种金融资产（如美元和英镑资产）同第三种资产（如德国马克资产）之间的比价关系推导这两种资产之间的关系，或者更为广泛的是利用衍生证券的价格推导基础证券的隐含波动率，等等。而且当一个新的金融工具诞生的时候，提取信息的新机会也随之而来。例如，自1973年开始在交易所交易的标准期权合约就大大增加了关于经济和金融变量波动性的信息。这种信息特别有助于制定风险管理决策。信息生产功能不仅体现在存款类金融中介机构的贷款活动中。保险公司对事故概率的计算、共同基金对证券发行人的分析，都属于信息生产活动。

　　为什么金融中介机构具有信息生产的优势呢？这是因为金融中介机构在提供支付服务过程中，能够获得每一个经济活动主体的信用历史、现金流量等私人信息；金融中介机构还拥有信息加工和信息处理的专门技术和专门人才。与直接融资相比，金融中介机构具有两个方面的优势：一是信息生产中的规模经济。金融中介机构经常地、频繁地处理大量贷款申请，平均的信息费用就大大地降低了；二是信息生产过程不存在"搭便车"（free－rider）问题。在通过证券市场进行的融资过程中，普通的贷款人是没有信息生产技术的，他们还有另一个选择——从专门的信息服务商（如资信评估公司）那里购买信息服务。但这样一来，没有购买信息服务的贷款人就可以搭乘已购买了信息服务者的"便车"，最后没有人愿意购买信息服务。金融中介机构的信息生产就不存在"搭便车"问题。

### 六　监督与激励

　　当交易中的一方拥有另一方没有的信息，或一方作为另一方的代理人为其决策时，特别地，合约的各方通常无法方便地监督和控制其他人，激励问题就出现了。激励问题主要有以下形式：道德风险、逆向选择。

　　金融中介机构与客户的关系实际上是一种委托代理关系：银行与借款人之间的契约关系中，银行是委托人，借款人是代理人；银行与储蓄者之间的契约关系中，储蓄者是委托人，银行是代理人。由于委托人与代理人的利益与目标不尽一致，并且委托人不能直接观测代理人的行动，委托人必须对代理人进行监控，以激励后者按前者的利益行动。就银行与借款人而言，由于银行和借款人的目标不同，并且信息在二者之间分布不对称，一旦双方建立契约关系（签订贷款合同）后，银行就必须（受储蓄者的委托）对借款人进行监控。银行要定期检查借款人的现金流量状况、担保品的状况，要防止借款人将贷款挪作他用或发生其他与贷款合同条款相违背的行为；如果借款人陷入财务困境，银行还必须根据实际情况作出债务延期、追加贷款或者对借款人进行清算的决定。

道德风险的出现，使委托人的监控激励成为必要。从信息经济学角度看，信息生产功能强调的是金融中介机构在解决事前（ex ante）信息不对称中的作用，委托监控功能强调的是金融中介机构在事后信息不对称（ex post）中的作用。因为当为风险投保之后，投保的一方会期待更大的风险，不注意防止可能导致损失的事件。道德风险使一些保险公司不愿为某些风险提供保险。例如，如果仓库的所有者投了火灾险，保险合约便使其降低了防止火灾的动机，使火灾更容易发生。一个极端的例子是如果保险金超过了仓库的市值，所有者甚至会自己放火，以获得保险金。由于潜在的道德风险，保险公司会限制提供保险的金额，或者在特定情况下拒绝出售保单。在订约方面的道德风险的例子是，如果在工作之前支付劳动者工资，不论干得好坏，都会得到同样数额的钱，这样，劳动者努力工作的动力就比在其工作之后付钱的动力小。这样，作为委托人的金融中介机构要维护其利益，监控激励功能就出现了。如保险公司在投保人投保后要监控投保人的行为；共同基金在购买证券后要对证券发行人进行监控。

另一类由信息不对称造成的问题是逆向选择，即购买保险以防范风险的人可能比普通人面临更大的风险。以终身年金这种在保单购买者有生之年每月都支付固定金额的合约为例，出售此类年金的企业不能假定购买保单的顾客的寿命与一般水平相当，年金购买者的平均寿命可能比平均寿命长。因此，如果年金企业使用一般的寿命预期为其年金定价，而不添加其他款项来调整逆向选择问题，它们将遭受损失。结果是，此市场上的企业对年金的定价对那些具有平均寿命预期的人的吸引力相对较小，而且如果没有逆向选择问题，市场会小很多。

一个职能健全的金融系统有助于克服道德风险和逆向选择等问题。如储备、风险分担和专业化可以实现。例如，贷款的抵押，即在拖欠发生时使放款者可以获得特定资产，是减少与贷款有关的激励问题时普遍使用的工具。抵押减少了放款者监督借款者的成本，放款者只要注意用于抵押的资产的市值足够偿付贷款的到期本金和利息即可。随着时间的推移，技术的进步使跟踪和计值用于抵押的商业资产（如商品存货）的成本降低，从而拓宽了抵押贷款协议适用的范围。还可通过证券设计、金融创新等减少委托代理问题。比如对于"柠檬市场"问题，就可以通过发行可转换公司债来解决，因为发行可转换债表明公司内部人相信未来股票价格会上涨，因而可转换债券最终会转变成股票，而不会在将来使公司陷入财务困境，这就有效地防止了坏公司的模仿。对于公司内部的治理问题也可以采取如股票期权等措施。另外，对于那些因信息不对称而不得不依赖内部资金的公司来说，利用金融市场对公司未来现金流进行风险管理和资金调配也非常重要。如果对管理者的补偿是基于企业股票的市场价格的变化，管理者和股东的利益就会变得更为一致。以在贷款协议中引入用于限制股东和债主之间利益冲突的"准权益条件"为例来说明。准权益条件是贷款协议中的条款，允许放款者与股东分享收益。一种普遍的准权益条件是在贷款完全归还以前，以一定比例分享利润。另一种是放款人有权将贷款转为一定数量的股票。管理者是由企业的股东选出的。这样，当股东和债权人之间出现利益冲突时，管理者会以债权人的利益为代价保护股东的利益，由此造成的道德风险问题会阻碍对双方有利的贷款协议的实现。通过在贷款协议中加入准权益条件，这一问题可以得到缓解甚至解决，对股东和放款者都有利。

# 第五节　资本结构理论

资本结构是指企业全部资金来源中权益资本与债务资本之间的比例关系。资本结构理论是研究这一比例关系对企业价值的影响，以及是否存在最优资本结构问题的理论。企业的资本结构在某种程度上，是决定治理结构模式的重要因素。银行作为重要的债务融资的供给方，因此，银行参与公司治理的机理也可以从资本结构理论里探寻。目前，资本结构理论中关于银行参与公司治理的机理主要是从信息不对称、控制权收益和降低代理成本等角度进行解释，治理机制主要体现为信号传递机制，企业控制权机制和代理成本机制等。

## 一　信号传递机制

在信号传递理论看来，信息非对称扭曲企业市场价值，因而导致投资决策无效率；不同的资本结构向市场传递着不同的企业价值信号，经理人员或内部人通过选择适宜的资本结构向市场传递有关企业质量的信号，并力求避免负面信息的传递。投资者将高杠杆比率作为公司高质量的信号，作为信息传递机制，信号是有成本的，信号的成本是破产公司经理人应受的惩罚。代表性的观点主要有：

Ross（1977）指出，在信息不对称的情况下，假定企业经理人对企业投资的未来收益和风险有内部信息而投资者没有，但知晓对经理人的激励制度。因此，投资者只能借助经理人输送出来的信息间接地评价企业市场价值。企业负债率或融资结构就是一种内部信息，管理者通过改变融资结构来传达企业盈利信息及风险信息，从而影响市场对企业的估价。增加负债的信息会使投资者倾向相信公司具备良好的经营状况，表明经理人对企业未来收益有较高的期望。同时，为了使债务融资机制成为正确的信号传递，罗斯对破产企业的经营者加上了惩罚约束，从而使企业债务融资比率变成可靠的信息。Leland 和 Pyle（1977）提出在存在不对称信息的情况下，为了使投资项目的顺利进行，借贷双方就必须交流信息，这种交流可以通过信号的传递来进行。通常情况下，市场上的投资者认为项目的质量是经理拥有股份的函数，经理拥有股份越高，预示着投资项目的价值越高。不仅如此，企业举债比例越高，经理持股比例越高，预示着企业的质量就越好，因为债权人和经理大多数都是风险规避者，只有投资项目的真实收益大于其承担的风险，他们才会进行投资。因此，债务融资给市场传递的信号一般是一个"好消息"。

信号传递理论表明，在信息不对称客观存在的情况下，银行等债权人应该比股权投资者拥有更多企业的内部信息，从另一个角度看，银行也可以通过融资传递信号的这一功能，有选择地对企业进行投资，从而约束企业的行为，实现对公司的部分治理功能。

## 二　企业控制权机制

20 世纪 80 年代，随着企业兼并与接管活动的活跃，人们发现资本交易不仅会引起剩余收益的分配问题，而且还会引起剩余控制权的分配问题。Hariss 和 Raviv（1958）以及 Aghion 和 Bolton（1992）分别从财务及控制权的角度揭示了为什么股票和债券会成为最重要的融资工具。内源融资不会对企业现有控制权产生任何影响，股权融资把公司的财产控制权配置给股东，但是信息不对称和"搭便车"行为使得股东的控制力受到限制，银行借款会加大银行对公司的控制力，使公司对银行的依赖性增强；发行债券融资存在着偿还约束，但是债权人只在企业无法偿还债务时才行使控制权，这使管理者在经营中对企业的控制权增加。于是，企业在有条件的情况下，会更倾向于发行公司债券。Hariss 和 Raviv（1988）认为，由于个人财富有限，借贷能力又受到限制，这就使企业经理人要想在接管活动中或大型企业中控制大部分的股权相当困难，因此，在其他因素一定的情况下，企业融资结构中债务或者诸如优先股和认股权证这类没有投票权的融资工具越多，在职经理的控制权就越大。Aghion 和 Bolton（1992）认为，债务融资与股票融资不仅收益索取权不同，而且控制权安排也不相同。通常债务融资契约是和破产机制相联系，而股票融资契约是与在保持清偿能力下的企业经营控制权相联系。对于债务融资而言，如果企业经营者能按期还本付息，则经营者就拥有企业控制权，如果企业经营亏损或到期不能还本付息，那么控制权就由经营者转移给债权人，债权人可以行使控制权接管企业。如果企业融资是采用普通股融资，则股东就拥有企业的控制权。可见，债权人可通过相机治理企业的控制权实现对公司的治理。

此外，有关研究表明债务数量还会影响公司控制权向除了银行以外的主体的分配和转移。即公司较高的债务水平可以阻止敌意接管，从而对这一外部治理机制产生替代（Substiution）的作用。Harris、Rvaiv（1988）和 Zweibel（1996）对这一问题进行了研究，在前者的模型中，现任经理具有对负债融资和股权融资进行安排的权力，而且其自身也拥有绝对数量固定的公司股权份额。通过增加负债融资的数量，他就扩大了自己所占有的或所能控制的公司股份的比例。这样，就增加了与外来的现实或潜在竞争者争夺企业控制权的能力，提高了外来竞争者的收购壁垒。从而即使本身经营才能低下，现任经理也能有效地抵御外来收购。因此，负债水平与被收购成功的可能性负相关，债务杠杆由此成为现代公司一种重要的抵御收购的策略。Zweibel（1996）则是沿用了 Hart 和 Moore（1989）的思路，即债务能够阻止经理人进行非营利项目的投资，使得接管方变得无利可图。

### 三　代理成本机制

资本结构理论还认为，债务还可以防止经营者的机会主义行为，降低股东与经营者之间的代理成本。这一部分的机理与代理成本理论部分债务的代理成本有交叉现象，但是前者重点是介绍经营者作为资金使用者，是从债权人的代理人角度讨论的。这一部分重点从债权和股权关系角度，股东和债权人的利益一致和冲突角度探讨企业负债的代理成本机制。

该观点认为，当经营者拥有企业股权时，增加负债融资能够提高经营者的持股比例，进而缓和经营者与股东之间的冲突。经营者拥有公司股权或股票期权是许多公司激励经营者的重要方法，如果企业的融资总额不变以及企业的资产收益率大于债务利息率时，随着债务融资量的增加，经营者的持股份额所占比例增大，进而其股权收益也趋增加。尤其是，如果公司能获得足够多的债务融资，以支持公司运作或项目开发经营，进而经营者可以直接减少其他股东的股权投资金额，或者通过举债融资回购股份的方式减少其他股东的股权投资金额，则债务融资的增加与其他股东持股份额减少的双重作用可以较大地增加经营者的股权收益，进而有效缓和企业经营者与股东之间的利益矛盾。

Jensen（1986）认为，债务能够避免经理人利用公司的自由现金流量①（free cash flow）进行过度投资。Harris 和 Raviv（1988）的模型指出经理和投资者（指股东）的冲突源于对经营决策的分歧，即使在停业清算对股东更为有利的情况下，经理仍会希望继续当前的企业运营。这种冲突无法通过建立在现金流量和投资费用基础上的契约来消除。债务则使债权人在现金流量不佳时有权强迫公司进行停业清算，从而缓和这一问题。Dewatrigont - Tirole（1994）发现在干预企业的问题上，持债人（如银行）总是具有普遍过高的积极性，而持股人却带有典型的消极被动性。为了有效地对企业经营管理者绳之以纪，最好是因地制宜地让这两种资产持有者轮换进行控制。在经济形势好时应让对干预企业持消极态度的持股人控制企业经营者，经济形势不好时就应由严格管理的持债人来干预了，即让银行来干预。

## 第六节　债务契约理论

关于银行对公司治理有效性的影响，许多学者都从债务契约的特征出发，研究银行这一债权人的利益保障机制。

近 20 年来，契约理论对契约不完全性进行了全面的研究，② Hart 指出有限理性、交易成本、交易对手异质性等因素导致契约的不完全性，然

---

① 指营运现金流量减去正的净现值项目投资所需的现金流量后，公司所剩余的现金流量。

② 威廉姆森、克莱茵等发现交易费用经济学在企业理论中，揭示了企业的本质是契约，威廉姆森（1996）直接把"契约人"作为其交易成本经济学理论的假定条件，指出了人的有限理性和机会主义行为特征。克莱茵（1995）认为只要双方自愿谈判，自愿性市场一定会达到资源配置的最优效率。

而现实情况中的契约往往是不完全契约，契约的实施和对资源重新调配形成的次优选择成为现代契约理论研究的重点问题，如何利用契约的不完全性达到产权的次优配置，如何分配剩余控制权，这些都要通过契约签订主体之间实现自身交易成本最小化。银行与企业之间的金融契约当然也是一种契约形式，同时也是不完备契约，契约理论同样可以解释和分析银企关系的形成和最优银企关系的设计等问题。譬如，银行贷款给企业形成的贷款合同，银行可以通过了解企业的财务指标、信用评级等各种可验证的信息来降低违约发生的概率，但银行面临信息不透明、财务报表数据失真、抵押资产不实时，可以利用长期密切接触收集来的各种企业私人信息作为补充，完善对客户的信用评价，甚至修改贷款合同。这样，银行与企业的关系就存在两种情况：一种是契约型关系，即借贷双方尽量基于完全信息签订完整的契约来约束双方的行为；而另一种则是由于信息不对称无法获得完备的信息情况下的关系型约束行为。

**一　关系型贷款治理机制**

关系型贷款是指银行通过更有效率的筛选，与剩余的优质企业借款人发展长期信贷关系，获取更多利润。在契约理论的框架下银行与企业的关系型贷款关系表现为：关系银行通过持续不断的监督，与企业客户建立关系，得到关于企业未来前景的隐性信息，但环境条件变差时，银行通过对企业真实质量的辨别，采取必要的挽救行动，这可以使关系银行在环境条件变好时获得超额的回报，银行所设计的跨期契约可以起到分散风险的作用，并且企业在面临恶劣环境条件或资产质量变差时可能获得关系银行的救助，扭转一时面临的财务问题。同样，在银行的跨期契约的设计中，关系银行也会权衡交易成本与收益的比例关系，一旦收集隐性信息的成本过高或者银行有理由相信企业在未来的时间内无法实现扭亏为盈，银行将放弃与现存企业的关系契约，转而寻找新的贷款对象。

**二　契约型贷款治理机制**

契约型贷款关系是与关系型融资相对应的一个概念，又称保持距离型融资。在保持距离型融资中，贷款人依赖来自公开市场的信息进行决策，并且借贷双方只进行一次性而不是长期多次交易。契约型贷款的银行不具有企业专有信息、专有租金，不干预企业经营决策，而是通过优先受偿权、质押和抵押担保等方法来保障其债权。

## 第七节　商业银行参与公司治理的机理和机制总结及本书的研究框架

委托代理理论、利益相关者理论和金融功能中介理论以及资本结构理论，可以说主要是提供了银行参与企业公司治理的理论机理，而公司治理理论和债务契约理论的重要观点为公司治理机制提供了理论支持。

委托代理理论中的代理成本论和代理监督论，利益相关者理论对各利益相关者利益的保护、金融功能中介理论中的激励监督和信息传递等功能、资本结构理论的信号传递、控制权激励和代理成本等理论观点，成为本书银行参与上市企业公司治理的重要理论基础。在后面机制的实证考察中，将重点对代理成本的治理效应、激励监督效应等进行检验。激励监督效应又分为代理监督、控制权激励和清算约束等。实证研究中，将重点检验控制权激励（自由现金流效应）和清算约束效应（公司治理绩效效应）等。

特别是公司治理机制理论和债务契约理论，为银行参与上市企业公司治理机制提供了直接的理论支撑。

本书借鉴了邓莉（2007 年）博士学位论文《商业银行在上市企业公司治理中的作用研究》一文的研究思路和框架，将商业银行参与公司治理纳入金融与经济关系的分析框架，构建了商业银行与上市企业关系的逻辑关系图（见图 2 - 1）。这概括了商业银行参与公司治理的方式和途径，也构成了商业银行参与公司治理的理论体系。这一理论体系表明了商业银行与上市企业的关系是宏观视角的金融与经济的关系。因为商业银行作为金融机构的代表，上市企业是实体经济的代表，其间的关系在宏观层面是一个金融与经济的关系，微观层面是投资融资体系及其投资融资活动联结的银企双边关系。商业银行参与公司治理的作用机理必然遵循金融与经济关系的宏观规律，如金融中介理论的相关成果；还要遵循金融经济关系的微观规律，如影响投资融资活动，提高投资融资效率等相关成果。

在微观层面，商业银行和公司间主要是通过投资融资活动联系在一起，它们是投资融资体系的主体。在投资融资活动过程中，银行作为委托人为了维护自身利益，就会对企业这一代理人进行监督和控制，参与上市企业的公司治理。投资融资活动主要有金融中介过程和金融市场过程。金融中介过程主要通过贷款和持有公司股票，这样银行就可以通过内部监督控制等实现对上市公司的治理，在金融市场上，银行可以作为贷款人，通过影响杠杆收购和市场的信息生产和传递等实现对上市公司的治理；还可以作为机构投资者参与上市公司的收购兼并活动，实现对上市公司的治理。

基于这一研究框架，本书主要研究内容：商业银行债权参与上市企业公司治理的机理和有效性研究；银行持股的可行性和有效性研究；以及银行参与控制权市场治理机制研究。

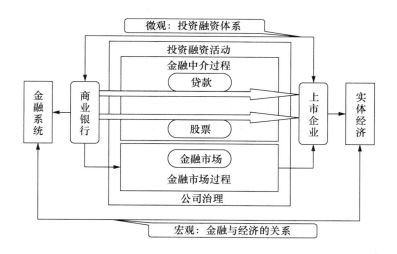

**图 2 - 1　商业银行与公司间的关系**

资料来源：邓莉：《商业银行在上市企业公司治理中的作用研究》，博士学位论文，重庆大学，2007 年，第 27 页。

# 第八节　本章小结

本章主要探讨了商业银行参与企业公司治理的理论基础，并在此基础上介绍了本书的研究框架。主要结论总结如下：

公司治理理论为商业银行参与企业的公司治理提供了基本的理论逻辑。公司治理是投资人利益的保护机制，具体包括股东会、董事会、监事会和经理部门等组织框架；有董事会机制、管理者报酬机制、控制权市场机制、金融机构集中持股和监督机制、债务机制和产品市场竞争机制等治理机制。由于各国的经济条件、文化、法律、制度环境等差异而形成各具特色的治理模式。如家族资本主义、经理资本主义以及机构资本主义等模式。

银行参与企业公司治理机理的主要有代理成本论、代理监督论，激励监督论、信息传递论等。这些理论观点主要体现在委托—代理理论、利益相关者理论、金融功能中介理论、资本结构理论中。委托—代理理论认为，委托人和代理人之间利益不一致甚至存在利益冲突的情况下，由于委托人和代理人之间信息不对称，以及契约的不完备，会导致代理人侵蚀委托人利益等委托代理问题，客观上要求委托人加强对代理人的监督约束。而银行作为委托人与代理人企业之间的代理问题是客观存在的，甚至有时是非常严重的，欲解决此代理问题，银行作为投资人就应该参与或介入企业的公司治理中去。利益相关者理论认为除了股东这一投资主体外，其他相关利益主体如债权人、政府、员工甚至社区、供应商等都对企业进行了专用性投资，因此也应该参与企业的公司治理。虽然该理论受到一些质疑，但在德国和日本的公司治理实践中得到运用。因为他们的公司治理模式里有银行、员工的参与。因此，从这个角度看，利益相关者理论为保护作了专用性投资的投资人的利益提供了理论支撑，也成为银行参与企业公司治理的重要理论基础之一。金融中介理论中的金融功能理论，为银行参与企业公司治理提供了重要的路径机制。如信息传递、监督激励、规模中介和风险中介等，特别是信息传递和监督激励成为银行参与企业公司治理的重要理论支撑。资本结构理论也为银行参与企业公司治理提供了直接的理论基础。资本结构理论主要涉及信号传递机制、控制权机制和代理成本机制等，成为后面研究的重要理论支撑。

公司治理机制理论和债务契约理论为银行参与公司治理的具体实现路径或实现机制提供了重要的理论支撑。关于公司治理机制的研究，特别是董事会机制、金融机构集中持股监督机制、控制权机制和债务治理机制等是商业银行参与企业公司治理的重要机制。债务契约理论的关系型贷款治理机制和契约型激励约束机制等，这些都是后面研究的商业银行参与企业公司治理的重要机制。

# 第三章 银行债权参与公司
# 治理的机理研究

从企业融资方式看，银行对企业的投资主要有债权和股权。债权投资者一般享有固定收益，无论投资损失与否，投资者都能按时收回本息，但不能干预企业经营；而股权投资者的收益不固定，本金不可偿还，拥有对企业经营决策的投票权。而事实上，银行作为债权人同样承担着企业贷款的违约风险，因而银行试图通过各种途径参与企业的一些活动，即银行采用各种治理行为确保其利益的实现。Kroszner 和 Strahan（2001）研究发现，大约 1/3 的美国大公司的董事会有来自银行的代表，Choi（2004）指出银行还通过贷款检查，修订债务契约、借贷双方高层之间的对话和会谈、要求企业披露更多财务信息以及银行经常检查公司的流动性和杠杆率等是否在行业标准内等治理行为参与公司治理，并指出 Aviall 公司 1993年 11 月的一笔贷款契约在一年之内被修改了 3 次。因此，银行债权参与公司治理是广泛存在的，研究其治理机理对于我们这样一个银行基础型的金融系统或公司治理系统而言，具有重要的理论和现实意义。

银行债权如何参与企业公司治理？首先要弄清银行债权指哪些债权？从查阅的外文文献来看，关于银行持有的债权主要有银行贷款 bank loans、银行债权 bank debts、企业债券 bonds 等术语，前两者是同一概念即都指银行贷款；国内对银行债权的认识大部分都是指银行贷款。理论上，从银行的资产业务分类来看，主要有银行贷款和证券投资业务。我国银行的证券业务主要是债券投资，主要包括国库券、中长期国债、政府机构债券、市政债券或地方债券以及公司债券等。可见，银行与企业之间的债权债务关系主要是银行贷款和持有公司债券。因此，本书将银行债权界定银行持有的债权，包括银行贷款和银行持有的公司债券。

银行贷款有多种分类，主要有：按贷款期限分为长短期贷款；按信用条件分为抵押、保证和信用贷款；按信息对称与否及是否参与公司治理分为契约贷款和关系贷款；按贷款质量分为正常、关注、次级、可疑和损失贷款，等等。不同类型的银行贷款参与公司治理的机理是不同的，本章重点探讨这些作用机理。由于银行债权这部分内容较多，因此将银行债权参与公司治理的机理和银行债权参与公司治理的实证研究分别表述在第三章和第四章。

# 第一节　银行业务概述

探讨银行与企业公司治理间的关系，就得从银企关系出发，以银行的业务为起始点。银行特别是商业银行的业务主要是资产负债业务，而与企业公司治理联系紧密的则是资产业务，银行是企业的投资人，为企业融资提供重要服务。

商业银行是以追求最大利润为经营目标，以多种金融资产和金融负债为经营对象，利用负债进行信用创造，为客户提供多功能、综合性服务的特殊金融企业。尽管各国商业银行的组织结构、经营模式各异，但就其业务经营活动来看，具有共性的资产负债表，其业务活动始终都表现为负债业务、资产业务、中间业务与表外业务三大类。

## 一　商业银行的负债业务

形成商业银行资金来源的业务即负债业务。其全部资金来源包括自有资本和吸收的外来资金两部分。

### 1. 自有资本

自有资本又称银行资本或资本金，指银行投资人为了银行正常的经营活动而自行投入的资金，其代表着对银行的所有权。《巴塞尔协议》(1988 年版) 把银行资本分为核心资本和附属资本两档。第一档为核心资本（core capital），也称一级资本，包括股本和公开准备金。具体来说，有普通股、不可收回的优先股、资本盈余、留存盈余、可转换的资本债券、各种补偿准备金等。这部分资本至少占全部资本的 50%，占风险加权资产的 4%。第二档为附属资本，也称二级资本，包括未公开准备金、资产重估准备金、普通准备金或呆账准备金。《巴塞尔协议》向各国商业银行提出一个重要的告诫：资本是一家商业银行防止亏损的最终防线，同时，该协议规定全部银行资本占银行风险加权资产的比例（即资本充足率）须大于或等于8%。

2. 各项存款

存款是指银行接受客户存入资金，存款人可以随时或按约定时间支取款项的一种受信业务。吸收存款是商业银行的传统业务，也是商业银行最重要的负债业务。常用的传统划分方法是将存款分为活期存款、储蓄存款与定期存款三大类。活期存款，也称可开支票的存款，它是指存款人随时存取和转让的存款，它没有明确的期限规定，银行也无权要求客户取款时做事先的书面通知。在银行开立活期存款账户的存款人可以用各种方式提取存款，如签发支票、本票、汇票、信用卡等，通过活期存款账户上资金的转移来完成商品交易或劳务支付行为。因此，在国外，活期存款账户也称为交易账户，其他存款账户则称为非交易账户。储蓄存款，也称存折储蓄，这种账户中的资金可以随时增加或提取，存款的存入、提取以及利息的支付，或记录在月报上或记录在账户持有人的小本子（存折）上。储蓄存款曾经是最普通的非交易用存款。从技术上讲，此类存款随存随取（银行可以在30天内支付）。然而为了争取存款方面的竞争需要，现在银行已允许存户"随存随取"。不过，储蓄存款一般不能签发支票，支用时只能提取现金或先转入存户的活期存款账户。定期存款指客户与银行预先约定存款期限的存款，存款期限通常为3个月、6个月、1年不等，期限最长的可达5年或10年，利率根据期限长短不同而存在差异，但都要高于活期存款。

**二　商业银行的资产业务**

商业银行的资产业务是通过各种不同渠道运用资金创造收益的业务。商业银行吸收的资金为了应付客户的提存，不能全部投放出去，通常保留一定比例的现金和其他准备资金，由此构成银行资金运用的一个特殊项目，即现金资产或准备金资产项目。除此之外，银行的资金运用主要是贷（放）款和投资。

1. 贷款

贷款，又称放款，是银行将其所吸收的资金按一定利率贷放给客户并约期归还的业务。贷款是商业银行的主要资产业务，也是商业银行获取利润的主要途径。贷款业务按照不同的标准，有不同的分类方法：按贷款期限长短分为短期和中长期贷款；按贷款保障程度，分为信用、保证和担保贷款等；按贷款质量划分有正常贷款、关注贷款、不良贷款（次级贷款、可疑贷款和损失贷款）等；按贷款信息条件可分为关系贷款和交易贷款等。除此之外，还可以按贷款用途（按行业等分类）、贷款偿还方式（一次偿还和分期偿还），甚至还可以按贷款数量（批发和零售贷款）等标准分类，本章重点对前面四种分类方式进行介绍。

按贷款期限可以分为短期贷款和中长期贷款。银行的短期贷款通常指贷款期限在一年或一年以下的临时性、季节性贷款，也可称为流动资金贷款。短期贷款是商业银行的主要贷款种类。中长期贷款是一年以上的贷款。在市场经济国家，中长期贷款的发放较受欢迎的是循环贷款。具体做法是：银行给借款人规定一个借款最高限额，在一定期限内只要不超过限额，贷款人可以随时获得贷款和偿还贷款。信贷额度相当于一个资金池，企业可以根据自己的资金松紧来确定借款或还款数额。在有效期内，企业可以多次使用贷款限额，循环信贷给企业带来了极大方便的同时，也为商业银行创造了收益。因为商业银行要根据限额大小，收取承诺费，贷款利息则按实际借款数额和时间来计算。如果企业没有真正借款，就只需支付承诺费。银行发放循环信贷限额的对象是高等级信用的企业。中长期贷款中风险最大的是项目贷款，项目贷款是数额巨大，常用于基础设施的贷款。由于风险较大，银行会要求借款者提供担保，并规定较高的利率。项目贷款一般由多家银行组成银团共同提供贷款，以分散风险。

按贷款的信用条件分类，在实践中又称为按贷款的保障程度分类，可以分为信用贷款和担保贷款。（1）信用贷款，是指无抵押品作为担保，通常仅凭借款人的信誉，并由借款人出具签字文字的贷款。信用贷款一般是贷给那些具有良好资信的借款者。这其中又分为以下几种：一是普通借款限额，企业与银行订立一种非正式协议，以确定一个贷款，在限额内，企业可随时得到银行的贷款支持，限额的有效期一般不超过 90 天。普通贷款限额内的贷款，利率是浮动的，与银行的优惠利率挂钩。银行通常对信用贷款收取较高的利息率，并往往附加一定的条件，如提供资产负债表、收支计划和报告借款用途等。以便银行了解借款人的财务状况和经营前景，并对借款企业进行严格的控制和监督。二是透支放款，银行通过允许客户在其账户上透支的方式向客户提供贷款。提供这种便利被视为银行对客户所承担的合同之外的"附加义务"。三是备用贷款承诺，备用贷款承诺，是一种比较正式和具有法律约束的协议。银行与企业签订正式合同，在合同中银行承诺在指定期限和限额内向企业提供相应贷款，企业要为银行的承诺提供费用。四是消费者放款，消费者放款是对消费个人发放的用于购买耐用消费品或支付其他费用的放款，商业银行向客户提供这种贷款时，要进行多方面的审查。五是票据贴现放款，票据贴现放款，是顾客将未到期的票据提交银行，由银行扣除自贴现日起至到期日止的利息而取得现款。（2）担保贷款具体包括保证贷款、抵押贷款和质押贷款三类。保证贷款是银行按法律规定的保证方式、以第三人承诺在借款人不能偿还贷款时，按约定承担一定保证责任或连带责任而发放的贷款。抵押贷款是指以特定的抵押品作担保的贷款，作为抵押的资产必须是能够在市场上出售的，如果贷款到期时借款人不愿或不能偿还，银行则可以取消抵押品的赎回权并处理抵押品。抵押品资产的价值一般要求大于贷款金额，其目的在于借款人违约时，减少银行的风险。如果银行处理抵押品时，其收入的金额超过贷款的本息和，超过部分应返还给借款人；反之，银行可以通过法律程序追索不足的款项。抵押品通常包括抵押人所有的房产、机器设备；抵押人有权处分的国有土地使用权、国有房产、机器设备、交通工具、抵押人承包并经发包人同意抵押的荒山荒沟的土地使用权等。作为抵押的物品必须经过相关机构的鉴定估价，其产权证书经过法律机构公证，银行取得抵押品的支配权和保险收益权之后，方能办理贷款手续。质押贷款是指银行以借款人或第三人的动产和权利作为质押物发放的贷款。质押和抵押的区别在于质押必须将质押物移交债权人占有并作为债权的担保。其中权利质押主要包括：汇票、本票、支票、债券、存款单、仓单、提单；依法可以转让的股份、股票；依法可以转让的商标专用权、专利权、著作权中的财产权。证券和票据质押贷款期间并不发生证券和票据所有权的转移。贷款金额也是票面金额的一部分，这种贷款金额与票面金额的差距称为"垫头"，目的在于防止贷款风险的损失。一般贷款期限不超过证券和票据的到期日，借款人到期归还借款时赎回证券和票据，否则银行有权处理作为贷款抵押的证券和票据。

　　按贷款质量划分有正常贷款、关注贷款、次级贷款、可疑贷款和损失贷款等。正常贷款，指借款人能够履行合同，有充分把握按时足额偿还本息的贷款。关注贷款，指尽管借款人有能力偿还贷款本息，但目前存在一些可能对偿还贷款产生不利影响的因素。次级贷款，指借款人的还款能力出现明显问题，依靠其正常经营收入已无法保证足额偿还本息的贷款。可疑贷款，指借款人无法足额偿还本息，即使执行抵押或担保，也肯定要造成一部分损失的贷款。损失贷款，在采取所有可能的措施和一切必要的法律程序之后，本息仍然无法收回，或只能收回极少部分的贷款。后三者又称为不良贷款。

按贷款信息条件可分为交易贷款和关系贷款。关于这种分类方式是近十来年随着对信息经济学的研究才得以开始。Berlin 和 Mester（1998）将商业银行贷款划分为以下两种类型：市场交易型贷款（transactional lending）和关系型贷款（relationship lending）。他们认为，市场交易型贷款多为一次性的交易行为，信贷需求不会反复发生，如抵押贷款、设备贷款、车辆贷款等。而关系型贷款以银行对借款人保持密切监督、银企重新谈判和双方隐含的长期合约为基本特征，其主要表现形式为额度贷款和承诺贷款，它们是银行在预先设定的条件下提供流动资金融资的事先承诺。Berger 和 Udell（2002）也将商业银行贷款按贷款技术的不同分为四种：财务报表型贷款（financial statements lending）、资产抵押型贷款（asset - based lending）、信用评分（credit scoring）以及关系型贷款。他们认为，前三种通常是市场交易型贷款技术，银行的信贷决策依据的是在贷款发生时易公开获得且相对客观的"硬"信息，如财务比率、抵押比率或信用得分，而关系型贷款的决策主要依靠的是不易公开获得且难以量化、传递的"软"信息，如企业所有者品质和能力，银行通过与关系企业及其所有者进行多方面、长期的交往来收集这些"软"信息。可见，关系型贷款是银行基于与借款企业的多产品、多渠道的长期交往所收集的私有信息而发放的贷款。其主要特征体现在私有信息和长期交往，具体内涵包括：（1）关系银行不仅仅收集财务报表、抵押或其他公开可获得的信息，还收集不易量化、传递的意会信息；（2）不仅通过与借款企业及其业主、客户、当地社区的持续交往收集信息，还通过给借款企业提供存款、结算、现金管理等多种金融服务来获得信息；（3）这些信息为关系银行所私有，用于贷款决策、贷款监督、合同修订以及再融资决策等。

2. 投资

商业银行的证券投资业务是商业银行将资金用于购买有价证券的活动。主要是通过证券市场买卖股票、债券进行投资的一种方式。商业银行的证券投资业务有分散风险、保持流动性、合理避税和提高效益等功能。商业银行投资业务的主要对象是各种证券包括国库券、中长期国债、政府机构债券、市政债券或地方政府债券以及公司债券等。这些债券中，由于国库券风险小，流动性强而成为商业银行重要的投资工具。由于公司债券差别大，20世纪80年代以来，商业银行投资于公司债券的比重已越来越少。由于我国商业银行法禁止商业银行直接持有工商企业的股份，因此，商业银行对工商企业的投资业务主要指持有企业债券，因此本章讨论的银行投资业务主要指银行的债券业务。

### 三　商业银行的中间业务

中间业务是指商业银行从事的按会计准则不列入资产负债表内，不影响其资产负债总额，但能影响银行当期损益，改变银行资产报酬率的经营活动。按照《巴塞尔协议》提出的要求，广义的中间业务包括两大类：一是或有债权/债务，即狭义的中间业务，包括贷款承诺、担保、金融衍生工具和投资银行业务。二是金融服务类业务，包括信托与咨询服务、支付与结算、代理人服务、与贷款有关的服务以及进出口业务等。

上述银行业务表明，与银行参与企业公司治理联系紧密的业务有资产业务和中间业务，但由于中间业务不反映在资产负债表中，以及其在商业银行业务的地位不及资产业务重要，其信息收集也较为困难，因此，本章主要研究银行资产业务中的贷款和投资业务对企业公司治理的影响。

## 第二节　银行贷款参与企业公司治理的机理分析

### 一　银行贷款期限与企业公司治理

银行贷款期限对企业公司治理的影响可从债务期限结构的治理效应中得到解释。债务期限结构是指从债务到期的时间角度，研究企业债权中短、中、长期各项负债资金所占的比重及其相互之间的比例关系。长期和短期负债的选择将会直接影响到企业负债成本、债务偿还计划和企业经营者的私人利益、企业当期的现金流等因素。因此，虽然无论是短期负债还是长期负债都因对企业经营者具有硬约束而具有公司治理效率，但是短期负债与长期负债的公司治理效率的特点或侧重点又有所不同，短期负债的治理效率主要体现在对企业的清算与约束经营者对自由现金流量的随意决定权方面，而长期负债的治理效率主要表现为防止公司无效扩张或建造经营者帝国。所以在负债水平不变的情况下，改变负债的期限结构，可以起到降低负债代理成本的作用。Dewatripont 和 Tirole（1994）认为，单一的债权仅仅能促使债权人在企业状态不好时实施控制，但是却不能在企业良好时发挥作用，为了实现对经营者的最佳控制，企业的最佳融资结构应该是股权与债权，短期债权与长期债权并用。具体地，债务期限的治理机理可解释如下：

1. 短期债务可影响企业的自由现金流，从而激励、约束股东和经理人的行为。Myers（1977）指出，将负债期间短期化，使其与对应的融资资产相匹配，并采用短期负债展期融资（Roll Over），解决企业的长期负债资金需求，将有利于克服投资不足的问题。而长期债务通常要求企业在未来3—10年甚至更长的时间后向债权人支付本息。Jensen（1986）认为，短期债务能削减企业当期的自由现金流量，增大企业的破产风险，因此，能激励和约束经理人做出正确的投资决策。张维迎（1999）认为，短期债务对企业即期或未来较短的时间现金流的要求比较高，即使总的负债并不高，但如果短期负债的比例过大，也会导致财务危机。邓莉、张宗益、李宏胜（2007）研究发现银行短期贷款确实有显著的提升企业业绩的作用。

2. 长期债务可以防止公司无效扩张或建造经营者帝国。Hart 和 Moore（1995）认为公司中的长期债权可以阻止经营者进行利己的非营利投资。如果公司债务结构中不含长期债务，经营者有进行新项目投资的动机，即使新项目的净现值可能为负。因为经营者可以用现有资产的未来收益填补新项目的亏损。通过扩大他的公司帝国，经营者提高了他的非货币收益。反之，若公司拥有较多的长期债务，则可以限制经营者进行过度投资。也就是说，长期债务可以限制经理人为打造经营帝国，追求控制权收益而进行的过度投资。邓莉、张宗益、李宏胜（2007）也得出了长期贷款与企业的自由现金流负相关的结论。

3. 债务期限结构向外部投资者传递企业真实价值，减少信息不对称。正如企业通过负债和权益融资的选择能向外部投资者传递信号一样，债权期限的选择同样具有信息传递的功能。长期债务因时间、利率、公司价值等因素的影响，被错误定价的程度往往比短期债务更严重。因为信息不对称，市场往往不能正确区分企业质量的高低，这时，价值被低估的企业则倾向于发行短期债务；而价值被高估的企业则倾向于发行长期债务。但是市场会把企业发行债务期限的长短作为一种传递企业价值的信号：发行长期债务的企业往往是价值被高估的企业。这样发行长期债务的企业必须降低发行价格或提高利率才能吸引投资者，从而增加负债融资的额外成本。越是在信息不对称下，这种倾向越明显，企业越会选择发行短期债务向投资者传递公司的真实价值。

**二　贷款保障条件与企业公司治理**

在贷款实践中，按保障条件银行的贷款主要分为两大类：信用和担保。而担保贷款里又分为保证贷款，质押贷款和抵押贷款。[①] 从对债权人利益保护角度讲，由于抵押和质押贷款直接表现为银行对企业财产的部分控制，而保证贷款则要通过法律诉讼，是针对担保人的，比较间接。由于有抵押和担保等保证方式，因此银行对信用贷款的要求可能会高于对担保的要求。而就抵押和质押与保证贷款而言，由于抵押和质押对银行债权的保护更直接，相对而言其风险就小些，因此银行对抵押和质押贷款的监督力度就会比保证贷款的监督力度弱一些。即信用、抵押质押、保证这几种贷款形式对银行利益的保证力度不同，将导致银行对企业的监管力度也不同，即参与企业公司治理的方式和途径有差异。抵押贷款是对企业财产的部分控制；保证贷款相对复杂一些，不但要对贷款企业的资信状况进行监控，还要对担保企业进行跟踪；信用贷款则是通过契约条件限制约束，具体如监督贷款的使用，要求企业提供相应的财务账簿等，甚至对企业经营活动进行监控。因此，银行对抵质押、保证和信用贷款的治理力度依次加强。

**三　银行贷款质量与企业公司治理**

银行贷款质量与企业公司治理间表现出一种相机治理的特征。即在企业财务状况发生某种重大变化时，为保护相关财务主体权益和提高治理效率，对企业财务控制权进行有效转移。Aghion 和 Bolton（1992）指出，在承认契约的不完全和未来的不确定性的前提下，由于投资者和企业家在公司经营过程中存在着潜在利益的不一致，且这种潜在的利益冲突不能由事前的契约完全消除，企业的控制权随融资结构的变化实现"相机控制"是最有效的；并且还提出，在一个多期间的世界里，将控制权转移给贷款人是最优的。张维迎（1999）指出，企业所有权状态依存性是非常重要的，并指出企业所有权并不固定安排给某一企业要素所有者，而是根据企业具体状态安排给相应要素所有者，股东只是企业正常经营状态下的所有

---

① 我国以前企业财务报表分类里，常把保证贷款称为担保贷款，质押和抵押贷款归为抵押贷款，所以分为三大类，即信用贷款、担保贷款和抵押贷款。

者。令 x 为企业的总收入，w 为应该支付工人的合同工资，r 为对债权人的合同支付。假定 x 在 0 到 x 之间分布（其中 x 是最大可能的收入），工人的索取权优先于债权人。那么，状态依存所有权就是，如果企业处于"x > w + r"的状态，股东是所有者；如果企业处于"w < x < w + r"的状态，债权人是所有者；如果企业处于"x < w"的状态，工人是所有者。由于监督经理是需要成本的，股东只要求一个"满意利润"，只要企业利润大于这个满意利润，股东就没兴趣干涉经理，经理就可能随意支配超额利润。假定 π 是这样一个满意利润，那么，我们可以说，如果企业处于"x ≥ w + r + π"的状态，经理就是实际的所有者。一般来说，随着企业财务状况的不断恶化，企业财务控制权总是按照经营者—股东—债权人方向转移。这样，银行就对企业具有强有力的约束作用。可见，银行对正常贷款、关注贷款、不良贷款参与企业公司治理的力度不断加强。

## 四　贷款信息条件与企业公司治理

按贷款信息条件分，贷款分为关系型贷款和契约型贷款。由于这两类贷款中银企距离和条件不同，参与公司治理的程度和方式也不同。

### 关系型贷款与公司治理

自 Diamond（1984，1991）、Boyd 和 Prescott（1986）对贷款中信息不对称问题的研究以来，许多人开始关注银行究竟会通过何种方式来减少这种信息不对称，关系贷款就是其中的一种方式，目前这方面研究已积累了大量的文献。所谓关系贷款，指的是银行对借款人保持长期关注，彼此间建立一种长期合作关系，这样一方面可以直接减少对借款人的信息不对称问题，实现有效监控，另一方面可以体现贷款上的规模效益，因为银行可以对企业在较长的一个时期内多次贷款。首先，一些理论模型预测（Petersen and Rajan，1993；Boot and Thakor，1994），银行与借款人关系越长久，贷款利率可能越低。此外，对贷款的抵押要求也可能越低。Berger 和 Udell（1995）对小企业的信用额度（Lines of Credit）的调查得到与上述预测相同的结果。除了贷款定价和抵押之外，与银行关系是否密切还会影响到借款人的融资能力，进而影响到其流动性和投资。Hoshi 等（1991）对日本两类企业进行了研究：与银行关系密切的企业和与银行关系不密切的企业，结果发现，在投资对流动性的敏感程度上，后一类企业比前一类企业要高。

此外，具有典型的关系贷款的银行在日本称为"主银行"，是指对于某个企业而言在资金筹措和运用等方面容量最大的银行，并且拥有持股（主银行常是最大的股东之一）、干部派遣等综合性、长期性交易关系的银行。日本的大企业一般都有自己的主银行，企业与主银行之间的关系一般比较稳定，一旦结合就很少变动。主银行在企业治理中的作用一般被认为主要有以下3个方面：（1）资金供给。负责为企业提供系列融资，包括长、短期贷款、债券发行、股权投资及收支账户管理等。（2）监督作用。一般来说，银行在向企业融资时，要对企业事先审查和事后调查，及时得到有关企业的各种信息，对企业的经营管理进行监督。（3）救助作用。主银行一般不干预企业的正常的生产经营活动，一旦企业经营陷入危机，它不仅能提供紧急融资支援，而且通过派遣干部等方式直接掌握企业的控制权，对企业进行重组。由于主银行既是企业最大的债权人又是股东，这就强化了主银行对企业的控制力。同时，由于企业借款所承担的风险与银行贷款所承担的风险是共命运的，因此主银行与企业之间相互依存，形成一种长期的、稳定的合作关系。具体方式还有：银行代理进入公司董事会，借贷双方高层之间的对话和会谈等。

### 五　契约贷款与公司治理

与关系型融资相对应的一个概念是保持距离型融资。在保持距离型融资中，贷款人依赖来自公开市场的信息进行决策，并且借贷双方只进行一次性而不是长期多次交易。契约型贷款的银行不具有企业专有信息、专有租金，不干预企业经营决策，而是通过优先受偿权、质押和抵押担保等方法来保障其债权。其参与企业的公司治理只能通过债务契约关系来监督约束企业。其主要的治理方式有：贷款检查、修订债务契约、要求企业披露更多财务信息，另外银行还经常检查公司流动性和杠杆率要求在行业标准内，等等。

### 六　债权集中度对公司治理的影响

负债集中度是以债权人数量的多少来反映的一种负债融资结构。企业的债务违约按其发生的原因分为：流动性违约（liquidity default）与策略性违约（strategic default）两种。流动性违约是指企业没有按期清偿债务而发生违约；策略性违约是指由于经营者想把企业现金转移到自己手中而导致的企业违约。如果没有违约处罚措施，企业经营者总是选择违约，同时债权人也不愿提供贷款。负债契约通过赋予债权人在违约时对债务人资产进行清算的权力抑制了经营者策略性违约的动机。负债集中度的高低通过以下两种途径影响负债融资契约的治理效应。

第一，负债集中度将影响债权人出售违约企业资产的价格，进而抑制经营者策略性违约的动机。

如果公司的资产整合比分离更具有价值，即公司资产的整体价值高于单个资产的价值之和。当企业有许多受到不同资产抵押担保的债权人时，资产的购买者要实现资产的整体价值就必须与大多数债权人达成购销协议。然而，一旦购买者与一位债权人达成购销协议，其他资产对购买者的边际价值就会上升，支付的价款也就相应上升。所以，当企业有许多债权人时，经营者在发生策略性违约后阻止债权人清算资产的支出要比企业只有一位债权人时的支出要多。因此，分散的企业负债结构通过降低经营者在策略性违约中所得的收益而能有效约束经营者，经营者将企业的现金变为私有的动机就会相应削弱。

第二，负债集中度的高低影响经营者与债权人重新谈判成功的可能性，进而影响负债融资契约的治理效应。

假设在前面的两期企业模型中，有 N 位债权人，当 Y > dt > L，Yz > L 时，经营者在日期 1 因转移现金违约，并向债权人提出重新谈判条件：提议至少 M 位债权人（M < N）将债务的求偿权由 d/N 降低到稍大于 L/N，否则企业就会发生破产清算。如果债权人数量 N 较大，债权非常分散时，债权人对于是否同意经营者提出的债务豁免条件存在"搭便车"现象。因为债权非常分散时，其中一位债权人 A 是否接受债务豁免条件，对于是否有 M 位债权人接受豁免是无关紧要的，如果债权人 A 不同意债务豁免，而又存在至少 M 位债权人同意豁免时，债权人 A 的求偿权将得到全部满足；如果债权人 A 同意债务豁免，而又不存在至少 M 位债权人同意豁免时，债权人 A 并得不到任何好处。所以，债权人的理性选择就是不接受经营者的债务豁免条件，经营者的减免债务的企图就会失败。

## 第三节　银行贷款和公司债券参与公司治理的比较

银行持有企业债券与银行贷款业务构成银行两种基本的债权形式，对企业而言这二者又构成债务融资结构。关于债务融资结构的理论虽然观点不完全一致，但学者们基本都认为企业发行的债务不外两种，一种是公众债，另一种是私人债。企业公开发行和交易的企业债券是典型的公众债；而商业银行贷给企业的银行贷款则属于典型的私人债。国外文献关于公众债和私人债的研究较多，在此将对二者的特点及参与公司治理的作用梳理如下。

## 一　信息理论关于公众债/私人债的研究

该流派一般认为，私人债权人是收集和处理信息的专家。事前信息甄别能发出关于企业价值的信号，从而减轻对企业所发行证券的错误估价；事后的信息监督则可以减轻企业的风险转换问题所带来的代理成本。

Rajan（1992）假定，私人债权人（银行）能够获得企业的内部信息并监督之，而公众债权人则由于过高的监督成本而无法监督。尽管拥有信息的银行能够通过其灵活的贷款决策来阻止企业作出错误的投资，但是，一旦投资项目开始，银行就没有了对企业（未来）利润讨价还价的能力。因此，企业将通过选择合适的债务来源组合和债务优先级的组合，试图削弱银行的能力。基于上述分析，Rajan 的结论是，企业将选择其最优的债务结构，以便减少私人债权人掠夺其利润的能力的同时，不会过分地减少私人债权人对于不赢利项目的控制能力。这其中的两个基本工具是：调整公众债和私人债的比例，配置在两种不同的要求权上的相对优先级。其贡献在于：强调了私人债权人对企业的监督和控制活动所带来的内生成本；分析了债务的期限、来源结构以及其优先级是如何影响了私人债的优点与缺点。

## 二　债权人数量理论关于公众债和私人债的研究

一般而言，相对于私人债，公众债具有大得多的债权人数量。基于此，Hart（1995）认为可以形成一个关于最优债权人数量的理论。Bolton 和 Scharfstein（1996）将这个想法精细化为模型，并用这个模型解释了企业的公众债/私人债的选择问题。他们把企业的违约分为两类：流动性违约和策略性违约。流动性违约是指企业投资的项目确实没有如期产生足够的、正的现金流量用以偿还到期债务所造成的违约行为。策略性违约则是指企业有足够的现金用以支付到期债务而不支付，以便把属于债权人的财富转移给自己而造成的故意违约。如果对违约行为不加以任何惩罚，企业将一直违约。相应地，债权人将不再愿意借出资金。债务契约通过赋予债权人违约时的清算权减少了企业策略性违约的激励。但流动性违约也会造成无效率的清算（如过高的清算成本）。最优的债务契约能够权衡阻止策略性违约带来的好处和过高清算成本带来的坏处。基于上述思想，他们发现，信用较差的、资产的完整性较高的、属于资产的循环性使用较差的行业中的企业较多地使用私人债，而具有相反特征的企业则应该使用公众债。

### 三 声誉理论关于公众债/私人债的研究

Diamond（1991）认为，贷款人（企业）通过使用高成本的银行债来获得声誉。之后，获得良好声誉的企业转向公众债以便节约监督成本。但 Chemmanur 和 fulghieri（1994）认为，是借款人获得声誉。Chemmanur 和 fulghieri（1994）假定，公众债和私人债间的关键性区别在于，公众债权人组成的团体只是债务市场上的一次性参与人，但私人债权人一般都是长期参与债务市场的金融中介机构。因此，与公众债权人相比，私人债权人在决策时更多地考虑声誉因素。

正如贷款人选择好的借款人一样，借款人也选择好的贷款人，借款人会在借款时考虑，这个贷款人是否会在自己出现财务困难时帮助自己渡过难关。Chemmanur 和 fulghieri（1994）假定，业主拥有关于他的企业陷入财务困境的概率的私人信息。企业陷入财务困境的原因有两种：一种与企业所投资的项目本身质量直接有关；另一种则由企业的财务政策欠佳所引起。在前一种情况下，债权人的最优选择是马上清算现有的企业，以避免更多的损失；但后一种情况下，也许通过借款人和贷款人间的重新谈判以便让陷入财务困境的企业能够持续经营下去，是对各方更加有利的选择，因为企业的持续经营价值可能大于其清算价值。他们还假定，当企业陷入财务困境后，贷款人如果不花费一定的成本评价企业持续经营的价值，那么贷款人将无法区分陷入财务困境的两类企业。而且这种评价的精确性也将随着贷款人所花费的成本的增加而得以提高。这种情况下，私人债权人将比公众债权人投入更多的资源用以评价企业的前景，以便建立起关于它能够更准确地做出清算/持续经营决策的声誉。

### 四 融资优序理论

融资优序理论解释了企业为什么在权益融资和债务融资之间做出选择时偏好后者，但如果企业面对的都是债务融资，如银行贷款、非银行贷款、债券公募和私募等，又当如何选择呢？按信息不对称理论的分析（Leland 和 Pyle，1977；Fama，1985；Boyd 和 Prescott，1986），银行和其他私人贷款机构比直接投资者能更有效地监管借款者，因此，信息不对称程度严重的企业将更多利用私人借款，而信息不对称程度低的企业将更倾向于公开募集资金。Diamond（1991）认为，声誉好的老企业有更强的动机公开发行，以避开银行的监督；Rajan（1992）则认为，银行贷款将扭曲管理层激励机制，其模型预测在企业质量和债务融资之间存在非线性关系。质量好和质量坏的企业都可能倾向发行公开债券，而质量中等的企业则可能倾向于银行贷款。Houston 和 James（1996）研究的是公募债务还是私募债务的决定因素，结果发现，银行贷款与企业规模、投资机会、总杠杆率、贷款银行家数、是否公开发行债券有关。银行贷款将随企业规模增大、总杠杆率上升而呈下降趋势。

Johnson（1997）发现银行和非银行私募债务资金有很大差别，有系统性银行借款的企业更容易进入公开募集市场。Krishnaswami 等（1999）也对公募和私募筹集债务资金进行了研究，考察了筹资费用、代理冲突、法规、信息不对称对企业选择这两种融资方式的影响，发现与道德风险相关的契约成本越高，企业进行私募的比例也越高。Denis 和 Mihov（2003）对四种影响因素即信息不对称、信用质量、成本机会和管理层机动的研究，发现信用质量是企业决定选择银行贷款、非银行私募债务或公募债务的最根本因素。

## 第四节　本章小结

由于商业银行的传统业务就是存贷款业务，对企业的投资主要是债权投资。所以大量关于银行参与企业公司治理的文献都是从债权角度进行的。本书研究的重点同样是银行债权的公司治理机理研究，为更清楚更完整地展示这部分内容，将相关的机理部分独立在这一章进行。而将相关的实证研究放在第四章完成。

关于银行债权参与企业公司治理的机理研究，本项目从银行的资产业务出发，探索银行参与企业公司治理的机理。银行可以持有企业债券和向企业贷款，所以本章主要探讨了这二者的公司治理机理。

银行贷款的公司治理机理研究。银行贷款是银行的主要资产业务，而银行贷款又可以分很多类别，不同类别贷款的公司治理机理也不同，本章重点对贷款的期限结构、保障条件和信息条件以及贷款质量条件，甚至债权集中度的公司治理机理都进行了较为深入的剖析。（1）债务期限结构可以影响企业的自由现金流，从而激励、约束股东和经理人的行为，同时向外部投资者传递企业真实价值，减少信息不对称。（2）按贷款的保障条件或信用条件分，贷款分为抵押质押、保证、信用这几种贷款形式，它们对银行利益的保证力度不同，抵押贷款是对企业财产的部分控制；保证贷款相对复杂一些，不但要对贷款企业的资信状况进行监控，还要对担保企业进行跟踪；信用贷款则是通过契约条件限制约束，具体的如监督贷款的使用，要求企业提供相应的财务账簿等，甚至对企业经营活动进行监控。因此，银行对抵质押、担保和信用贷款的治理力度依次加强。（3）按贷款信息条件分，贷款可分为关系型贷款和契约型贷款。关系型贷款中关系银行通过持续不断的监督，与企业客户建立长期合作关系，对企业的公司治理力度会强于基于财务报表等信息的契约型贷款的治理力度。（4）银行贷款质量与企业公司治理间表现出一种相机治理的特征，银行对正常贷款、关注贷款、不良贷款参与企业公司治理的力度不断加强。（5）关于债权集中度的公司治理机理，研究表明负债集中度将影响债权人出售违约企业资产的价格，以及经营者与债权人重新谈判成功的可能性，进而抑制经营者策略性违约的动机，以及影响负债融资契约的治理效应。

企业债券的公司治理机理研究。关于债券的公司治理机理研究，主要从银行贷款和企业债券二者在投资人的信息优劣势、债权人数量、企业声誉和二者信号传递等方面的比较进行研究。学者们把银行贷款称为私人债而把企业的债券称为公众债。理论研究表明，私人债权人（银行）能够获得企业的内部信息并监督之，而公众债权人则由于过高的监督成本而无法监督；信用较差的、资产完整性较高的、属于资产的循环性使用较差的行业中的企业较多地使用私人债，而具有相反特征的企业则应该使用公众债；借款人（企业）通过使用高成本的银行债来获得声誉。之后，获得良好声誉的企业转向公众债以便节约监督成本；银行和非银行私募债务资金有很大差别，有系统性银行借款的企业更容易进入公开募集市场进行融资。

# 第四章　银行贷款参与上市企业公司治理的实证研究

在我国，从银行资产运用来看，银行贷款占比很大，而持有公司债券的比例却很低。根据 2008 年我国上市的 14 家银行资产应用情况（见表 4 - 1），14 家银行资产运用中贷款占资产比例平均为 51.11%，而贷款中平均 79.31% 是公司贷款，仅 20.69% 是个人贷款，公司贷款在整个银行资产运用中占比平均为 40.46%，而投资债券的比例平均为 16.48%，远低于银行贷款，而银行投资于企业债券的比例（占资产的）平均仅为 1.07%。所以，银行通过债券方式参与企业公司治理的动力至少现在还不足，而对企业贷款或者公司贷款是其主要的资产业务，参与公司治理的动力也主要来源于此。因此，本书将实证研究检验银行贷款参与公司治理的作用机制。此外，2009 年以来，银行可以发放并购贷款，但由于并购贷款参与的是金融市场的行为，因此，将并购贷款的治理机制写到控制权市场一章，本章只研究传统的贷款业务的治理机制和效应。

第三章已对银行贷款与公司治理的机理进行了探讨，其中详细讨论了贷款期限结构、贷款保障条件、贷款质量、贷款信息条件以及债权集中度对企业公司治理的影响机理。由于贷款质量中不良率下降，以及银行对企业债券投资较少，所以，本书主要对贷款期限结构、保障条件和信息条件（关系贷款）的治理效应进行实证研究。

## 第一节　债务期限结构的公司治理效应

关于债务期限结构的整体治理效应，邓莉等（2007）以所有 A 股主板市场的上市公司为样本进行检验，并得出短期贷款的治理效应不明显，长期贷款有一定的治理效应的结论。由于用所有上市公司作为样本，可能由于有的公司贷款占比少或者对公司融资政策影响小，而使实证结果产生偏差。因此，本书以贷款集中的行业和贷款集中发放的地区两个维度来筛选样本，这样也许更能体现银行贷款对企业的治理效应。根据 2008 年数据显示，贷款集中的行业有三个行业，即制造业、交通运输和仓储业；贷款集中的地区有五个，即北京、上海、广东、江苏和浙江；因此，本节将以这三个行业在这五个地区的上市公司作为样本，检验银行贷款的公司治理效应，以期得出新的经验证据。

表 4 - 1　　　　　　　　2008 年我国上市银行资产运用统计　　　　　　单位：%

| 银行及代码 | 贷款/资产 | 公司贷款/资产 | 个人贷款/资产 | 公司贷款/资产 | 债券/资产 | 企业债券/资产 |
|---|---|---|---|---|---|---|
| 601998 | 55.98 | 76.67 | 23.33 | 42.92 | 16.65 | 2.08 |
| 000001 | 59.81 | 73.95 | 26.05 | 44.23 | 13.56 | 0.12 |
| 002142 | 47.60 | 66.74 | 33.26 | 31.77 | 16.13 | 0.97 |
| 600000 | 53.27 | 84.54 | 15.46 | 45.04 | 14.60 | N |
| 601988 | 47.39 | 75.63 | 24.37 | 35.84 | 23.67 | 1.29 |
| 601939 | 50.21 | 70.90 | 29.10 | 35.60 | 29.03 | 0.00 |
| 601398 | 46.86 | 77.83 | 22.17 | 36.47 | 21.15 | 0.00 |
| 601328 | 49.61 | 84.57 | 15.43 | 41.95 | 0.83 | 0.43 |
| 601169 | 46.30 | 90.92 | 9.08 | 42.10 | 0.50 | 0.08 |
| 601166 | 48.92 | 74.18 | 25.82 | 36.29 | 14.83 | 1.12 |
| 601009 | 42.88 | 88.43 | 11.57 | 37.92 | 35.48 | 7.85 |
| 600036 | 55.63 | 73.39 | 26.61 | 40.83 | 19.41 | 0.00 |
| 600016 | 62.44 | 83.51 | 16.49 | 52.14 | 12.33 | 0.00 |
| 600015 | 48.59 | 89.06 | 10.94 | 43.27 | 12.59 | 0.00 |
| 平均 | 51.11 | 79.31 | 20.69 | 40.46 | 16.48 | 1.07 |

注："N" 数据缺失。

资料来源：根据各银行 2008 年年报相关数据整理。

## 一　研究假设

本节同样是基于债权治理效应的角度，检验银行不同债权期限结构的治理效应。债权治理效应，主要包括治理绩效、自由现金流效应、代理成

本效应等。其中治理绩效效应是总效应，其他效应最终会影响绩效效应。据此提出以下研究假设：①

1. 治理绩效效应

金融理论认为，银行通过与企业建立借贷关系，在贷款的数额、贷款的利率、还款期限等方面对企业加以限制，或在签订贷款合同时，要求企业以自己的有形资产如房屋、土地和机器设备进行抵押，以作为贷款条件，或通过签订限制性贷款协议来制约企业，促使企业提高经营绩效。资本结构理论认为，资本结构可通过股权和债权发挥作用及其合理配置来协调出资人与经营者之间、内部股东与债权人之间的利益和行为。一方面，债权减弱了股东和经营者之间的代理冲突，并以债权的破产清算机制对经理实行强有力的约束，促进企业绩效提高。另一方面，债权人与股东的利益冲突，可能会导致资产置换和投资不足等问题。净收益理论，假设权益资本的成本率和债务成本率是固定不变的情况，由于债务融资成本较低，则提高企业的债务融资比例，就可以降低企业资本总成本率，从而提高企业的市场价值。Ross（1977）在他的信号传递模型中指出，外部投资者往往把较高的负债水平视为高质量的信号，而低质量的公司无法通过发行更多的债券来模仿高质量的公司。即高质量公司的债务比率较高，显示公司质量的绩效应该与债务比率呈正相关。Mayers（1984）的优序融资理论认为，企业若选择发行新股筹集资金，往往被市场误认为其资金周转失灵。企业最为稳妥的融资选择是以保留盈余进行内部融资，在企业保留盈余不足以满足项目投资的资金需要的情况下，企业外部融资的最优选择是债务融资。在我国，公司内源融资不足，债务主要由银行提供，银行债务比率应该与公司绩效正相关。因此假设 H1：银行债务与公司绩效正相关。

2. 自由现金流效应

Jensen（1986）认为，债务期限的不同也对公司治理结构起到不同的作用，短期债务可以减少经营者所控制的自由现金流量。因为，当管理者存在着利用公司自由现金流收益从事获得非金钱私人利益的过度投资道德风险行为时，短期债务融资有利于削减公司自由现金流量，通过破产的可能性，增加管理者的经营激励。查普林斯凯和尼豪斯经验研究表明，杠杆随

____

① 本节的关于债务期限结构的研究假设，沿用了邓莉（2007）关于"银行债权的公司治理效应"的研究思路。

自由现金流的减少而增加。Hart 和 Moore（1995）认为，公司中的长期债权可以阻止经营者进行利己的非营利投资。因为，短期债务融资契约的治理效应主要体现在对公司的清算与约束管理者、对自由现金流量的随意决定权方面。而长期债务融资契约的治理效应主要表现为防止管理者的无效率扩张。因此，具有大量自由现金流量的公司应发行更多的短期债务，债务期限与自由现金流量负相关。因此假设 H2：银行贷款与自由现金流负相关。

3. 代理成本效应

Jensen 和 Meckling（1976）通过代理成本理论说明，股东与经理之间利益冲突源于经理持有少于 100% 的剩余索取权（residual claim），经理在承担全部经营活动成本的同时，却不能攫取全部经营活动的收益，这会导致经理的偷懒和谋求私利。而债务融资会增加经理的股权比例，激励经理努力工作，降低代理成本。Grossman 和 Hart（1982）认为，债务可作为一种担保机制，能促使经理多努力工作，少个人享受，并在一定程度上抑制经理过度投资，从而降低由于所有权与控制权分离而产生的代理成本。Fama（1990）的研究也表明，贷款和债券提供了由代理人集中监控违约风险的一种方式，贷款债券能降低债务——权益契约结构中的契约成本，并指出，一个企业可以通过更多的短期债务融资来减少这些代理问题所带来的成本。因此假设 H3：银行贷款与代理成本负相关。

二　变量设计及模型选择

本研究的关键变量是银行贷款和公司治理类指标，其中银行贷款是解释变量，反映公司治理水平的指标为因变量。同时，为了详细检验提出的研究假设，对影响公司治理效果的公司特征因素加以控制。本书所选择的控制变量有公司规模。变量定义见表 4 - 2。

表 4 - 2　　　　　　　　　　　　研究变量一览表

| 变量类型 | 变量名称 | | 变量代码 | 变量含义及说明 |
| --- | --- | --- | --- | --- |
| 解释变量 | 银行贷款 | 资产（银行）负债率 | $D_0$ | （短期贷款 + 一年内到期的长期负债 + 长期贷款）/年末总资产 |
| | | 资产（银行）短期负债率 | $D_1$ | （短期贷款 + 一年内到期的长期负债）/年末总资产 |
| | | 资产（银行）长期负债率 | $D_2$ | 长期贷款/年末总资产 |
| 控制变量 | 公司规模 | 资产规模 | SIZE | LN（总资产） |

续表

| 变量类型 | 变量名称 | | 变量代码 | 变量含义及说明 |
|---|---|---|---|---|
| 被解释变量 | 公司绩效 | 资产利润率 | ROA | 净利润/年末总资产 |
| | 管理者约束程度 | 自由现金流量 | FCF | （经营活动现金净流量－净资本性支出）/年末总资产 |
| | 代理成本 | 管理费用率 | COST | 管理费用/年末总资产 |

1. 银行贷款指标

根据债权结构机制，债权集中度、期限结构和债权人性质都会对公司治理产生影响。由于目前公司债权人较少，主要是银行，因此各公司的债权集中度都较高①，差异不大，而且大债权人也都是银行，对债权集中度和大债权人的治理没有检验，主要检验银行的期限结构。银行贷款按期限可分为短期贷款和长期贷款。短期贷款通常是指期限在一年或一年以下的临时性或季节性贷款，在公司的资产负债表反映为短期贷款和一年内到期的长期负债。② 长期贷款是指期限在一年以上的贷款，在公司资产负债表上反映为长期贷款项目。

2. 公司绩效指标

公司绩效指标主要有，总资产收益率和主营业务利润率，以及托宾Q值等（于东智，2003）。由于考虑到我国股票市场价格的波动性大，与公司业绩相关性弱等问题，托宾Q值无法准确反映公司绩效，加之银行贷款对公司绩效的贡献，主要体现为过去和现在的经营业绩，以及资产报酬率在企业绩效评估中的普适性，因此本书采用资产收益率ROA衡量公司绩效。

3. 自由现金流指标

关于自由现金流量的计算，在国泰安的CSMAR数据库里披露的信息，以及自由现金流的含义，将自由现金流的计算公式定义为：自由现金流量＝经营活动现金净流量－资本性支出现金净流量。

4. 代理成本

关于代理成本计量的研究，Rajan和Zingales（1995）用权益市账率

---

① 2000—2005年中国上市公司负债构成的分析发现，银行债权占负债总额比都在50%以上。

② 因为长期负债中长期债券很少，所以本书把一年到期的长期负债也计入了银行的短期贷款中。

来度量代理成本。Ang 等（1998）认为，可以采用经营费用率（包括管理费用率、营业费用率和财务费用率）和总资产周转率来计量代理成本。吕长江等（2002）采用管理费用率、营业费用率和总资产周转率来计量代理成本。而与代理成本联系最为紧密的又是管理费用率与总资产周转率这两个指标，而它们综合的结果就是资产管理费用率；而且高管人员的报酬和在职消费等都没有单独列出，而统一列入管理费用，因此本书采用管理费用率计量代理成本。

5. 控制变量

随着公司规模的扩大，公司管理层更容易缔造管理帝国，增加在职消费和自由现金流量；因此公司规模作为控制变量。但由于在 2007 年的估计中发现，公司的成长性指标利润增长率与公司绩效关系并不显著，又加之这几年由于受金融危机影响，公司利润增长情况不容乐观，所以这次没有把利润增长率作为控制变量。

6. 实证模型的设计

邓莉等（2007）采用曲线估计法和线性估计的结果趋势是类似的，只是曲线表达的变化更为明显。所以这次只用了线性回归来估计银行贷款期限的公司治理效应。实验检验模型见方程（4.1）、方程（4.2），对银行债权的综合治理效应用方程（4.1）来按拟合、对期限结构中的银行短期和长期贷款治理效应用方程（4.2）进行拟合。模型形式为：

$$y_i = \alpha + \beta_1 d_0 + \beta_2 size + \varepsilon \tag{4.1}$$

$$y_i = \alpha + \beta_1 d_1 + \beta_2 d_2 + \beta_3 size + \varepsilon \tag{4.2}$$

$y_i$ 可以是绩效 ROA、自由现金流 FCF，代理成本 COST；$d_i$ 是银行贷款类指标。

### 三  样本公司选择

样本选择主要是基于分析 2008 年各大银行的贷款投向，贷款投向考察又分为两个维度进行，一是贷款的行业集中度和地区集中度，所以选取了集中的前三大行业和五大地区，所以可以真实地反映贷款对企业的实际影响。具体分析如下：

1. 样本公司的行业分布

对 2008 年 14 家上市银行贷款额度的行业[①]分布发现（见表 4 – 3），

---

① 行业分类按上海和深圳证券交易所的分类方法进行统计。

各银行贷款集中的五大行业为制造业房地产交通运输邮电批发零售电力、煤气及水的生产和供应业五大行业。特别是制造业、房地产和交通运输邮电三大行业集中资金占比最多，因此，样本的行业选择将以这三个行业为基础。

表 4 - 3　　　　　2008 年上市银行前五大行业贷款分布统计　　　单位:%

| 银行代号 | 制造业 | 社会服务、科技、文化 | 房地产 | 交通运输邮电 | 水利、环境和公共设施管理和投资业 | 地质勘查业、水利管理业 | 电力、煤气及水的生产和供应业 | 批发零售 | 租赁和商业服务 | 建筑业 |
|---|---|---|---|---|---|---|---|---|---|---|
| 000001 | 24.54 | 13.51 | 5.60 | 4.63 | | | | 15.82 | | |
| 002142 | 49.50 | | 7.82 | 3.6 | 5.57 | | | 20.30 | | |
| 600000 | 25.04 | | 9.17 | 7.26 | | 7.32 | | 9.91 | | |
| 601998 | 30.6 | | 7.9 | 11.8 | | | 10.7 | 9.2 | | |
| 601988 | 26.54 | | 5.8 | 9.91 | | | 11.16 | | 11.54 | |
| 601939 | 18.05 | | 8.96 | 11.62 | | | 12.31 | | 3.69 | |
| 601328 | 24.2 | 6.94 | 6.67 | 11.21 | | | | 8.17 | | |
| 601169 | 12.96 | | 11.56 | 8.26 | 15.57 | | | | 11.81 | |
| 601166 | 16.57 | | 11.81 | 6.58 | 4.92 | | | 5.83 | | |
| 601109 | 13.80 | | 8.47 | 3.85 | | | | 10.30 | 19.14 | |
| 600036 | 18.96 | | 5.67 | 10.84 | | | 7.45 | 6.83 | | |
| 600016 | 15 | | 14 | 11 | | | 7 | | 8 | |
| 600015 | 28.18 | | 6.5 | | | | | 14.21 | 6.74 | 6.98 |
| 601398 | 23.5 | | 10.6 | 21.4 | 8.5 | | 15.5 | | | |
| 合计 | 327.44 | 20.45 | 120.53 | 121.96 | 34.56 | 7.32 | 64.12 | 100.57 | 60.92 | 6.98 |

资料来源：根据各银行 2008 年年报相关数据整理。

2. 样本公司的地区分布

根据 2008 年各上市银行贷款集中的地区分布（见表 4 - 4）看，选择排名前三位的地区，因为是每家银行在该地区的贷款占该银行总贷款的比例，所以各地区累计贷款百分比就会大于 100%。从几大地区分布看，从

表4-4

## 2008年上市银行贷款地区分布（前三位）统计

单位：%

| 银行代码 | 华南地区 | 华东地区 | 华北地区 | 西部地区 | 浙江省 | 上海市 | 江苏省 | 广东省 | 天津市 | 北京市 | 南京市 | 福建省 | 环渤海 | 长江三角洲 | 珠江三角洲 |
|---|---|---|---|---|---|---|---|---|---|---|---|---|---|---|---|
| 000001 | 31.01 | 35.4 | 26.65 | | | | | | | | | | | | |
| 002142 | | | | | 89.48 | 7.03 | 3.42 | | | | | | | | |
| 600000 | | | | | 16.72 | 16.58 | 10.48 | | | | | | | | |
| 601998 | | | | | | | | | | | | | 35.4 | 28.3 | 14.1 |
| 601988 | 25.14 | 40.88 | 17.25 | | | | | | | | | | | | |
| 601939 | | | | 16.76 | | | | | | | | | 18.23 | 24.3 | |
| 601328 | 19.02 | 42.05 | 19.4 | | | | | | | | | | | | |
| 601169 | | | | | | 5.65 | | | 5.48 | 84.27 | | | | | |
| 601166 | | | | | 10.99 | | | 12.2 | | | | 16.32 | | | |
| 601009 | | | | | | 8.84 | 12.27 | | | | 78.89 | | | | |
| 600036 | 27.65 | 42.71 | 17.64 | | | | | | | | | | | | |
| 600016 | 14.49 | 35.91 | 29.01 | | | | | | | | | | | | |
| 600015 | 16.17 | 33.26 | 36.26 | | | | | | | | | | | | |
| 601398 | | | | | | | | 16 | | | | | 18.3 | 24.9 | |
| 合计 | 218.24 | 182.49 | 109.17 | 16.76 | 117.19 | 38.1 | 26.17 | 28.2 | 5.48 | 84.27 | 78.89 | 16.32 | 71.93 | 77.5 | 14.1 |

资料来源：根据各银行2008年年报相关数据整理。

高到低依次是华南、华东、华北、西部，西部最低。从几个重点开发的区域看，从高到低依次是长江三角洲、环渤海、珠江三角洲。从贷款获得比率高的省份看，由于南京、北京和宁波三家银行主要针对地方投放贷款，导致南京、北京、浙江三个地方贷款投资比例高，获得银行贷款绝对量不一定最高，因为这三家银行相对资产规模并不大。所以剔除这一影响因素后，各省区贷款获得量较大的主要是浙江、上海、江苏、广东、北京。①因此本书将选择上述五个地区的上市公司作为备选样本。

3. 研究样本选择及软件使用

根据上面的分析，所以本书选取了银行贷款集中的3个行业5个地区的773家上市公司2008—2011年混合数据，为了避免极端值的不利影响，选择标准是资产净利率为0—1之间，有效数据共计2244个，以此考察银行贷款对企业的公司治理绩效的影响。数据来源于国泰安CSMAR数据库，数据处理采用Eviews 6.0统计软件，运用最小二乘估计法进行估计。

### 四　实证研究结果及讨论

1. 样本的描述性统计

表4-5是相关样本数据的描述性统计。在资产净利率ROA列中显示，最大值0.9208，而最小值只有0.0002，这是在剔除了极端值为负值等的情况下，可见企业盈利差距大，平均仅为0.0597，说明企业的普遍盈利能力还较弱。管理费用与总资产的比值为0.0489，与ROA都差不远了，说明企业代理成本还是较高的。自由现金流量与总资产的比值FCF为0.0934，中位数0.1018，说明企业的自由现金流量还是较充足的。银行贷

表4-5　　　　　　　　　　样本数据的描述性统计

| | ROA | FCF | COST | $D_0$ | $D_1$ | $D_2$ | SIZE |
|---|---|---|---|---|---|---|---|
| 平均值 | 0.0597 | 0.0934 | 0.0489 | 0.1919 | 0.1483 | 0.0436 | 21.6053 |
| 中位数 | 0.0487 | 0.1018 | 0.0434 | 0.1464 | 0.0989 | 0.0007 | 21.4282 |
| 最大值 | 0.9208 | 0.8594 | 1.8561 | 10.6886 | 10.6886 | 0.5651 | 26.4873 |
| 最小值 | 0.0002 | -4.7755 | 0.0028 | 0.0000 | 0.0000 | 0.0000 | 15.4177 |
| 标准差 | 0.0540 | 0.2266 | 0.0517 | 0.4483 | 0.4421 | 0.0776 | 1.3038 |

---

① 表上剔除北京银行对北京贷款比例高这一因素后，其他银行在华北的贷款主要集中于北京，所以北京仍然是获得贷款较多的区域。

款与总资产的比值 $D_0$ 平均为 0.1919，说明银行贷款在企业融资中的地位是非常重要的。另外，贷款结构中，$D_1$ 是 0.1483，$D_2$ 是 0.0436，$D_1$ 远大于 $D_2$，这也符合企业资金需求实际，银行主要提供短期贷款特别是企业流动资金等的需求。因此企业里银行贷款主要是短期贷款。

2. 银行贷款总量的治理效应

表 4-6 是将银行贷款总量 $D_0$ 的公司治理效应检验结果，结果表明 $D_0$ 与 ROA 显著正相关，与假设一致，而与 FCF 负相关但是不显著，与 COST 正相关却也不显著。这一结果表明银行债权或银行贷款确实产生了正的治理效应，但治理的现金流效应和代理成本效应不明显。控制变量企业规模与 ROA 和 COST 显著负相关，与自由现金流 FCF 显著正相关。说明管理层确实有可能扩大企业规模，缔造企业帝国，增加自由现金流可能作一些低效投资，导致 ROA 下降，侵蚀股东利益。但是又存在规模效应，随着公司规模扩大，管理者的代理成本降低了。

表 4-6　　　　　　　银行贷款总量的治理效应检验结果

| 被解释变量 | | ROA | FCF | COST |
|---|---|---|---|---|
| 解释变量 | c | 0.1946 (10.4128)*** | -0.3778 (-4.784557)*** | 0.3114 (18.0247)*** |
| | $D_0$ | 0.0095 (3.7950)*** | -0.0071 (-0.6709) | 0.0008 (-0.3497) |
| | SIZE | -0.0063 (-7.338023)*** | 0.0219 (6.003757)*** | -0.0122 (-15.25357)*** |
| $R^2$ | | 0.0305 | 0.0162 | 0.0944 |
| 调整的 $R^2$ | | 0.0296 | 0.0153 | 0.0936 |
| F 值 | | (35.2320)*** | (18.42706)*** | (116.7676)*** |

注：括号里为参数 t 值，***表示 T 检验在 1% 水平上系数显著不为零。

3. 银行贷款期限结构的治理效应检验

表 4-7 是将银行贷款分成短期贷款和长期贷款，分别检验其公司治理效应。结果表明短期贷款 $D_1$ 与 ROA 显著正相关，而与 FCF 和 COST 也是正相关但不显著。说明短期贷款能产生正的绩效效应，与研究假设一致，但自由现金流效应和代理成本效应不明显。而长期贷款却刚好相反，其治理绩效效应显著为负，但与 FCF 和 COST 也都显著为负相关，说明长

期贷款确实发挥了限制管理层无效投资和过度在职消费等行为，即发挥了一定的公司治理效应，但是也许由于往往需要抵押资产以及更高的利率，这些因素综合影响导致长期贷款绩效效应为负。

表 4 - 7　　　　　　　银行贷款期限结构的治理效应检验结果

| 被解释变量 | | ROA | FCF | COST |
|---|---|---|---|---|
| 解释变量 | c | 0.1368 | - 0.4843 | 0.2774 |
| | | (6.8923)*** | (- 5.7115)*** | (14.9892)*** |
| | $D_1$ | 0.0134 | 0.00004 | 0.0031 |
| | | (5.3117)*** | (- 0.0037) | (- 1.3157) |
| | $D_2$ | - 0.1110 | - 0.2290 | - 0.0700 |
| | | (- 7.1658)*** | (- 3.4598)*** | (- 4.8512)*** |
| 控制变量 | SIZE | - 0.0034 | 0.0272 | - 0.0105 |
| | | (- 3.7068)*** | (6.8708)*** | (- 12.1103)*** |
| $R^2$ | | 0.0566 | 0.0212 | 0.1043 |
| 调整的 $R^2$ | | 0.0554 | 0.0199 | 0.1031 |
| F 值 | | (44.8345)*** | (16.18686)*** | (86.9064)*** |

注：括号里为参数 t 值，＊＊＊表示 T 检验 5% 水平上系数显著不为零。

4. 结果与讨论

研究结果并不完全与研究假设一致，在此也将原因一并做分析。

首先，银行贷款总量的公司治理绩效效应是明显的正向的。从绩效效应 ROA 检验看，银行贷款总量的公司治理绩效效应检验与 H1 假设完全一致。但是从贷款结构看，主要是短期贷款 $D_1$ 与 ROA 显著正相关，而 $D_2$ 却与 ROA 显著负相关，但由于长期贷款 $D_2$ 远小于 $D_1$，因此整体表现为 $D_1$ 的正向影响效应。

其次，银行的长期贷款的自由现金流和代理成本治理效应明显。从银行贷款影响的具体路径看，银行贷款对企业的自由现金流和管理成本等代理成本影响整体看不是显著的，但是从贷款结构分析看，长期贷款指标 $D_2$ 与 FCF、COST 确实存在显著的负相关关系，与研究假设是一致的，说明长期贷款能够发挥一定的公司治理效应，一定程度约束了企业的自由现金流使用和降低了管理者的代理成本。

　　最后，公司规模的绩效效应是显著为负的。这也说明公司规模过大后，存在规模不经济的情况。具体原因，从自由现金流的途径看，公司规模 SIZE 与公司自由现金流 FCF 显著正相关，这与研究假设公司规模扩大后，管理者更易缔造企业帝国，增加自由现金流的假设是一致的。但是在样本公司的检验中公司规模对管理成本的影响却是负向的，又说明公司的规模经济效应大于代理成本效应，从这一角度公司规模还算是较为合理的。但综合起来，由于自由现金流效应还是让规模的治理绩效效应显示为负。

　　5. 思考和建议

　　研究结果分析之后，有一点困惑，在银行贷款结构检验中有一个奇怪现象，就是长期贷款和短期贷款的公司治理效应影响方向的问题，二者对相关变量的影响方向都是相反的，即相关系数符号相反，按照现有的公司治理路径看，公司高管层增加自由现金流，增加在职消费进而增加管理成本，这些最终体现在 ROA 绩效上应该会对公司绩效产生负向的影响，结果 $D_1$ 的结果却是显著与 ROA 正向相关，而 $D_2$ 与 FCF 和 COST 显著负相关，增加 $D_2$ 可以有效减少管理层的道德风险，进而对公司绩效产生正的影响，但 $D_2$ 却与 ROA 显著负相关。这说明我国银行贷款的公司治理机理还有自身的特点。也许这样解释更为切合我国实际，我国银行的短期贷款被企业当作便利融资和降低资金使用成本的工具，特别是避税手段，并未约束其道德风险，所以企业绩效的增加并非来自管理层的非效率行为约束所致。而长期贷款虽然体现出其对管理层的约束治理效应，但由于相对于短期贷款而言其资金成本要高，最终体现在对公司绩效的影响上却为负的。

　　综上，因此建议应该进一步完善和改进我国银企关系，减少企业的道德风险，同时加强银行自身的公司治理水平，促进社会经济的良性发展。

# 第二节　贷款保障条件与上市企业
# 公司治理的实证研究

## 一　研究假设

　　根据前面理论分析，由于贷款的保证程度不同，银行对企业的干预程度有差异，对企业的绩效将产生不同影响。目前，我国银行贷款主要为信用和担保贷款，为此提出如下假设：

假设 H1：银行信用贷款对企业绩效将产生正的效应 $R_1$。银行向企业提供信用贷款，由于企业无须提供任何对价的保证，无疑为企业提供了大量可供利用的资源，这将提高企业绩效。此外，银行为防范风险，会增加对企业贷款的监控和对企业运作效率的监控，这也有助于企业提高自身运作效率。

假设 H2：担保贷款对企业绩效也会产生正的效应 $R_2$。银行向企业提供担保贷款，虽然企业需要提供一定保证，但也增加了企业的流动性和运作效率，所以也会产生正的绩效效应。而三种担保贷款，由于保证、质押、抵押的保证程度不同，对企业产生的影响会有差异，而质押贷款单独披露的少。在表 4 - 8 中可以看到，考察的 5 个地区 3 个行业[①] 2008—2011 年在交易所中公司公告的重大贷款信息中披露质押贷款的才 3 家，占所有公告的贷款总量的 1%，而相应集中的是保证贷款占 60%，信用贷款占 28%，抵押贷款占 10%。有的甚至把保证贷款和抵押贷款都一起披露，所以我们把抵质押贷款一并作分析。如果把所有担保贷款的综合影响定义为 $R_2$，将保证贷款的影响定义为 $R_{21}$，抵质押贷款的影响定义为 $R_{22}$ 的话，则有 $R_{21} > R_{22}$。

假设 H3：$R_1 > R_2$。由于信用贷款无须企业提供保证，担保贷款需要提供保证，甚至会限制企业使用一些资源，这样前者对企业的绩效贡献会大些。另外，前者银行相应地对企业的监控会增加，后者银行对企业监控力度小，企业资金使用效率也许会低一些，也会导致其绩效贡献不如前者。

表 4 - 8　　　公司公告的重大贷款信息统计（2008—2011 年）

| 贷款类型 | 信用贷款 | 保证贷款 | 质押贷款 | 抵押借款 | 合计 |
|---|---|---|---|---|---|
| 贷款数额（元） | $1.76E+10$ | $3.75E+10$ | $8.90E+08$ | $6.28E+09$ | 62274607500 |
| 占比（%） | 28.00 | 60.00 | 1.00 | 10.00 | 100.00 |

资料来源：根据国泰安 CSMAR 中银行贷款相关文件资料整理，这些贷款信息主要是公司公告的贷款信息，不是每个企业所有贷款的比例分布情况。

① 本项研究根据 2008 年银行投资集中的行业和地区筛选出了北京、上海、广东、江苏、浙江 5 个地区，制造业、交通运输仓储业、房地产业 3 个行业。这些地区和行业也是上市公司较多的地区和行业。

## 二　变量设计与样本选择

### 1. 变量设计

（1）自变量

银行贷款指标选择：在企业贷款里主要是银行贷款，其他的委托贷款等相对较少，另外按照银行贷款公告的贷款类型，主要披露了信用贷款、保证贷款、抵押贷款、质押贷款等。而质押贷款相对信用、保证和抵押贷款而言，要少得多，又加之与抵押的性质相近，将其并入抵押贷款里。所以在分析中主要选择了信用贷款、保证贷款、抵质押贷款，以及贷款合计这几个指标。关于其统计指标估计方式见表 4 - 9。

表 4 - 9　　　　　　　　　　银行贷款指标变量的定义

| 变量类型 | 变量名称 | | 变量代码 | 变量含义及说明 |
|---|---|---|---|---|
| 解释变量 | 信用贷款 | | $D_1$ | 信用贷款/年末总资产 |
| | 担保贷款 | 担保贷款总额 | $D_2$ | （保证贷款 + 抵质押贷款）/年末总资产 |
| | | 保证贷款 | $D_{21}$ | 保证贷款/年末总资产 |
| | | 抵质押贷款 | $D_{22}$ | 抵质押贷款/年末总资产 |
| 因变量 | 公司绩效 | 资产利润率 | ROA | 净利润/年末总资产 |
| | 自由现金流 | 自由现金流比率 | FCF | （经营活动现金净流量 - 投资活动现金净流量）/年末总资产 |
| | 代理成本 | 管理费用率 | COST | 管理费用/年末总资产 |

（2）因变量

由于对企业公司治理的影响最终会影响到公司的绩效指标，而业绩指标中资产净利润率是目前广泛使用的指标之一，此外由于贷款也会直接影响企业的很多财务指标，所以在此选择企业的资产收益率来表征企业的绩效。

### 2. 样本选择

本项目收集了 2009 年北京、上海、广东、江苏、浙江 5 个地区，制造业、交通运输仓储业、房地产 3 个行业在交易所披露其重要贷款信息的公司为样本，因为 2009 年是金融危机后的一个关键转折年，银行对企业的支持力度大。国泰安的银行贷款信息数据库里查阅得知，上市公司在交易所披露的重要贷款信息公告数量 2009 年也是最多的一年，2009 年有 35 家公司公布其重要贷款信息，2010 年只有 18 家，2011 年只有 4 家。在 2009 年这 35 家公司中，有一家公司茂化实华（000637）在年末长短期贷款都没有，所以被剔除，选择了余下的 34 家上市公司作为研究样本。由于各家公司的贷款保障条件信息没有数据库资料，所以手工收集了这些公司 2009 年年报相应资料，并整理出相关数据。

三　实证研究结果及讨论

利用 Eviews 6.0 软件，用最小二乘估计方法进行回归分析。

1. 变量描述性统计

从变量的描述性统计看（见表 4-10），信用贷款在要远小于担保贷款，前者与年末总资产比例平均为 7.29%，后者平均为 16.04%。这些公司的资产净利率平均为 4.63%，最小值为 -2.36%，说明还有一些公司经营情况不容乐观。这些公司自由现金流比例平均为 10.85%，标准差为 10.15%，说明各公司对自由现金流的控制差别较大，管理费用率平均为 4.56%，与资产净利率 4.63% 非常接近了，说明这些公司的运行成本是较高的。

表 4-10　　　　　　　　　　　各变量的描述性统计

| 变量类型 | $D_1$ | $D_2$ | $D_{21}$ | $D_{22}$ | FCF | COST | ROA |
|---|---|---|---|---|---|---|---|
| 均值（%） | 7.29 | 16.04 | 8.26 | 7.78 | 10.85 | 4.56 | 4.63 |
| 中值（%） | 4.51 | 12.01 | 4.84 | 6.30 | 8.82 | 3.60 | 4.70 |
| 最大值（%） | 41.61 | 46.35 | 26.15 | 39.16 | 29.71 | 13.56 | 14.11 |
| 最小值（%） | 0.00 | 1.20 | 0.00 | 0.00 | -12.84 | 0.44 | -2.36 |
| 标准差（%） | 9.43 | 13.13 | 8.41 | 8.93 | 10.15 | 3.06 | 4.26 |

2. 信用贷款和担保贷款的公司治理效应检验

表 4-11 是关于信用贷款 $D_1$ 和担保贷款 $D_2$ 的治理效应检验，结果表明信用贷款在 5% 水平上与公司绩效指标 ROA 显著负相关，$D_2$ 在 1% 水平上与 ROA 显著负相关，它们与 FCF 和 COST 都是负相关，但都不显著。说明信用贷款和担保贷款都可能存在一定的公司治理效应，但作用还没充分发挥出来。从 $D_1$、$D_2$ 与 ROA 的系数比较看，-0.1707 < -0.1612，即 $R_1 < R_2$，但二者相差不大，这与研究假设不符，即信用贷款并没有比担

保贷款的治理绩效效应大，也再次说明银行没能通过贷款的信用条件来约束管理层的行为，没能发挥其应有的公司治理作用。相反，信用贷款要求更高的利率保障，所以导致 ROA 负相关。

表 4 – 11　　　　　　　　$D_1$、$D_2$ 的公司治理效应检验结果

| 被解释变量 | | ROA | FCF | COST |
|---|---|---|---|---|
| 解释变量 | c | 0.0846 | 0.1487 | 0.0654 |
| | | （ - 7.1952）*** | （4.527224）*** | （6.994885）*** |
| | $D_1$ | - 0.1707 | - 0.1268 | - 0.0819 |
| | | （ - 2.5115）** | （ - 0.6680） | （ - 1.5143） |
| | D2 | - 0.1612 | - 0.1931 | - 0.0862 |
| | | （ - 3.3024）*** | （ - 1.4168） | （ - 2.219676）** |
| $R^2$ | | 0.3220 | 0.0658 | 0.1671 |
| 调整的 $R^2$ | | 0.2782 | 0.0056 | 0.1133 |
| F 值 | | 7.3606 *** | 1.0926 | 3.109063 * |

注：括号里为参数 t 值，* 表示 T 检验在 10% 水平上系数显著不为零，** 表示 T 检验在 5% 水平上系数显著不为零，*** 表示 T 检验在 1% 水平上系数显著不为零。

### 3. 信用贷款、保证贷款和抵质押贷款的公司治理效应检验

上一小节检验了信用贷款和担保贷款的公司治理效应。为进一步弄清楚担保贷款内部结构的作用机制，所以将担保贷款进一步细分保证贷款和抵质押贷款，检验它们的作用机制。表 4 – 12 结果显示，$D_1$、$D_{21}$ 与 ROA 在 5% 水平上显著负相关，$D_{22}$ 与 ROA 在 10% 水平显著负相关，即其治理绩效效应是负向的，这与研究假设不符。$D_1$、$D_{21}$、$D_{22}$ 与 FCF 和 COST 都是负相关的，但都不显著。说明从贷款的保障条件检验看，无论是信用贷款还是保证抵质押贷款与 FCF 和 COST 的关系在符号方向上与研究假设一致，但都不显著。说明贷款保障条件都可能存在一定的公司治理作用，但作用发挥得还不充分，另外可能贷款的利率等成本因素导致了与公司治理绩效效应为负。$D_1$、$D_{21}$、$D_{22}$ 与 ROA 的系数关系看，- 0.1985 < - 0.1670 < - 0.1267，即 $R_{21} < R_1 < R_{22}$，说明这也与研究假设不符，说明抵质押贷款绩效贡献最大，信用贷款次之，保证贷款最小。由此可以理

解虽然都未能有效促进企业绩效提高，但各自的影响还是有区别的，抵质押贷款对企业的约束作用更大些，保证贷款相对较小，信用贷款居中。这是因为抵质押贷款对企业具有硬约束，有资产抵押给银行，其违约的可能性小，不得不努力改善绩效，而保证贷款是由第三方担保，企业往往存在侥幸心理，此外，信用贷款可能银行有防范企业违约的措施，银企关系也更紧密些，对其监督确实要强于保证贷款，因而其治理绩效贡献要大于保证贷款的效应。这也说明在我国银行对企业的约束还没能充分体现在贷款的保障条件上，或者说还没有充分重视保障条件的监督约束作用。这也许从另一角度说明我国企业的信用水平偏低，抵质押贷款这种约束力更强的贷款还可能发挥着更多的治理作用，而保证贷款比抵质押贷款对企业的约束力相对稍弱，也许与存在道德风险下的预算软约束问题有关。

4. 结果与讨论

实证研究结果显示，我国银行贷款对上市企业的约束还没有充分利用贷款的保障条件的作用。但是理论上它们是有正向的作用的，但结果却相反，很多结果与研究假设不符，在此讨论如下。

表 4 – 12　　　　　　　　$D_1$、$D_{21}$、$D_{22}$ 的公司治理效应检验结果

| 被解释变量 | | ROA | FCF | COST |
|---|---|---|---|---|
| 解释变量 | c | 0.0848 | 0.1483 | 0.0654 |
| | | ( − 7.1357 ) *** | ( 4.4724 ) *** | ( 6.8796 ) *** |
| | $D_1$ | − 0.1670 | − 0.1373 | − 0.0823 |
| | | ( − 2.4244 ) ** | ( − 0.7135 ) | ( − 1.4929 ) |
| | $D_{21}$ | − 0.1985 | − 0.0881 | − 0.0815 |
| | | ( − 0.1985 ) ** | ( − 0.4118 ) | ( − 1.3294 ) |
| | $D_{22}$ | − 0.1267 | − 0.2902 | − 0.0904 |
| | | ( − 1.7284 ) * | ( − 1.4182 ) | ( − 1.5418 ) |
| $R^2$ | | 0.3310 | 0.0785 | 0.1673 |
| 调整的 $R^2$ | | 0.2641 | − 0.0137 | 0.0841 |
| F 值 | | 4.9481 *** | 0.8516 | 2.0097 |

注：括号里为参数 t 值，* 表示 T 检验在 10% 水平上系数显著不为零，** 表示 T 检验在 5% 水平上系数显著不为零，*** 表示 T 检验在 1% 水平上系数显著不为零。

首先，信用条件下的各种贷款的绩效效应为负。这与研究假设不一致，这一方面说明我国银行还没有重视贷款的保障条件的公司治理作用，另一方面也说明我国企业的信用水平可能存在偏低的问题，以致其贷款成本高，最终导致其绩效效应是负向的。因此，银行完全可以在未来充分发挥银行贷款的信用作用，来监督约束企业，进而改善上市公司效率。

其次，保障条件下的各种贷款可能存在合理的自由现金流效应和代理成本效应，但是结果不显著。这也再次说明保障条件下的各种贷款的性质和特点在我国还是有一定体现，能够在一定程度上约束管理者的无效甚至机会主义行为，但是可能存在对重视程度不够等问题，其作用并没有充分发挥出来。

最后，在我国可能存在保证贷款、信用贷款和抵质押贷款的公司治理绩效效应依次增强的现象。$D_1$、$D_{21}$、$D_{22}$ 与 ROA 的系数关系看，0.1985 < $-0.1670$ < $-0.1267$，即 $R_{21} < R_1 < R_{22}$，而不是研究假设那样 $R_1 > R_{21} > R_{22}$。这也许再次提醒我国银行贷款没能从信贷类型有区别地有效地发挥其监督约束作用，进而促进企业改善效率。可能存在企业的信用水平低和银行在公司治理中的消极治理的倾向，当然这与我国银行商业化运作时间不长也有关。所以，强化银行商业化运作的理念，提高银行的风险管理能力还是很有必要的。

## 第三节　关系型贷款参与上市企业公司治理的实证研究

青木昌彦等（1998）的研究表明，银行通过事前筛选、事中监督和事后清算三个阶段有效地实现对企业的治理。特别是在不发达的信贷市场上，银行通过与企业以治理为纽带形成合作关系，并创造出附加值，这是因为关系增加了合同的弹性，未来租金或者类似租金保持了激励兼容。而联结银行与企业治理关系的业务便是关系型贷款，在实践中特别是我国企业融资中，银行贷款作为主要的来源的情况，很多企业与银行都有长期合作，甚至与多家银行签署了战略合作协议，这些银行对企业的治理会产生怎么样的影响呢？因此本节将探讨关系型贷款参与上市企业公司治理的机理并进行实证研究。

## 一 文献综述

目前关于关系贷款的研究成果可以归纳为以下几个方面：一是关系贷款的定义，二是关系贷款的产生机制，三是关系贷款的影响因素，四是关系贷款对企业的影响。

### 1. 关系贷款的定义

关系型贷款或关系型借贷（relationship lending）又称关系型融资（relationship finance），该理论认为银行在为企业提供金融服务的过程中进行了关系专用性投资，与企业合作的基础是想获得长远的盈利回报，保证回报实现的方式或途径是，通过与企业的长期交易而获得了企业的内部信息。这样，关系型贷款的银行相对于其他贷款人具有比较优势，特别是在信贷市场信息不对称的情况下，可以有效克服信息不对称。如 Sharpe（1990）认为关系型借贷是在信息不对称的基础上通过社会网络的长期交流而形成的隐性合约。Berlin 和 Mester（1998）认为银行贷款按贷款方式可分为市场交易型贷款和关系型贷款。市场交易型贷款多为一次性的交易行为，信贷需求不会反复发生，如抵押贷款等。贷款人也没有企业专有信息，不干预、控制企业，而是通过优先受偿权和抵押担保等方法来保障其债权。而关系型贷款以银行对借款人保持密切监督、银企重新谈判和双方隐含的长期合约为基本特征，其主要表现形式为额度贷款和承诺贷款，它们是银行在预先设定的条件下提供流动资金融资的事先承诺。Boot（2000）将关系型融资定义为银行提供的一种金融服务，银行在提供服务中为获得企业专有信息进行了关系专用性投资，并通过与企业的长期交易来评价这种投资的盈利前景，从而获得回报。Berger 和 Udell（2002）将商业银行贷款按贷款技术的不同分为四种：财务报表型贷款（financial statements lending）、资产抵押型贷款（asset - based lending）、信用评分（credit scoring）和关系型贷款。他们认为，前三种通常是市场交易型贷款技术，银行的信贷决策依据的是在贷款发生时已公开获得且相对客观的"硬"信息，如财务报表、抵押比率或信用得分，而关系型贷款的决策主要依靠的是不易公开获得且难以量化、难以传递的"软"信息，如企业所有者品质和能力，银行通过与关系企业及其所有者进行多方面、长期的交往来收集这些"软"信息。

这些概念的一个共同点就是银行通过与企业的长期合作，可以获得信贷市场无法获得的"软"信息，也即一些企业的私有信息，克服信息不对称，由此获得对企业的长期服务回报。

2. 关系贷款的产生机制

关系（型）贷款主要是基于信息不对称而形成的银行与企业之间的长期隐性合约。在信贷活动中信息不对称体现在两个方面，一是银行与企业之间的信息不对称；二是银行与银行之间的信息不对称。关系型借贷合约产生的客观基础主要是基于前者。当信贷市场的一方无法观测和监督另一方的行为，无法获知另一方行动的"完美信息"或观测和监督的成本高昂时，有关交易的信息在交易双方之间的分布是不对称的，一方比另一方拥有较多的信息，这会导致事前的逆向选择和事后的败德行为。为了应付这种信息不对称，市场的声誉机制（一般表现为当事人具有连续性的信用记录）应运而生，进而产生了关系型贷款合约。具体地：

关系贷款是金融中介功能的具体体现。现代金融中介理论认为金融中介履行四个方面的功能：节约交易成本、为存款人资产提供流动性保险、为投融资双方传递信息、代表投资者对企业经营进行监督。Diamond（1984）的"委托代理监督"模型也论证了由拥有规模优势的中介机构代替贷款者进行监督可以降低监督成本。Boot（2000）提到信用证、存款、支票清算、现金管理等金融服务的提供能帮助银行获取信息。童牧（2004）认为，事实上，在西方国家金融中介（主要指银行）的传统业务就是为中小企业提供贷款，其专业优势就在于私有信息的生产和信息生产的集中性，其他功能的开发只是信息生产在范围经济、规模经济上的体现。因此，可以将关系型借贷理解为是金融中介理论的一种具体化，金融中介理论也从一种更高的理论视角对关系贷款进行了诠释。

（1）信贷配给、声誉机制和不完备契约直接催生了关系型贷款的产生

关系贷款可以一定程度上解决信贷配给问题。Stiglitz 和 Weiss（1981）提出了由于信息不对称而导致的信贷配给，即商业银行面临对贷款的超额需求时，不是通过提高利率的途径来增加存款，同时抑制贷款的需求来实现信贷市场的均衡。林鹭燕（2007）在分析 Stiglitz 和 Weiss 思路的基础上，得到克服信息不对称的关系贷款产生机制为，银行在收到企业的贷款申请时，经初步筛选后与其建立业务关系，前期可仅做一些交易型借贷或控制额度的授信，通过深化业务往来而收集企业信息，银行可依据所掌握的企业信息将风险企业剔除。

声誉机制直接催生了关系贷款。Sharpe（1990）、Longhofer 和 Santos（2000）运用声誉机制阐明关系贷款的产生机制：如果声誉机制效果较强，那么关系型借贷这种隐性合约就会增加；如果声誉机制效果较弱，即市场记忆力是非完美的，那么隐性合约会减少。研究发现，企业与银行保持关系型融资是由于在一定程度上效益良好的公司陷入了一种"信息锁定"的状态，导致企业向外部银行传递信息存在制度性的约束，关系银行对借款人具有事后垄断力量。在这种事后垄断力量的作用下，信贷双方具有相对稳定的长期关系和更有效的跨时期贷款定价能力，凭借声誉机制的约束作用提供不稳定的承诺（non – binding promises），产生了具有隐性合约特征的关系型贷款合约。

不完备契约节约了信贷市场的交易成本。而完备契约则尽量使契约条款完备，并由中立第三方监督实施。如此苛刻的假设条件在现实中是不可能的。新制度经济学不再将制度视为外生的，而认为其重要，并用契约形式来分析交易成本问题。在现实世界中，由于经济条件的不确定性以及人们的有限理性，产生了不完备契约。不完备契约可以理解为由于契约双方疏忽或者订立成本过高而未就有关事宜作细致约定，或者由于信息不对称导致契约不完备。由此导致的许多未尽事宜，往往需要双方通过再谈判解决，因为双方都认为这种解决方式比契约订立时就考虑更节约交易成本。关系型借贷其实就是一种典型的不完备契约。如若是交易型借贷，银行往往会要求完善的财务报表、充足的抵押担保等方式来减少未来交易中的不确定性。而若企业出现违约，也可以较为轻易地通过抵押品减少损失，但契约签订过程中手续更为烦琐，银行还需审查报表、与企业商议抵押品或担保人等。关系型借贷则相反，由于银行与企业建有长期合作关系，银行不会每次发放贷款都履行一次审查报表等手续，而更多的是基于自己所掌握的企业信息来完成契约的签订，或者由于双方的熟识，许多事宜无须写入契约，心照不宣即可（隐性契约的概念）。同时，银企间的信任关系也使双方愿意将许多未尽事宜留与后期执行过程中再谈判解决。这样，可以节约签约时的交易成本，但后期的管理监督成本会增加。但由于银行与企业长期交往过程中形成的对企业监督不需要额外支出成本，也许会节约这部分成本，对银行是有利的，这是银行代理监督的规模经济使然。

（2）银行优先索偿权是关系贷款的基础

关系型借贷合约更有可能在关系银行作为企业的债权人具有优先索偿

权时出现。银行优先索偿权表明了银行在企业偿债时的优先地位，可以被视为对银行的有效激励之一，可以促使银行更为积极地与企业发展关系型借贷。与企业具有固定联系的银行通常具有优先索偿权，同时在企业财务状况恶化时，关系银行又会竭力挽救和资助公司，此时关系型债权对银行的激励与股权对股东的激励相差无几，这一点又同传统观点相反。从本质上说，银行优先索偿权为在长期中制定和执行关系型借贷合约提供了一种制度基础。

3. 影响关系型贷款的主要因素

在实证研究中，关于关系贷款的影响因素主要有市场竞争状况，企业成长阶段、信用水平和融资政策等。

(1) 资本市场的竞争状况

随着企业的成长，"好"企业的价值逐渐被市场所认可，更多的金融机构参与到该企业的融资活动中，关系银行的独占性降低。融资方式的多样化将削弱关系银行对企业的事后垄断力量。一方面，银行榨取剩余的能力降低，双方博弈的结果必然使企业的努力程度提高；另一方面，银行运用交叉补贴机制进行弹性贷款的意愿水平必然随着对企业监督能力的降低而降低。在这两方面的综合影响下，企业选择一定的融资结构，以期降低融资成本。关系型借贷所面临的竞争可以从两个方面来理解：一是银行之间的竞争；二是与其他融资途径之间的竞争。

第一，银行之间的竞争。首先我们假设企业唯一的融资途径是向银行贷款，但贷款银行的数量没有限制。与单一银企关系相比，多重银企关系将削弱银行在信贷市场上的谈判力量，限制银行事后榨取租金。Ongena和Smith（2000）通过对欧洲资料的分析，考察了银行系统集中度对企业所选择的银企关系数目的影响，发现在集中度高的银行系统里，企业只同较少的几家银行保持关系型借贷。他们的研究还发现，假设其他公司变量不变，银行之间的竞争对关系持续的长短具有两个方面的影响：一方面，就与某家既定的公司而言，在银行激烈竞争的条件下普遍会发展多重银企关系，并同其关系银行进行持续期较短的关系型借贷；另一方面，就关系型借贷这种融资形式而言，企业只是为频繁地营造新的关系来避免银行获得合约交易的垄断力量，从而形成对自身的威胁，它并不脱离关系型借贷这种融资方式。

Boot和Thakor（2000）对这一问题进行了更深入的分析。他们认为，商业银行既从事市场交易型借贷，也从事关系型借贷，其中战略重点的选择取决于银行对本组织的竞争力的认识，包括技术、竞争、管制等因素。假设初始状况没有竞争，信贷市场上的垄断银行将向高质量的借款人提供市场交易型贷款，向中低质量借款人提供关系型借款。一方面，由于关系的存在，一定程度上隔离了信贷价格竞争对长期隐性贷款合约的影响，竞争关系的加剧将激励银行更多地选择关系型借贷；另一方面，银行之间的竞争又必然会降低银行业务的收益水平。Boot 和 Thakor 认为，银行之间的竞争对关系型借贷的影响正是这两个方面的集合。Petersen 和 Rajan（1995）特别将这一问题与中小企业融资相联系，指出同竞争型信贷市场相比，在高集中度的信贷市场上，垄断银行可以凭借其市场力量将资助企业带来的收益内部化，于是更倾向于向中小企业放贷以及在关系型融资的初期要求较低的利率。可见，当信贷市场竞争程度较低时，关系银行的交叉补贴机制能够更有效地发挥作用，中小企业可以得到更为有效的信贷支持。

第二，不同融资方式之间的竞争。大部分经济学家认为，多种融资途径之间的竞争对关系型借贷产生不利的影响，即非关系型融资对关系型借贷具有挤出效应。Ongena 和 Smith（2000）在研究了银行之间的竞争后，进一步研究了其他融资方式的竞争对关系型借贷的影响，指出银企关系与一个国家中公债市场的重要性正相关，而与其股票市场的重要性负相关。Rajan（1992）以关系型借贷与保持距离型融资的权衡关系为出发点，指出两者并存的情况将阻碍关系作用的发挥。这是由于在银行居于统治地位的融资体系中，具有更高声誉的关系银行将获得企业未来项目的强势贷款人资格；而在保持距离型融资和关系型借贷并存的融资体系中，关系的作用在其他融资途径存在的条件下减弱。Boot 和 Thakor（2000）认为，多种融资方式之间的竞争使银行的租金降低，关系型借贷减少，但金融系统更为有效，银行更倾向于学习专门知识，进行部分专业化，即关系型借贷等业务之间的差别性加大，其附加价值提高。

第三，存款市场的竞争。以上讨论的竞争是着眼于贷款市场，Berlin 和 Mester（1998）则从另一个视角——存款市场的竞争状况来考察竞争对关系型借贷的影响。他们发现，关系型借贷合约的可行性依赖于银行市场存款竞争的程度，存款市场竞争的加剧将降低关系型借贷的价值。他们指出，核心存款是关系型借贷的基础之一。核心存款属于银行负债业务的范畴，是指在存款市场中由银行的垄断力量所带来的不受存款利率变动影响而数量相对稳定的存款。由于资本趋利的特性，银行存款大量转入证券市场，银行垄断力量下降，核心存款数量相对下降。存款市场的高度竞争导致关系银行核心存款的减少，这也意味着银行贷款失去了实现交叉补贴机制的资金基础，增大了关系型借贷被公开市场融资所取代的可能性。

（2）企业成长阶段、信用水平和融资政策等

关系型借贷究其本质，是一项复杂的长期不完全合约，借款方和贷款方的竞争状况会对关系型借贷的诸多方面造成影响。除此之外，经济学家还从企业规模、信用水平等角度对关系型借贷的适用性进行了分析。

企业成长不同对关系贷款的需求有差异。企业在不同的成长阶段，由于拥有不同的资产质量、信用记录水平、社会资源等，因此也会分别选择不同的融资方式。在企业成长的初期，由于各种原因使企业更多地依赖于关系型借贷，但是随着企业规模不断扩大，关系型借贷的意义和价值就会不断下降，它所选择的融资方式也会发生变化。Berlin 和 Mester（1998）验证了关系型借贷对中小企业的价值，但同时也指出随着企业的发展壮大，公共债券融资方式对拥有良好的信用记录以及广泛商誉的企业而言更具意义，因此关系型借贷的价值相对下降。

企业信用水平对关系贷款的供求都会产生影响。伯林和洛耶斯（Berlin 和 Loyes）、布特和撒科、丹尼斯和米霍夫（Denis 和 Mihov）等人以企业信用水平为指标，对关系型借贷的适用对象进行了分析。丹尼斯和米霍夫指出，选择哪种融资方式主要的依据是发行公司的信用质量，信用水平高的公司从公开市场融资，中等信用水平的公司从银行取得借款，最低信用水平的公司则只能在私募资金市场向非银行的私人融资。除了信用质量以外，公司管理层的偏好也对融资方式的选择具有一定程度上的影响。Berlin 和 Loyes（1988）在忽略私募资金市场的条件下，得到与前者相类似的结论：高信用等级和低信用等级的企业采用公开市场融资，中等信用水平的企业寻求银行贷款作为金融支持。Boot 和 Thakor（2000）研究发现随着企业信用水平的上升，企业主要融资方式的变化轨迹是关系型借贷—市场交易型借贷—资本市场融资。

企业的融资政策产生了对关系贷款的不同需求。威廉姆森（Williamson）还采用交易成本分析方法，提出了预期资金弹性对关系型借贷是否被企业采纳的决定作用。此处所说的预期资金弹性是指企业希望获得的资

金支持的可调整性。债务资金具有较大的可调整性，只需在负债期间付出利息；股权资金则不同，一旦资金入股，股权不可撤出，只可转让，直到企业解散。威廉姆森的结论是，为了获得弹性资产，公司适于采用债务融资；如果不需要未来资产存量具有可调整性，则适于采用股权融资。

可见，关系型借贷作为资金供求双方的重要合约形式之一，资金市场的竞争状况、企业规模以及信用水平、融资政策（预期资金弹性）等关系贷款的借贷双方产生影响，进而对关系贷款运用效率产生差异。

4. 关系贷款对企业的影响

关系型贷款属于社会网络型的准市场金融交易，虽然银行控制一定程度上扭曲了所有者的激励，但是关系的存在的确改善了信号传递机制，降低了重新谈判的交易成本，改善了银行借贷合约的绩效。与保持距离型贷款业务相比，关系的存续对银企的信贷合约将造成多方面的影响，主要表现在三个方面：融资成本、信贷可得性和资产抵押，以及对企业的治理。

（1）对融资成本的影响

关系的存在对企业融资成本将产生影响。就单笔贷款业务而言，关系型借贷合约的作用突出表现在降低了此次贷款的利率。Blackwell 和 Winterd（1997）指出，银行和企业建立稳定密切的联系，可以获得信息优势并提高监督效率，降低了交易成本，从而也降低了企业的融资成本。Slovin、Sushka 和 Poloncheck（1993）也指出，由于银行的关系型借贷与保持距离型融资方式相比，关系型借贷具有信息和监督上的相对优势。因此，为了达成合意合约，银行必然会为获得该种优势进行补偿，即以较低的利率为企业项目提供贷款。

然而，关系的持续对企业长期融资成本将产生何种影响却引起了争论，主要形成了以下两个对立的结论：一种是融资成本下降论。Berger 和 Udell（1995）以中小企业为研究对象，认为随着关系的持续，企业面临的融资成本呈下降的趋势。数据分析的结果表明，关系型借贷中的银行给予较低的贷款利率，且利率优惠的程度与关系持续时间呈正相关。Longhofer 和 Santos（2000）认为，和公开发行债券等非关系型融资相比，关系的存续也使企业降低了获得后续金融支持的成本。另一种是融资成本上升论。这种理论认为，关系的持续将导致企业付出的融资成本上升，尤其是当银行随着关系的持续渗透进入到企业资金运作的其他业务时。Sharpe（1990）认为，由于关系的持续使银行强化了对借款者的信息的占有，使借款者陷入一种锁定状态，银行可以通过不完全合约形成对企业的事后垄断力量，并以其区别定价能力来表现。如果银行的事后垄断力量很强，那么公司被锁定的程度就越高。处于锁定状态的借款公司，它们的更多的营业利润就会转移为银行的租金。随着持续期的延长，企业总的融资成本会上升。Hans Degryse（2000）将关系的持续期和范围作为解释变量引入模型，研究发现信贷利率的持续期系数为正数，这表明贷款利率将随着关系型借贷的持续而上升。

（2）对信贷可得性的影响

金融体系有效性的一个重要指标是金融机构能否为企业尤其是中小企业提供充足的融资支持。难以提供合格的财务信息和信用记录的中小企业，无法符合公开证券市场的信息披露要求，因而对银行信贷的依赖性较高。对于中小企业而言，信贷的可得性往往比贷款利率的高低更重要。关系型贷款能增加中小企业和高科技企业等信息敏感型企业的贷款可获得性。中小企业、处于初创期的高科技企业自身信息透明度低，缺乏贷款所需的抵押担保品，很难获得外源融资支持，只能依赖关系型融资。Sharpe（1990）证明了关系型融资在中小企业融资上的优势，这是一个两期模型。在第一期，优质企业和劣质企业都寻求外部融资，由于信息不对称，银行不能区分。这样，保持距离型银行不给予贷款，而关系银行给予贷款。在第二期，保持距离型银行由于第一期没有参与贷款，因而仍然不能区分企业优劣，仍然不给予贷款。相反关系银行就能够准确了解企业质量，从而决定是否继续给予贷款，从而避免了信贷市场崩溃。关系型贷款影响企业信贷可得性还得到了许多其他学者研究成果的支持。Berger 和 Udell（1995）研究证明，为了规避风险，银行会对不符合信息要求的企业实行信贷配给制度，拒绝它们的贷款申请。Longhofer 和 Santos（2000）评论了关系型借贷对中小企业融资的重要性，指出关系的作用提高了企业的贷款申请获得通过的可能性。Petersen 和 Rajan（1994）通过对中小企业融资数据的实证分析发现，关系型借贷减轻了中小企业的融资困境，为中小企业带来的利益主要体现在贷款价格和贷款数量两个方面，在样本中最小的、占总数10%的企业从其最主要贷款人处获得贷款总量的95%。显然后者的作用大于前者，即关系的收益主要体现在企业贷款可得性的提高上。Cole（1998）以银行和企业关系的紧密程度（用借款集中度来代表）作为解释变量，发现借款集中度和后续的信贷可得性之间呈正相关关系。企业尤其是中小企业通过提高借款的集中度巩固了与银行之间的关系，从而提高了后续的信贷可得性。科尔运用模型分析也发现，当企业拥有多项融资途径时，潜在借款人从企业获得的私人信息的价值下降，于是潜在借款人向多途径融资的企业发放贷款的意愿水平降低，企业的信贷可得性降低。

（3）对资产抵押的影响

为了降低信息不对称所带来的道德风险，信贷合约一般都将资产抵押作为合约的一项重要内容。一旦借款人单方面违约，贷款人有权对抵押资产进行处置，以补偿自身的损失。资产抵押可以从两个维度来理解，第一个维度是指其数量。与非关系型融资相比，关系型借贷降低了银行与企业之间信息不对称的程度，能够在贷款合约安排上体现出一种特定的成本优势，它可以带来准租金，使银行对抵押资产作出让步，因此企业在关系型借贷中往往被要求付出较少量的抵押资产，并且这种优惠的程度与关系持续的时间正相关。如果关系终结，例如关系银行破产或由于资金紧张而主动退出这种长期建立起来的借贷关系，就意味着该企业丧失了原先拥有的成本优势，造成了企业一笔额外的损失，因为重新寻找一家商业银行作为关系银行要付出新的交易成本。在缔造另一项新关系的初期，企业将付出较高的利率和更多的抵押资产。以上的论述表明，就数量而言，随着关系的存续，带来的是递减的资产抵押要求。第二个维度是抵押资产的质量。这是由于信息不对称现象的客观存在，有一部分资产仅仅具有账面意义而没有实际的变现价值，因此有必要将抵押资产的质量作为变量之一来对抵押资产进行全面的衡量。关系银行与非关系型借款人相比，前者拥有更为明显的信息优势，对借款者的抵押资产具有明确的了解，这种知识的存在降低了企业用低价值资产作为抵押的可能性。特别是中小企业由于规模小无法提供不动产等容易监督的抵押品，而只能提供诸如存货或应收账款等价值易变、不易监督的抵押品，这样贷款人就不愿贷款。但在关系型融资中，对中小企业财务状况进行监督不过是银企合作关系的副产品，关系银行可以很方便地从企业的银行账户上及时了解抵押品价值的变化，因而能够实现对抵押品的有效监督（Berger and Udell，1995）。因此，从这个意义上讲，关系的存在提高了抵押资产的质量。

（4）参与企业公司治理

理论上一般将关系型融资等同于商业银行信贷，将保持距离型融资等同于资本市场融资，将日、德等银行导向型金融体系看作关系型金融体系，英、美等市场导向型金融体系看作保持距离型金融体系。在美国，理论界向来把商业银行看作从事关系型融资的典型代表。美国对商业银行的管制如限制存款利率、限制跨州设立分行、分业经营等，造成市场地域分割，使得企业缺乏可供选择的融资对象，特别是大多数企业只能从本地银行获得贷款，因而非常注意与银行保持长期关系；而银行由于缺乏价格竞争手段，也非常注意与优质客户保持长期关系，从而促进了关系型融资的发展。在日、德等银行导向型金融体系中，银行除了与企业保持长期关系外，还更多地参与企业治理。因为关系银行是以贷款项目的长期营利性为保障来发放贷款的。为保障贷款安全，关系银行可能需要干预借款企业的治理。例如，日本的主银行不但为企业提供长期广泛的服务，同时还是相应企业的最大股东，向企业派遣职员，参与管理。特别是在企业处于困境需要救助时，关系银行一般以获得企业部分或全部剩余控制权为条件放贷（青木昌彦、丁克，1997）。

## 二　研究方法

依据实证中所使用的数据来源的不同，研究方法大体上被分为两大类，称为直接检验法和间接检验法。直接检验法是直接检验银企关系对企业融资的影响，所使用的数据直接来自银行和企业。直接检验法更能体现贷款对企业公司治理的作用效应。因此，本书将采取直接检验法。

### 1. 直接检验法

直接检验法的目的在于检验关系型借贷对信贷可得性、信贷成本、资产抵押（或担保）等因素的影响。在现有研究中直接检验法使用得较多，其前提是从企业或者银行获取可观数量的数据资料。对于信贷可得性的研究，最为著名的是 Petersen 和 Rajan（1994）运用美国 1987 年的第一次全国小企业融资调查（National Survey of Small Business Finances）的数据资料，证明了银企关系与贷款可得性之间存在正相关性，但与贷款利率的相关性则不显著。他们用以表示融资关系强度的指标是关系存续期。同时，信贷可得性还受到银行规模的影响。Cole、Goldberg 和 White（1997）也运用中小企业融资调查的数据，表明小银行更倾向于通过关系型借贷向中小企业贷款，因为小银行更依赖于长期积累的对借款人的印象，而不像大银行那么关注财务报表。关系型借贷以隐晦的意会信息为交易依据，因而银行宜小，便于传递信息，避免过高的代理成本（Berger and Udell,

2002）。这就是所谓"小银行优势"（Small Bank Advantage，Levonian and Soller，1996）假说。

对于融资成本的研究也较为丰富。融资成本主要指利率，企业为获得信贷所提供的资产抵押也被视为一种成本。一般来讲，关系型借贷使银行获得信息优势，减少监督成本，从而降低企业的融资成本。Berger 和 Udell（1995）指出 Petersen 和 Rajan（1994）使用关系存续期作为关系型借贷的指标并不合适，因为它无法区分关系型贷款与交易型贷款，他们改用授信额度（lines of credit）进行研究，认为这种融资安排更符合关系型借贷的定义。他们的结论表明贷款利率和抵押随关系存续期变长会下降。Degryse 和 Ongena（2005）则利用一家比利时大银行的小企业的贷款数据，发现银企间的地理距离与关系型贷款利率并无明显关系。Bodenhorn（2003）使用了美国 19 世纪一家银行的保存数据，与银行建有长期关系的企业可以享受更低利率和更少的担保，而且他还认为研究中使用这种来自合约的数据比来自调查的数据更有优势。

国内使用直接检验法的文献有曹敏、何佳和潘启良（2003），周好文、李辉（2004）、菅瑞昌（2003）等。吴伟翔（2004）的硕士学位论文实证发现绩效好的银行向企业提供贷款时成本较为低廉。研究中直接检验法使用得较多，其前提是从企业或者银行获取可观数量的数据资料。

2. 间接检验法

间接检验法是通过研究银行独特性（bank uniqueness）来判断银行是否生产了有关借款人的有价值的信息。这种方式先假设关系的存在能提升企业价值，以此通过检验借款协议的公布对股票价格的影响来证实银企关系的价值存在。如果借款协议对企业股价有正的宣告效应，那么可以相信借款对企业是有利的。这种研究时常使用事件研究法（event study）。James（1987）、Lummer 和 McConnell（1989）、McDonald（1994）等曾经使用过这类方法研究关系型借贷，其中 James、Lummer 和 McConnell 考察的是借款协议，而 McDonald 则研究了授信额度。Shockley 和 Thakor（1998）研究了贷款承诺（loan commitment）。以上这些代表研究成果都发现了借款协议（或者授信额度、贷款承诺）的公开对股价有正的影响，从而证实了这些协议的价值。但是，与借款协议比起来，授信额度、贷款承诺更能代表关系型借贷的概念。国内崔向阳、赵卫兵（2004）使用过这种方法，验证了借款公告产生统计显著的正的异常收益率，证明了关系型借贷价值的存在。同时，他们还证明了异常收益率与企业规模呈负相关，说明企业越小越能从关系型借贷中受益。但没有证实关系型借贷的小银行优势，这可能与我国金融体系自身特点相关。

### 三 研究假设、模型框架以及样本选择

1. 研究假设

前面关系贷款的文献综述表明，影响关系型融资的因素有市场的竞争状况，企业自身因素如成长阶段、信用水平和融资政策等；关系贷款对企业的影响有贷款成本、贷款可获得性、信贷抵押资产以及参与企业公司治理。基于此，提出以下研究假设：

假设1：关系贷款将减少企业债务资金成本。关系贷款将降低企业贷款利率和贷款利息支出，以及贷款的可获得性和减少抵押资产，这些综合起来就可体现为企业债务资金成本。

假设2：关系贷款与企业绩效正相关。关系银行对企业的监督和救助，将提高企业的投资效率，减少破产概率，进而提高公司绩效。另一方面，关系贷款可以给予优惠的利率等，因此与企业的绩效正相关。

假设3：关系贷款与企业自由现金流负相关。关系银行，会加强对企业资金使用效率的监督，减少企业资金的无效使用，因而会减少企业自由现金流，即二者关系为负相关。

假设4：关系贷款将降低管理者的代理成本。关系银行往往由于其贷款数额巨大，其期限长、风险高等特点，促使银行会加强对企业监督外，其破产威胁迫使管理者努力工作的同时，减少过度浪费，进而降低代理成本。

2. 变量设计

各变量具体的计量见表4-13。

表4-13 研究变量一览表

| 变量类型 | 变量名称 | | 变量代码 | 变量含义及说明 |
|---|---|---|---|---|
| 解释变量 | 关系贷款 | 金额前五名的长期贷款量 | $D_5$ | （年末金额前五名1年到期长期贷款+年末金额前五名长期贷款）/年末总负债 |
| | | 关系贷款银行家数 | N | 年末金额前五名的长期贷款银行数 |
| 控制变量 | 公司规模 | 资产规模 | SIZE | LN（年末总资产） |

续表

| 变量类型 | 变量名称 | | 变量代码 | 变量含义及说明 |
|---|---|---|---|---|
| 被解释变量 | 公司绩效 | 资产净利率 | ROA | 净利润/年末总资产 |
| | 负债资金成本 | 借款资金成本率 | FC | 财务费用/负债总额 |
| | 自由现金流 | 自由现金流比率 | FCF | （经营活动现金净流量－投资活动现金净流量）/年末总资产 |
| | 代理成本 | 管理费用率 | COST | 管理费用/年末总资产 |

（1）因变量

负债资金成本：用财务费用与年末总负债计算。这是因为本来利息支出是借款资金的直接成本，但是大部分公司没有对利息支出明细进行披露，只披露了财务费用，所以就用财务费用与年末总负债计算负债资金成本。但由于有个别公司存在财务费用为负，即其他财务收益大于了成本，这种情况只涉及 3 家公司，而它们年报中披露了利息支出，所以就用利息支出来代替这 3 家公司的财务成本。一般而言，没有披露利息支出的公司其财务费用主要也是利息支出，其他费用少，所以偏差也不大。

企业绩效指标：目前来看 ROA 仍然是企业绩效最好的表征指标，所以本书仍然选择 ROA 测试企业绩效。还因为关系贷款的银行可能对企业进行监督，对其投资进行干预，甚至在其困难时进行再贷款等救助行动，提高企业的投融资效率，这些效率也可通过 ROA 体现出来。

代理成本和自由现金流指标。代理成本指标不仅是用管理费用与总资产的比例来测度；自由现金流量还是用自由现金流量与总资产的比例测度。

（2）自变量

关系贷款指标：关系贷款可从关系贷款和关系贷款银行家数两个维度刻画。衡量关系贷款可选指标有关系存续期、服务种类数量、借贷双方地理距离等。对关系贷款的经验实证的角度主要有两个：一是把长期债权债务关系视为关系贷款，这种考虑主要基于长期债务必然涉及双方的长期合作，比如 Houston 和 James（1996）等；二是根据贷款合同特征来考察关系特征，比如 Degryse 和 Cay - seele（2000）等，他们用额度贷款和授信额度来刻画关系贷款。由于授信额度往往与企业实际贷款有差距，不能准确反映企业贷款的实际水平，间接检验法常用来作为关系贷款的测度指标，但在直接检验法中却显示出局限性。

从年报得知，企业一般都对长期贷款进行详细披露，对一年到期的长期负债和长期借款的金额前五名贷款人的贷款情况进行披露，由于一年到期的长期贷款也符合与企业保持长期关系的定义，就用金额前五名的一年到期的长期贷款和长期贷款的合计来计算长期贷款前五名贷款人的贷款量，并以之与负债的比率（$D_5$）作为刻画关系贷款的指标之一。其合理性在于长期贷款本身就需要银企间长期关系的合作，又由于这些贷款人其贷款份额大，监督企业和维护银企关系的动力更强。因此也以披露的一年内到期的长期负债中银行家数和长期借款中金额居前五名的银行数合计来估计企业的关系贷款银行家数 N。其中，如果一家银行有几笔贷款都在前五名，也以一家银行计数；另外，如果同一家银行的不同分行贷款都居前五名贷款人也只以一家银行计数。

（3）控制变量

公司规模作为控制变量。因随着公司规模的扩大，公司管理层更容易缔造管理帝国，增加在职消费和自由现金流量。所以，在此引入公司规模这一控制变量。公司规模 SIZE 用总资产的自然对数求得。

3. 样本的选取

第二节中已说到 2009 年国家对企业信贷支持力度加大，上市公司公告的贷款信息在 2009 年也最多，其中公告最多的是授信额度贷款及相关的担保信息等。授信额度贷款与关系贷款的定义非常相近，所以本节样本选择也在贷款公告的公司样本基础上进行选择。本节选取了自 2009 年之后公告贷款信息的公司，剔除了没有长期贷款和没有披露前五名长期贷款人信息的公司，余下 5 大地区 3 大行业里自 2009 年至 2011 年的 36 家公司作为研究样本。回归分析采用 Eviews 6.0 软件。

四 实证研究结果及讨论

1. 各变量的描述性统计

从各变量的描述性统计表明（见表 4 - 14），样本公司的净资产收益率平均为 0.0397，管理成本费用率平均为 0.0498，管理成本费用率还高于净资产收益率，说明负债成本率平均为 0.0218 还在合意水平上，关系贷款在负债中的比例平均为 0.1691。金额前五名贷款人的平均值为 3.6944，最大值为 8，最小值为 0，说明我国关系银行家数还较少。

表 4 - 14　　　　　　　　　　各变量的描述性统计

| | ROA | COST | FCF | FC | $D_5$ | N | SIZE |
|---|---|---|---|---|---|---|---|
| Mean | 0.0397 | 0.0498 | 0.1250 | 0.0218 | 0.1691 | 3.6944 | 22.4144 |
| Median | 0.0456 | 0.0411 | 0.1280 | 0.0174 | 0.1257 | 3.5000 | 22.2691 |
| Maximum | 0.1398 | 0.1559 | 0.2971 | 0.0640 | 0.7555 | 8.0000 | 25.0692 |
| Minimum | 0.0000 | 0.0044 | 0.0000 | 0.0009 | 0.0000 | 0.0000 | 20.6369 |
| Std. Dev. | 0.0317 | 0.0325 | 0.0880 | 0.0160 | 0.1653 | 2.2145 | 1.3691 |

2. 关系贷款的公司治理效应检验

关系贷款的两个主要指标 $D_5$ 和 N 的公司治理效应检验结果见表 4 - 15。下面分别将其效应汇报如下。

表 4 - 15　　　　　关系贷款的公司治理效应检验结果汇总

| 被解释变量 | | ROA | FCF | COST | Fc |
|---|---|---|---|---|---|
| 常数项 | | 0.1168 | 0.1338 | 0.1919 | 0.1657 |
| | | 1.1690 | 0.5132 | 2.0775 | (4.0513)*** |
| 解释变量 | $D_5$ | -0.0208 | 0.1439 | -0.0826 | -0.0150 |
| | | -0.5849 | 1.5529 | (-2.5164)** | -1.0346 |
| | N | 0.0004 | -0.0110 | -0.0010 | -0.0014 |
| | | 0.1476 | -1.5649 | -0.3947 | -3.2966 |
| 控制变量 | SIZE | -0.0033 | 0.0003 | -0.0056 | -0.0061 |
| | | -0.7432 | 0.0289 | -1.3336 | (-3.2966)*** |
| | R - squared | 0.0220 | 0.1334 | 0.2010 | 0.3568 |
| | 调整 $R^2$ | -0.0697 | 0.0521 | 0.1261 | 0.2965 |
| | F 值 | 0.2402 | 1.6418 | (2.6841)* | (5.9166)*** |

注：括号里为参数 t 值，** 表示 T 检验在 5% 水平上系数显著不为零，*** 表示 T 检验在 1% 水平上系数显著不为零。

（1）$D_5$ 的公司治理效应结果

本节检验了关系贷款的公司治理效应，即对关系贷款指标 $D_5$ 和 N 对 ROA、FCF、COST 以及 FC 等变量分别进行回归检验（见表 4 - 15）。结果表明，$D_5$ 与 ROA、COST 和 FC 是负向影响，对 FCF 是正向关系，但除了 $D_5$ 对 COST 的影响在 5% 水平上显著外，其他结果都不显著。因此，可以得出结论，$D_5$ 确实能有效约束管理者浪费企业资源的行为，减少管理费用率，进而降低了代理成本，但对降低企业融资成本和限制自由现金流等约束作用不显著。

（2）关系银行数量 N 的公司治理效应检验结果

理论及经验研究表明，随着贷款银行家数的增加，银行间的竞争程度加剧，会降低企业的融资成本。表 4 – 15 的结果表明，N 与 ROA 是正相关，与 FCF、COST 和 FC 都是负相关，但不显著。可见 N 的治理效应与研究假设一致，但不显著。这也许能说明，关系银行的存在，是可以限制公司自由现金流和管理成本等浪费的，也可以降低企业的融资成本，但作用都非常有限。从银行角度分析，我国银行的竞争激烈程度还不够，未能充分有效地降低企业融资成本，还可能存在企业对银行的依赖。从企业角度分析，企业的关系银行数量少，这可能源于我国企业自身信用水平不高，导致银企间信息不对称问题严重，因此，导致关系银行数量少，对企业公司治理的作用也不明显。

3. 结果与讨论

研究结果显示，关系贷款也能在上市公司中发挥治理作用，但是作用不显著。

首先前五大银行的贷款能降低代理成本效应，但对自由现金流和公司绩效的治理效应不明显。$D_5$ 的公司治理绩效效应是负的，但不显著，与自由现金流比率之间甚至是正相关也不显著，与债务成本 FC 也是不显著的负相关，只有与 COST 代理成本这一指标是显著负相关的，说明上市公司中关系贷款可以有效限制管理层的道德风险和机会主义行为，但整体上看关系贷款在上市公司中的作用还未能充分发挥。因此，加强关系贷款在上市公司治理的作用还有很多重要的工作要做。

关系银行可以发挥公司治理效应，但作用还不显著。关系银行数与 ROA 正相关，与 FCF、COST、FC 负相关，但都不显著。说明关系银行是可以发挥公司治理效应的，但由于种种原因导致其作用未能充分发挥出来。从银行方面考察，我国银行的竞争激烈程度不够，可能存在企业对银行的依赖，进而增加了企业的贷款成本。从企业角度考察，还有可能由于我国企业自身信用水平不高，导致银企间信息不对称问题严重，导致关系银行并未对企业有太多的利率优惠，未能有效发挥其公司治理效应。因此，今后应加强提升企业的信用水平，提高银行间的竞争程度，进一步降低企业的融资成本，进而提高企业的公司治理水平。

# 第四节　本章小结

由于我国企业债券在企业内部融资比例不高，银行持有企业债券占其资产中的比例也非常小，而银行贷款是企业融资的主要来源，所以本章主要检验了我国银行贷款的公司治理效应。本章主要从银行贷款期限结构、贷款的保障条件以及信息条件结构即关系贷款三个方面检验了银行贷款的公司治理效应。总结如下：

银行贷款期限结构的公司治理效应检验发现，银行贷款总量的公司治理绩效效应是明显正向的，银行短期贷款具有显著的清算约束效应，银行长期贷款具有显著的自由现金流和代理成本治理效应。回归结果显示，短期贷款 $D_1$ 与 ROA 是显著正向相关，$D_1$ 与 FCF、COST 也正相关但不显著，说明银行短期贷款 D 确实存在对企业的清算约束，以致提高经营效益；而 $D_2$ 与 FCF 和 COST 显著负相关，增加 $D_2$ 可以有效减少管理层的道德风险，进而对公司绩效产生正的影响，但 $D_2$ 却与 ROA 显著负相关，这与研究假设 $D_2$ 与 ROA 正相关不一致。这说明我国银行贷款的公司治理机理还有自身的特点。也许我国银行的短期贷款被企业当作便利融资和降低资金使用成本的工具，特别是避税手段，不过也存在一定清算威胁功能，而并未约束管理层的道德风险行为，所以企业绩效的增加并非来自于管理层的非效率行为约束所致。而长期贷款虽然体现出其对管理层的约束治理效应，但由于相对于短期贷款而言其资金成本要高，最终体现在对公司绩效的影响上却为负的。

我国银行贷款的保障条件性质特征并未发挥出其应有的公司治理效用。研究结果显示，不同保障条件下的各种贷款的绩效效应都为负；不过也存在合理的自由现金流效应和代理成本效应，但是结果不显著；另外，保证贷款、信用贷款和抵质押贷款的公司治理绩效效应依次增强。这也许说明我国企业信用水平还偏低，银行可能存在消极治理倾向。所以，银行商业化运作的理念还需加强，并强化对贷款保障条件的公司治理作用的运用。

关系贷款能降低代理成本，关系贷款和关系银行能在我国上市公司中发挥治理作用，但其他治理作用不显著。前五大银行的贷款指标 $D_5$ 与 COST 显著负相关，说明关系贷款能降低代理成本。但 $D_5$ 与 ROA 正相关，与 FCF、FC 负相关，都不显著，所以关系贷款的自由现金流和公司绩效的治理效应不明显。关系银行在上市公司中的治理效应检验结果与假设的变量关系一致，但都不显著。即 N 与 ROA 正相关，与 FCF、COST、FC 负相关，且结果都不显著。说明关系银行在上市治理的作用是存在的，只是还没有充分发挥出来。

# 第五章　银行通过股权参与公司
# 治理的机理研究

关于银行持股的机理研究，邓莉（2007）从银行的动力和利益视角对银行持股的机制进行了分析。关于银行持股的经验研究，主要集中于对德国和日本银行持股的效率研究。Mork 和 Nakamura（1999）研究发现，如果银行使其投资的公司的股权价值最大化，它们会进行干预以防止出现拙劣的股价业绩。德国和日本的银行体制能降低代理成本、改善经营业绩，并部分地代替美国资本市场的作用。我国采取的是美国式的分业经营型的金融体制，禁止商业银行直接持有非金融公司的股份。我国资本市场发展滞后，金融体系属于银行基础型，而今随着金融体制改革的不断推进，银行与证券合作范围的扩大以及银行业务综合化的拓展，银行会直接或间接地通过股权参与企业的治理。本项目在对德国的全能银行和日本的主银行的公司治理机制和机理探讨的基础上，结合我国银企关系和银行业务开展的实际，探讨我国银行通过股权参与企业公司治理的机理和实现路径。

## 第一节　日本主银行的股权治理研究

日本在法律上没有明文规定主银行制度，但主银行制的确已经成为日本金融界和企业界的惯例。主银行制是从第二次世界大战时期"军需企业指定金融机关"制度发展而来的。日本的主银行制度的发展历程可分为三个阶段，即 20 世纪 30 年代后期开始出现，在战后得到发展，在高速成长时期达到巅峰状态。主银行优先考虑对关联企业的设备和流动资金的投资。在应对 1967 年后以资本流动自由化所伴生的敌对收购问题时，采取了企业间相互持股的措施来稳定股东，另外便充分发挥主银行的作用来防止敌意收购问题。

### 一　主银行制度的概念

关于银行与企业间的主银行（Main Bank）关系，并没有正式的法律规定，只是当事者（银行和企业）之间的一种约定俗成而已。关于其定义，日本学者从不同角度给出了他们的观点：松浦（1993）认为，主银行是对企业来说贷款额最大的银行；小林、远藤、荻岛（1994）认为，主银行是企业自己认定的主银行；广田、堀内（1994）认为，主银行对企业来说是最大的资金提供者；鹿野（1994）认为，主银行对企业来说是在与所有的银行往来中各种交易量最大的银行；佐佐木（1992）认为，主银行是满足融资最多、大股东、派遣董事、接受企业委托发行债券等全部条件的银行。

国内学者对主银行的理解主要有：国内大部分学者直接引用青木昌彦（1998）的定义，即"主银行制这一术语是指包括工商企业、各类银行、其他金融机构和管理当局间一系列非正式的惯例、制度安排和行为在内的公司融资和治理体制。"也有部分学者给出自己的定义，如李扬（1996）对主银行制的界定是"主银行制是一个包含多方面内容的综合性概念，它指的是企业和银行之间建立的资金和人事关系的总和"。冯艾玲（1997）对主银行制的界定是"关于日本主银行制的定义，因无法律依据，在日本至今没有定论。1994年日本通产省委托富士综合研究所作的关于主银行制的研究报告中，对主银行的定义作了如下描述：在主银行制度下，银行不是单纯作为提供资金的金融机构，而是与作为其主银行的企业结成很深的、几乎成为一体的关系。同时，从全社会筹措资金的方法来看，实行主银行制的企业和银行采用'间接金融·相对型'（即企业主要从特定的银行融资）的比重很高也是主银行制的重要特征之一"。庞德良（1999）对主银行制的界定是"所谓主银行制度是以战后间接金融制度为基础，以系列企业为范围在银行和企业之间形成的一种长期稳定的交易关系"。孙丽（1999）对主银行制的界定是"特定的银行通过对某企业大规模的贷款，并保持相互持股的关系，使得银行对企业的重大决策具有很大的影响力，能够直接实行监督控制，这不同于欧美国家的商业银行通过资本市场来监控企业，它们从企业那里得到的仅是外部信息，主银行通过与企业之间这种特殊的关系，直接得到企业内部信息，从而更有效地对关系企业发挥监督治理功效"。刘昌黎（2000）对主银行制的界定是"所谓主银行制度，是指在日本企业与特定的银行之间形成了长期、稳定、综合的交易关系，与企业形成这种关系的银行被称为主银行"。车维汉（2006）综述了几种学者的观点，概括为：主银行是贷款份额最大的银行、特定企业与特定银行之间建立长期交易关系、是日本独有的等。

**二　日本主银行制度的特征**

大多数学者认为，主银行体制包括三个方面的内容和关系：企业与其主银行之间（银企关系）、主银行之间（银银关系）、管理当局与银行之间的相互关系（银政关系）。因此，主银行制度的特征也将体现在这几个方面。

1. 紧密的银企关系

主银行制是日本企业制度的一个核心组成部分，紧密的银企关系是主银行的根本特征，主要体现在以下四个方面：

（1）是客户企业的大股东。日本的主银行通常是大公司前五位大股东之一，但一般不持有与自己没有业务或交易关系的公司的股份。战后，日本对银行持股界限经过三次修改。1947年，日本《禁止垄断法》规定，金融机构对一个公司的持股不得超过该公司股本总额的5%。1953年修改该法之后，金融机构持股界限放宽到10%。1977年再次修改的《禁止垄断法》把持股比例恢复5%，但可以缓期10年执行。目前，银行持有一家公司股票的界限为5%。但是，如果一家公司的股票可以由多家主银行和其他金融机构持有，这些金融机构联合起来，主银行就可以左右投票的结果，进而对大公司的经营过程实行监督和控制。值得注意的是，日本主银行与大公司是相互交叉持股，因而彼此之间存在相互控制的关系，主银行对公司采取相机治理的方式：在企业经营正常的情况下，不干预公司事务；在企业经营恶化的情况下，主银行不仅提供援助，甚至可能接管企业。

（2）向客户企业提供系列贷款。银行贷款一直是日本公司重要的融资来源。主银行既向企业提供短期贷款，也提供长期贷款。从20世纪50年代中期到80年代中期，从银行获得的贷款占到了非金融公司外部融资总量的70%以上。80年代末受泡沫经济影响，企业间接融资比重有所下降。日本大公司所需要的信贷资金主要由主银行提供。除了主银行之外，其他银行和金融机构也向企业提供间接融资。美国1982年银行法规定，不允许银行把15%以上的资本以未担保贷款的方式贷给一家借款人。同样，日本 1980 年《银行修改法》第十三条规定：城市银行、信托银行、长期信贷银行对任何一家的贷款额度分别不得超过银行总资本的 20%、30% 和 40% 。因此，企业所需要的大额贷款并不是由主银行单独提供的，而是由主银行与其他金融机构组成的银团提供贷款，其中主银行的贷款份额最大。主银行在银团中的主导地位，决定了主银行在监督企业方面发挥着决定性作用。如果贷款企业无法偿还贷款，主银行要承担更多的减免付息的成本和贷款损失。

（3）向客户企业派遣董事或经理。主银行向客户企业派遣人员可以分为两种情况：一是在正常情况下以大股东的身份派遣董事或者经理到客户企业。这些派遣人员在企业可以发挥信息交流和监督的作用。二是在企业出现问题的时候，主银行派遣人员接管公司。许多高级银行职员退休之后，被银行安排到客户企业中去担任要职，特别是做客户企业的外部董事。例如，1985 年三菱钢铁公司董事会中，有一名董事是三菱重工以前的职员，一名是三菱公司以前的高级管理人员，另一名来自三菱银行。根据 1982 年发表的数据，在东京证券市场上市的 1103 家公司中，8% 的公司由主银行的前职员出任董事，34% 的公司至少有一名董事来自主银行。尤其在企业陷入困境时期，银行向客户企业派遣董事代表和管理人员更加频繁。

（4）管理客户企业的结算账户。主银行几乎都是所属企业的结算银行，由主银行负责企业的账户管理、现金支付和结算。当一家公司向其供货方开出一张期票时，常常将其主银行作为兑付该期票的银行。通过观察每天进行的支付和结算活动，主银行能够掌握客户企业经营状况，这就为主银行控制和监督客户公司提供了条件。

2. 协作的银银关系

主银行制度里主银行相对其他银行而言起主要作用，同时还将分担其他中小银行的部分金融风险。这是因为拥有两个或两个以上主银行的股份公司很多，两个或两个以上的主银行实际上是以辛迪加形式组成的贷款银团。这样对于企业来说，它们是主银行；对于单一的银行而言，它们又是贷款辛迪加成员，进行银行与银行之间的业务交易。在以主银行为核心的贷款银团中，主银行拥有对企业行使监督和干预的责任，其他各类银行只起辅助作用，而且主银行还负有支持和帮助中小金融机构的责任。当企业无法偿还到期贷款时，主银行通常会购买中小金融机构的不良债务，分担它们的风险，所以主银行相对其他银行承担了更多风险。

3. 密切的银政关系

日本主银行中的银政关系非常密切，作为政府对金融进行监管的大藏省及中央银行——日本银行，利用其监管和调控的手段，形成了政府对主银行的严密监控，突出特点有：（1）日本政府的金融政策为主银行的发展提供充分制度保障。政府是以"窗口指导"为监管手段，以"护航舰队"的形式为调控目标的制度安排，这为日本主银行制的发展提供了充分的制度保障。（2）日本政府严格限制银行总量，这有效保证了主银行正常运营。政府的监管和银行的总量调控，为主银行制的发展奠定了坚实基础。（3）政府中央银行还通过派遣人员，直接对主银行进行监控。

**三　日本主银行制度的作用**

有学者从保险功能、信息收集功能及支配代替功能等角度总结主银行的作用，龚明华（2005）则从代理成本、分担风险、银团贷款的代理行、生产信息以及监督控制五个方面总结了日本高速成长时期主银行的作用。这些提法其实内容都一致，如保险功能与分担企业风险的功能一样，信息收集功能描述的与生产信息功能一致，支票代替功能与监督控制功能类似，在此，将日本主银行制度的作用归纳为 6 个方面，即从银行的行为本身看，作为银团贷款的代理行、收集企业信息进行信息生产和传递、还监督和控制企业；从银行行为的结果看，降低了企业融资成本、分担了企业的风险，以及软预算约束。

1. 银团贷款中的代理行。在银行贷款中作为代理行发起对企业进行大额融资。即主银行作为承办行组织银团贷款，与其他多家银行一起对企业发放大额贷款。当企业借款要求很大时，主银行利用银团贷款，使得企业的资金筹措能顺利进行。对参加银团贷款的其他银行来说，可以分散信用风险。

2. 信息生产和传递。主银行不但是企业的债权人还是股东，这一角色让其拥有获取企业信息的便利，进行生产信息。主银行通过结算、融资服务等能够及时掌握企业的设备投资、在库调整等经营状况，分析企业的生产活动对企业的盈利和长远发展会产生怎样的影响，即得到重要的企业财务信息。主银行作为企业的股东，还可以利用股东的身份获得企业的有关经营资料，通过派遣董事等手段，直接从内部准确掌握企业的经营动向和发展趋势，使得信息生产活动更加有效、结论更加可靠。银行也可能通过与其他银行的往来，将信息传递出去。此外，银行还会将它们从市场获得的信息传递给以之作为主银行的企业，并向企业提出比较合理的咨询建议。

3. 监督和控制。当主银行发现企业的经营管理层可能损害自己利益的预期或在这种损害已发生时，作为最大的债权人和大股东便行使有关权力，监督和控制企业，引导企业的经营行为向良性方面转化。如主银行通过停止新的贷款、更换董事等有效手段，控制、监督并在一定程度上支配企业。关于银行支配企业的前提条件，一般认为，银行不应对经营稳健的企业实施干预，只有当企业经营状况恶化时，通过更换董事等手段控制企业才是理想的。与之不同，广田、堀内（1994）则认为，主银行在正常情况下也要对企业进行监督和控制。

4. 降低了代理成本。主要是降低了企业从外部融资的代理成本。代理成本是指企业的各利益主体（主要指股东和经营者）之间因利害冲突而产生的非效率损失。企业的经营者有时会选择高风险、高回报的投资项目，这时即使借款利率很高也会借款，其结果必然给企业的股东和债权人带来很大的风险。在主银行体制下，主银行以非常优惠的利率向企业提供贷款，并通过日常的监督活动来降低贷款回收的风险。另外，企业不但能以较低的利率从主银行借到资金，还可以利用自己主银行的良好信誉，较容易从其他银行得到贷款，从而便利了企业融资，降低了外部融资的代理成本。Hoshi、Kashyap 和 Scharfstein（1990）和池尾、广田（1992）等的研究也表明，主银行制度能降低企业外部负债的代理成本。

5. 分担企业的风险。由于主银行同企业之间存在长期的往来关系，当企业的经营业绩恶化时，会主动降低贷款利率以减少企业的财务费用。另外，当企业面临破产危机时，主银行通过购买不良债权等方式负担破产费用，协调各债权人之间的利益，实现破产程序的顺利履行。这样的直接结果是为企业分担了部分经营风险。

6. 预算软约束问题。前面关于主银行作用主要是从正面进行评价，但也有学者认为主银行制存在一些不足，主要的是"软预算约束"问题。认为主银行制对企业的长期"关照"，为企业提供低成本的资金，还救助危难企业，促进了企业"常青现象"的发生，这样企业的道德风险就会加大，存在主银行贷款的软预算约束问题。这还会进一步导致日本银行的竞争力下降，甚至导致贷款政策等不透明，甚至抑制了宏观货币政策的效力，扰乱了社会资金资源的正常分配等。

### 四　日本主银行制度的公司治理机理

上一节总结归纳了主银行在运行中的职能作用，本节将从理论的视角来探讨其公司治理作用机理。日本主银行一般持有5%或接近5%的单个企业股份，同时还是该企业的主要债权人。作为这么重要的投资人如何参与企业的公司治理呢？在此，可以从其作用机制和机理两个层面进行概括，作用机制主要是相机治理机制，作用的机理可以总结为对高管决策的直接影响，降低了代理冲突，也可能存在预算软约束的潜在风险。

1. 主银行的相机治理机制

平时主银行主要扮演一个消极投资者的角色，即在公司运作正常时，对企业的日常事务并不过多干预。特别是当企业经营活动和财务状况良好的情况下，主银行既不会干涉企业管理层的人事决定也不会影响企业的经营决策，在这些企业中，经理人员享有高度的自治权。一旦出现财务危机，主银行将立即接管整个公司的控制权。尽管在企业财务状况良好时，主银行可能是一个沉默者，但这种沉默一旦被打破，企业管理层就面临着下台的威胁。这对于长期以来在终身雇佣制下缓慢升迁的日本企业经理来说无疑是一个致命的打击。主银行的这种潜在的事后监控职能在无形中对企业经理构成很大的威慑作用。即当企业获利能力继续保持时，主银行不干涉公司管理，企业管理层掌握实权；反之，主银行将接管整个企业并重组企业。这就是主银行的相机治理机制。

目前关于主银行在日本公司治理中的作用是正面的、积极的，认为主银行持股和企业相互持股维持了企业股权结构的稳定性，董事会和管理层不会因为证券市场上的股价波动而被迫频繁变动企业的发展目标，最后导致短视行为的发生。不过，相机治理也可能存在一些成本或者风险。即当财务状况恶化时，管理层为避免被主银行接管企业，可能会垂死挣扎盲目自救而将企业的有限资金投向错误的项目，即使已知无法避免被接管或改组的命运。这些经理的浪费行为和中饱私囊的行为可能会造成企业资产的大规模流失。

2. 直接或间接地影响企业管理者的决策

主银行相机治理机制下，主银行并非完全消极，事实上主银行通过事前、事中和事后监控对公司管理层发生着持续的影响，直接或间接地影响着管理者的决策，即持续地影响着企业的公司治理。

主银行的监控主要可以分为三个层次，并影响着企业管理者的财务决策。（1）事前监督，是指银行利用所掌握的各种信息对借款人提出的投资项目进行全面的评估，包括盈利能力、风险程度，并分析借款人本身的信用度、企业管理能力和项目组织能力。旨在审查公司提出的投资方案，分析其可行性。（2）事中监督，是指银行将资金贷给企业投入项目后监督贷款资金的使用和借款企业的其他经营活动，主要通过收集与贷款对象公司业务有关的信息等手段来实现。（3）事后监督，主要是确认投资结果，必要时更换公司经营者。特别是在企业陷入财务危机时，主银行评估其长期发展的前景，并根据判断结果作出继续支持企业发展的校正性措施或宣布接管企业日常经营事务、改组撤换管理层或宣布企业破产等惩罚性措施。并且在公司陷入困境前，主银行可以取得较多的手续费且从公司的交易商中争取更多的客户。在公司面临破产时，主银行也可以采取三种行为：（1）在其他债权人知晓破产情况前收回不良债权；（2）事后提供贷款等以救济公司；（3）拒绝继续贷款并起诉公司。一般日本主银行采取第二种方法。主银行根据情况通过裁员、解散公司一部分部门等方式救济公司，甚至主银行会承担其他金融机构的不良债权，其负担额超过贷款金额。因此主银行监督公司的积极性会高于其他金融机构。通过这一系列的监督活动，随时左右着企业管理者的财务决策，影响着企业的公司治理。

因此，从这个角度看，主银行将事前、事中和事后监控职能集于一身有助于减少企业投资项目失败的可能性，从而有利于社会资源的有效配置，提高企业本身的盈利能力并向广大股东包括个人投资者支付较高的股利。

3. 主银行制度缓解了外部投资者与内部管理者之间的代理冲突

主银行不但直接持有公司股份，而且还是公司最大的债权人，这种双重关系使得主银行与公司管理层之间的信息不对称问题得到缓解，进而降低了代理成本。作为公司内部股东，主银行可以通过参加董事会、股东大会等渠道便捷、精确地获取、判断和处理各种信息，易于对公司的财务状况进行控制。特别地，主银行一般可以通过对企业支付结算账户的管理了解企业的现金流向，通过观察企业短期贷款还本付息的情况了解企业的资金周转状况，还可通过与企业高层管理人员和相关行业其他客户企业的长期接触等信息渠道，及时掌握企业经营状况的变化，甚至在某种不利因素尚处于萌芽状态时就做出正确的判断。另外，主银行参与公司治理的主要目的之一是为了维护贷款的安全性，进而也保障了其他资金提供者的利益。主银行作为大股东和最大的债权人有足够的力量撤换或改组公司管理层，其成本较小，还可以避免成本极高的敌意收购。但是主银行对公司管理层的高度控制也不利于这些经理人员发挥相机抉择的作用，其创新能力可能受到一定的抑制。

4. 预算软约束的潜在风险

主银行与公司之间的合作关系是全方位的，提供包括贷款、担保、咨询、债券承销等在内的全面金融服务，以及与公司共享其所获取的各种金融信息或产业信息，主银行高层管理人员退休之后还经常到关系公司担任董事长职务。这种全方位的合作关系，特别是人事方面的密切联系有可能会造成银行和企业管理层的合谋，如主银行有时也会纵容一些经营业绩不佳的公司管理层，目的就是通过他们从企业获得超出常规的高利率和其他名目的费用或收入。这可能会加大企业管理者的道德风险，使主银行陷入"预算软约束"的潜在风险之中。

# 第二节　德国全能银行的股权治理研究

德国银行体系是以全能银行为基础，以专业银行为补充，全能银行包括商业银行、储蓄银行和合作银行三个体系，其中又以商业银行作为核心。全能银行全面参与各种金融活动，包括吸收存款、发放贷款（包括抵押贷款）、承销证券发行、直接投资于包括股票在内的各种证券，既可以从事传统的商业银行业务，也可以开展投资银行业务，是一种多功能、全方位的银行。德国主要的商业银行包括德意志银行、德累斯顿银行和德国商业银行三大银行、一些地区银行以及外国银行的分支机构。储蓄银行则属于以公众利益为出发点、不以利润最大化为目标的银行机构，包括地方、州和中央三个层次。合作银行的存款人同时又是银行的股东，也有地方、州和中央三个层次。不属于全能银行的专业银行提供的金融服务少于全能银行，如专门从事抵押贷款、农业信贷或中小企业信贷的银行。

全能银行制度是德国企业融资制度和公司治理结构的一大特色，全能银行通过发放贷款、直接持股、担任监事、代理投票四个途径充分介入到企业的治理过程中，形成了一种稳定的所有权结构和控制权结构。

## 一 德国全能银行制度的内涵

德国的银行没有实现证券业与银行业的分离，银行有权收购或持有任何法律形式的公司的股份，德国的银行因此也被称为"全能银行"（Universal Bank）。所谓"全能"的含义，一是作为商业银行，进行存贷款业务；二是作为投资银行，拥有企业的股权。在德国，银行持有的股份主要集中于上市的股份公司。谈及全能银行就涉及另一个概念——混业经营，因此，认识全能银行的特征，就可以从混业经营几种模式比较来看。

1. 金融混业经营的模式

混业经营主要有三种模式：一是全能银行模式，即在银行内部设置业务部门，全面经营银行、证券、保险、信托等金融业务；二是银行母公司模式，即商业银行对证券、保险和信托投资公司控股，直接以子公司的方式进行业务渗透和扩张；三是金融控股公司模式，即在相关的金融机构之上建立金融控股公司。通过银行、证券、保险和信托对公司控股实现业务渗透。各子公司相对独立运作，但在诸如风险管理和投资决策等方面以控股公司为中心。

（1）全能银行（Universal Banking）

在全能银行体制下，银行内部将设立经营银行、证券、保险和信托等业务的部门，完全打破了银证保等金融行业的传统界限（如图 5 - 1 所示）。使金融机构可能提供最广泛的金融服务。包括资本市场服务、货币市场服务、外汇市场、不动产市场、保险市场及其他资产、衍生工具交易的服务。各金融机构可以根据自身实力和客观需求制定多元化发展战略，从而增强金融服务业的竞争，提高效率。综合经营权的享有使金融机构能更有效地进行金融业务交叉的研究，创新多功能的金融产品，设计最优的产品服务组合；业务多样化有利于降低金融机构的经营成本，分散机构内

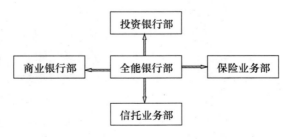

图 5 - 1　全能银行模式

部和整个金融体系的风险。然而，该模式缺乏"快速反应能力"，特别是投资银行部的运作受到全能银行的制约和影响，因此，投行部对外部环境的反应速度比其竞争对手要慢，不能很好地享用信息优势；该模式下商业银行和投资银行的文化难以在短时间内融合，商业银行以稳健经营为指导思想，投资银行以锐意创新、敢冒风险为经营理论；该模式还要求市场主体和监管当局有完善的监管体系和较高的监管效率，否则容易诱发和积累金融风险。

（2）银行母公司控制模式

如图5-2所示，银行母公司控制模式即商业银行对证券公司、保险公司和信托投资公司控股，直接以子公司的方式进行业务渗透和扩张，银行、证券、保险等由不同的法人主体分别经营，在一定程度上减小了风险传递的可能性，既有利于金融机构的内部控制，也便于监管当局的有效监控；集团内部可以实行分业管理制度，监管当局可以获得一定的缓冲时间逐步实现监管体系和制度向综合化的转变。我国1995年之前混业经营所采取的模式与此类似。这种模式对市场主体的风险意识和内控制度仍有较高的要求，否则易导致金融机构的盲目投资，增加市场风险；并且组建新的专业经营公司、提供系统的新业务需要巨大的资金投入、高水平的专业人才和全新的管理经验，并非所有银行均能承担；新公司与控股银行的母子关系可能使新业务要从属于银行业务的利益要求，难以得到独立全面的发展。此模式由于资金调度可能产生"黑箱操作"。不仅会放大银行的经营风险，而且增大了金融监管的难度。

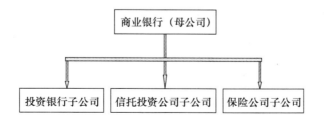

**图5-2　银行母公司控制模式**

（3）金融控股公司（Financial Holding Company）

如图5-3所示，金融控股公司模式即在相关的金融机构之上建立金融控股公司，通过对银行、证券、保险和信托子公司控股实现业务渗透，各子公司相对独立运作，但在诸如风险管理和投资决策等方面以控股公司为中心。控股公司可以通过资本的调度和不同时期总体发展计划的制定，调整集团内各金融子公司的利益分配，形成最强劲的竞争力；子公司可以在控股公司的指导下签订合作协议，实现客户网络、资讯、营销能力等方面优势互补；子公司间可以共同开发多样化的金融产品，进而降低整体经营成本，加快金融创新；各金融行业既能自成专业化发展体系，彼此之间没有利益从属关系，又能互相协作、凝聚竞争力，一定程度上实现了专业化与多样化的有效统一；通过频繁的并购，控股集团的规模更容易摆脱单个金融机构资金实力的局限，向超大型发展。

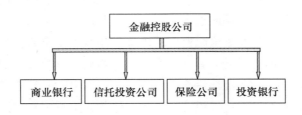

**图 5 – 3　金融控股公司模式**

2. 德国全能银行的特征

德国的全能银行是混业经营模式中的一种。它将内部金融服务部门作为一级法人进行管理，按照金融服务产品、金融业务和职能划分部门进行集权式管理，并对各金融业务部门的风险承担所有责任的银行称作内部综合经营型全能银行。它以公司总部与各分部门管理者之间的分权为特征，还可以是一个集团公司。最具代表性的就是德国的全能银行——德意志银行集团。集团设立集团委员会作为最高管理机关，控制私人银行业务部/零售银行业务部、商业与机构银行业务部、投资银行业务部、集团服务部、参谋部四个业务部门，每个部门均设有一个部委会，由两名高级管理人员处理日常业务，还有至少两个集团一级的高级主管担任领导。德意志银行与集团所属的德国国内和国际的公司及控股公司一起，依据《德国联邦银行法》提供一系列的现代金融服务，包括吸收存款、借款、贴现业务、公司金融、银团贷款、证券承销、外汇买卖和金融衍生工具，同时还开展资金转账业务、经纪人服务、保管箱服务、投资基金业务，处理信用证、保函、投标和履约保函并安排国际贸易融资、项目融资、过境租赁、电子银行等业务。

德国的全能银行具有诸多的权力：一是从事商业银行和投资银行的零售及批发业务的权力和义务；二是持有工商企业股权的权力；三是享有以机构投资者的身份进行证券投资的独占权力；四是为各行业发放贷款和提供融资活动的权力。因此也是最彻底的、综合化程度最高的全能银行。

**二　德国全能银行制度的特征**

德国全能银行的特征可以从与企业的产权关系、在股东大会中的表决权以及在监事会中的席位三个方面来概括。

1. 德国全能银行与非银行企业相互持股

德国全能银行与非银行企业之间的相互持股，而且还持有非银行企业相当比例的股份，这也是德国银行业区别于英美同行的最大特点。OECD公布的统计数据表明：到 1993 年年底，德国银行共持有上市和非上市的非金融企业所发行的股票总数的 14%，而英国和美国的银行业对非金融企业的持股几乎为零。而且，德国银行与非银行企业、非银行企业之间的相互持股现象十分普遍。1991 年德国的主要银行在当时最大的 10 家制造业公司的持股情况表明，德国最大的 10 家制造业公司中至少仍有 8 家存在银行持股超过 25% 的现象，德国公司法同时规定，持股比例超过 25%即可以拥有否决权，这意味着银行对这 8 家公司的主要决策拥有否决权，也表明德国主要银行已经牢牢控制了整个制造业部门。此外，德国全能银行对非银行企业的持股一般十分稳定，他们不会轻易改变既有的股权结构，这对德国股份公司的可持续发展提供了较为有力的制度保障，至少使公司面临的并购压力大大减轻，有助于经理层集中精力实现公司的长期目标。此外，不但全能银行持有大量的公司股份，非银行企业也同样持有全能银行的大量股份，这就是具有德国特色的相互持股制度，这一制度在非银行企业之间也十分流行。这样，德国各金融企业之间、金融企业与非金融企业之间通过相互持股形成非常稳定的股权结构。根据德国公司法规定，任何两个公司不能相互持有超过 25% 的股份，但并不限制相互持股。这为德国企业之间包括金融企业与非金融企业之间形成广泛的相互持股结构提供了法律保障。

2. 代理投票权制度

德国全能银行参与公司治理的另一个重要手段是通过获得中小股东的授权进行代理投票，这被称为代理投票制度（Proxy Voting）。根据 Baums

和 Fraune（1995 年）的统计，1992 年德国全能银行在最大的 24 家上市公司年度股东大会上的实际投票权平均为 60.95%，在其中的 11 家公司这一投票权甚至超过了 75%。全能银行之所以可以获得代理投票权，与法律允许他们承担投资银行职能存在密切联系。德国银行承担了大部分公司股票的承销工作，他们通常会将所承销的大部分股票推销给自己的客户，而这些客户为了股票投资的安全性并降低交易成本，一般都将股票存放在银行。Cable（1985）估计有 50% 的上市公司股票被股东存放在银行里。代理投票制度的主要特点是：（1）德国的个人投资者或小股东通常都会委托银行充当股票的保管人，并在股份公司的年度股东大会上由银行代理投票，股东的代理投票权一般只能委托给某一个特定的信贷机构，委托时间最长为 15 个月。（2）在实践中，全能银行并不是自动获得代理投票权的，而是必须经过股东的授权才能行使这种权利，一般是由银行主动向股东获取这种授权。（3）银行一般会一年一度地向股东说明使用投票权的各种可能性，然后由股东做出决定。如德意志银行通常都建议其客户尽可能地亲自参加年度股东大会，或者将投票权委托给个人代表或股东协会，如果客户对这些方法都不感兴趣，德意志银行也可以接受委托代表他们投票。（4）银行作为保管人必须在参加年度股东大会前将投票意图或拟定的股东议案通知其客户，在委托人或股东未表示异议的情况下，银行必须按照事先拟定的方案参加股东大会而不能随便改变主意。委托人（股东）在股东大会前有权利提出特定的投票建议，而银行必须要遵从这些建议，然而实践中平均只有 2% 的股东会提出特定的投票意见。（5）另外，全能银行在面临争议较大的问题时常常会征询股东的意见，如果股东没有给出明确的投票意见，银行就放弃这一代理投票权。

这些特点表明代理投票制度下的全能银行并没有垄断中小股东的投票权，而是充分尊重中小股东的合法权利，他们只有在获得授权的前提下才进行代理投票，而且保证在股东大会前将投票意图充分地与中小股东进行沟通，在出现重大利益冲突的情况下特别征询股东的具体投票意见，否则就放弃代理投票权。

3. 德国全能银行在非金融企业监事会中拥有席位

德国全能银行委派公司监事的行动造成了许多大公司监事会中银行代表过多，而且部分银行高级管理人员同时兼任多家公司的监事。1965 年德国通过了所谓的 Abs 法案，规定每个人最多只能兼任 10 个监事职位。

之所以用 Abs 命名该法案，是因为当时德意志银行的行长 Hermann – Josef Abs 同时兼任了 30 个监事职位，股票市场和投资者十分担心这样的银行监事是否有足够的精力参与公司治理。为了更好地发挥监督和控制的作用，德国银行家也开始主动避免在多家公司担任监事职位，而且一般不担任监事会主席一职，除非自己的银行是被投资公司的最大股东。因此，现在的德国银行家在公司监事会中占据的席位已经比 Abs 所在的时代大大减少了，但是仍然拥有很高的比例。1993 年，德国 100 家最大公司的监事会中银行仍然拥有 99 个监事席位，占总数的 6.3%，职工代表和其他工业公司代表分别占 35.2% 和 27.4%。

### 三　德国全能银行制度的作用

德国全能银行制度对企业的融资特点而言，一定程度上发挥着金融市场的作用，相互持股稳定了企业的股东，代理投票权维护了投资人的利益。

#### 1. 德国全能银行发挥着金融市场的作用

随着德国工业化进程加快，德国的产业、商业对于银行的长期信贷资金需求加大，而德国资本市场却不发达。工商企业急需的资金需求只能靠银行提供的长期存贷资金来满足，因此，形成了工商企业对银行业的严重依赖，也使银行资本向工商企业不断地渗透。德国的全能银行一方面可以直接买卖企业股票，从而成为企业的大股东，另一方面企业和银行之间可以交叉持股。这样，德国的全能银行不仅控制了德国的建筑业与商业，而且控制了电气、钢铁、机器制造等重要行业的重大企业，使银行业几乎遍布了所有的行业。这样德国银行不仅发挥着工商企业进行融资的作用，持有企业股份等股权投资一定程度上也就发挥着金融市场的乃至控制权市场的作用了。

#### 2. 相互持股的利弊共存

从公司治理角度看，银行与企业相互持股及其所形成的特殊的所有权和控制权结构是利弊共存的。其好处在于：（1）金融企业之间以及金融企业与非金融企业形成稳定的战略伙伴关系，这对于企业实现长远目标具有积极意义。（2）企业的股权结构相对比较稳定，形成了几个大股东共同控制的模式，这完全可以解决股东监督经理层的动力和成本分摊问题。（3）从会计上看，相互持股制度使得企业持股导致的实际现金流量大大减少，这便于企业运用有限的资金实现资产组合，在实现对其他公司控制的同时却能保持较好的资产流动性。（4）几个大股东之间的共同控制其实是竞争和合作的统一，一般不会形成我国经常存在的"一股独大"的现象，这有助于避免绝对控股股东对其他股东利益的侵蚀。

　　然而相互持股制度的弊端也是很明显的，主要表现在：（1）相互持股制度形成的相对稳定的股权结构虽然有利于公司实现长期目标，但也造成了公司控制权市场对经理层约束的无效。德国公司的经理层通常由持股集团委派或聘请，其职位稳定性和公司股价波动之间的相关性相对较弱。Franks 和 Mayer（1990 年）的实证研究表明：德国企业面临的恶意收购大大少于英国和法国。（2）德国全能银行由于相互持股而被部分核心企业控制，持股比例较小的银行股东对全能银行的直接影响必然就很有限，这又会影响这些全能银行参与非金融企业公司治理的积极性和有效性，因为他们很少会从本银行小股东的利益出发行使监事职责，而常常服从于整个持股集团的共同利益。（3）企业之间的相互持股混淆了投资者与被投资者、股东与公司之间的关系，双方的利益关系变得错综复杂甚至纠缠不清。（4）从会计上看，相互持股使企业持股所需要付出的实际现金流量减少，这就大大降低了企业的持股成本。（5）相互持股下企业被包括全能银行在内的几个大股东共同控制，这样尽管可以有效解决股东和经理层之间的利益冲突问题，但是如果大股东之间的合作大于竞争，那么他们完全有可能实现"共谋"以共同侵蚀小股东的利益。

　　3. 代理投票权制度有效维护了投资人利益

　　全能银行代理投票制度主要具有两个好处：一是解决了分散的股东群体进行联合决策时存在的"搭便车"和成本分摊问题；二是代理投票制度构建了稳定的大股东群体，有利于维护企业的稳定，便于公司经理层与大股东、监事会等进行沟通，从而减少他们迫于股票市场短期股价波动的压力采取一些短期行为而牺牲公司长远利益。在缺乏代理投票制度而且公司股权相对比较分散的情况下，公司经理层面临的是一个不稳定的甚至是随机的大股东群体。由于那些分散的中小股东随时可以组合起来或重新组合成一个新的大股东群体，这就增加了经理层与这一大股东群体的沟通难度。尤其是在公司股价下跌并成为并购目标时，这种压力更为明显，因为经理层无法确知到底和谁进行协商，也不知道中小股东的股票是否已经被收购者集中。为避免并购风险以维护自身职位稳定，经理层通常采取一些有利于促进股价上扬的短期决策，但是这种决策牺牲的却是公司的长远利益。这也是英美市场主导型金融模式中典型的股票市场短视（Myopia）问题。代理投票制度创造了一个具有长远眼光并且拥有控制性表决权的投票者——全能银行。全能银行之所以具有长远眼光，首先是因为全能银行直接持有公司较大份额的股票，这促使他们必须着眼于长期收益而不是短期资本利得；其次是全能银行向这些企业发放了数额巨大的长期贷款，为维护贷款的安全性和营利性，他们也必须从长远出发谨慎进行投票决策；最后是由于全能银行代理投票必须从维护客户的根本利益出发，如果鲁莽决策必然会损害客户的利益从而最终损害全能银行的信誉，而对于一个通过吸收存款发放贷款获取主要盈利的银行来说，信誉无疑是最为重要的。

代理投票制度存在的最大问题就是银行能否在每次股东大会上都能真正维护投资者的利益，特别是其所代表的小股东的利益。由于德国证券交易法并没有要求全能银行披露其所代表的股东名单和这些股东持有的股份数额，因此，一些附属于银行的投资公司和其他机构投资者完全有可能选择委托银行投票而放弃亲自参加股东大会，这样可以保证在不引起市场注意和震荡的情况下实现一些战略目标。此时，全能银行有可能以牺牲小股东利益为代价而为机构投资者谋利，而且这种行动非常隐蔽，常常打着维护小股东利益的旗号出现，因此潜在危害极大。尽管德国公司法要求全能银行必须从他们所代表的股东利益出发实施代理投票权，但是法律对滥用这一代理投票权以达到自利目的的银行却没有足够的制裁措施。

**四　德国全能银行的公司治理机理**

德国银行业在企业融资中的影响大大超过英美，银行不但直接给予企业贷款，而且还帮助企业发行股票和债券，即同时承担了商业银行和投资银行两项职能。除此之外，德国的银行还通过代理股东投票、获得企业监事会席位等方式参与企业公司治理。在此，从德国银行的业务特征来具体分析其公司治理作用机制，其业务主要是贷款和持股，具体参与治理的机理是代理投票和担任监事。德国全能银行主要通过四个渠道影响企业的投资行为和参与企业的公司治理。其公司治理的机理也因此有缓解信贷约束、降低代理成本以及控制权市场替代和直接的监督控制。

1. 全能银行缓解了企业的信贷约束"瓶颈"

全能银行作为企业的主要贷款人，企业可以从中获得稳定的信贷资金，而且他们可以共享银行在金融、技术等领域的专业知识。Cable

（1985）认为德国银行业与产业部门的密切关系创造了一个"准内部资本市场"（Quasi – internal Capital Market），这一准资本市场带来的压力可以激励企业实现成本最小化和利润最大化。"准内部资本市场"假说认为：一般企业在日常经营活动中必须十分重视资产的流动性，只有保持一定程度的流动性才能保证及时偿还银行短期借款等其他负债。为保证一定的流动性，企业必须在进行投资决策时考虑留出一块资金进行短期投资或直接存入银行，这些投资回报率比较低的投资项目其实浪费了宝贵的金融资源，变相提高了企业的筹资成本。但是与全能银行保持密切关系的企业在进行投资决策时则无须过多考虑流动性问题，因为全能银行给予的主要是长期贷款，而且企业与一个关系密切的大银行进行谈判相对比较容易。这样企业的贷款可获得性增加了，即缓解了企业的信息贷款约束问题。

2. 银行持股缓解了投资人与经营者间的代理冲突问题

在德国，紧密型的银企关系可以部分替代集中型的股权结构以更好地解决公司治理问题，这既能解决股权结构过度集中情况下大股东对小股东的利益侵蚀，又能解决股权结构过度分散下经理层与小股东的利益冲突和经理层监督问题。这就避免了在股权结构高度分散的公司里普遍存在的"搭便车"问题，虽然股权结构的集中可以部分解决股东监督经理层的问题，但又可能会出现大股东和小股东的利益冲突，从而形成新的代理成本。另外，基于公司股价表现的经理层报酬激励体系也没有很好地建立起来，以固定报酬为主要薪酬来源的经理层偏好于从事低风险的投资项目和构造多元化的公司结构，目的是降低公司陷入财务危机的可能性，以及减少因公司破产而造成专用性人力资本损失的可能性。这一方面可能降低企业经营风险，但也可能和股东的利益目标不一致。

3. 代理股票权制度部分代替了公司控制权市场

德国的股票市场并不发达、监督功能也不明显，公司控制权市场并不能发挥应有的作用。公司的股权结构较为集中，许多上市公司的投票权集中在全能银行手里，全能银行可代理中小股东投票，这一定程度上解决了"搭便车"难题，使上市公司的决策机制不因股权结构的分散而失效，既防止出现"控制权真空"，又制约了经理层对公司的"内部人控制"，较好地解决了现代公司中所有者对经营者的监督和制约问题。即代理投票权制度部分地代替了英美等国公司控制权市场对中小股东的保护和对管理者的约束，所以中小投资者的利益直接或间接地受到全能银行的有效保护。

4. 银行直接通过内部公司治理机制治理公司

从公司治理的内部结构看，德国公司的监事会发挥着较大的作用，银行直接通过监事会发挥其公司治理的作用。德国监事会成员身份是股东、银行和职工，这种由职工代表和股东代表共同参与的监事会被称为"共同决定制度"（Co－determination），这种共同决定制度也是德国公司治理的一个重要特点。对于银行而言，作为股东代表，直接在监事会中拥有席位，通过"用手投票"直接发挥其公司治理作用。

# 第三节　关于我国全能银行制度试行的途径综述

谈及银行通过股权参与企业的公司治理，人们自然就会联想到银行持股或银行的全能业务开展。我国银行不能持有企业股份，这主要是基于银行的安全考虑。鉴于银行业务单一、发展"瓶颈"明显的现实，关于其改革和综合经营的探索却一直在进行。我国银行全能业务的开展称为混业经营或综合化经营，关于其讨论较多，理论界和实业界都在探索我国银行综合化经营的实现形式。

## 一　我国金融混业经营模式现状

目前综合经营的模式主要有组建金融控股公司或基金公司，以及银证业务的合作等。

1. 金融控股公司模式

我国自1993年大力整顿金融秩序以来，逐渐建立起了"分业经营，分业监管"的金融业分业经营制度。但由于历史、监管或行政等原因，仍然存在各种形态的混业经营，而且还出现了一些不同金融业务间相互渗透的新趋势。例如，2005年5月中国人民银行颁布《短期融资券管理办法》，明确了商业银行作为短期融资券承销商的主体。2006年10月，中国保监会发布《投资商业银行股权的通知》，正式批准了保险公司对未上市的商业银行的股权投资。李世银、李璐彤（2009）把我国现有的混业经营模式划分为四种类型（见图5－4），其实就是金融控股公司的几种模式。

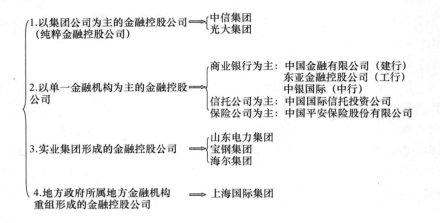

**图 5 - 4　我国银行混业经营模式**

资料来源：李世银、李璐彤：《金融业混业经营模式比较研究》，《江西财经大学学报》2009
年第 5 期。

其中，以集团公司为主的金融控股公司中主要是集团公司对其他金融
机构持股，实现综合经营目标。中信集团是一家经营性金融控股公司，其
业务集中在金融业、实业和其他服务业领域，其中，金融业是中信集团的
重点，资产占到集团总资产的 81%，其控股或全资的金融子公司有中信
银行、中信国际（海外业务）、中信证券、中信信托、信诚人寿、中信资
产管理公司等。而光大集团拥有光大银行、光大证券、光大信托三大金融
机构，同时持有申银万国 19% 的股权，持有光大永明人寿保险公司 80%
的股份，此外还拥有香港上市的三家子公司：光大控股、光大国际和香港
建设公司。

以单一金融机构为主的金融控股公司主要是国有银行和保险信托公
司。特别地，国有商业银行通过成立海外金融控股公司实现综合经营。他
们利用海外允许混业经营的规定，采取并购或合作方式，成立境外控股公
司，重点发展其投资银行业务，以中银集团为典型代表。1996 年，中国
银行在伦敦注册成立了中银国际控股有限公司，这是中国银行的投资银行
业务向海外发展的重要一步。1998 年，中国银行重组其投资银行业务，
将中银国际的总部迁至香港。1999 年，中银国际与英国保诚集团合资成
立资产管理公司和信托公司，共同开拓香港基金市场。在发展证券业的同
时，中银集团的全资保险公司 1992 年在香港注册成立。2001 年，中银国

际和中银保险先后以外资身份在内地组建合资公司，由此进入内地市场。此外，中国工商银行于 1998 年与东亚银行合作收购了西敏证券公司，从事香港和内地的投资银行业务。中国建设银行于 1995 年与摩根士丹利合作成立中国国际金融有限公司，从事股票承销等投资银行业务。

2. 组建基金公司

另外，还通过组建基金直接或间接地实现银行的综合经营。2005 年 2 月 20 日，央行、银监会、证监会联合发布了《商业银行设立基金管理公司试点管理办法》，该办法的出台拉开了中国金融业混业经营的序幕，"银行号"基金获准批示后顺利出台。监管部门同时明确指出并鼓励商业银行采取股权多元化方式设立基金管理公司，并应当联合富有经验的境外和境内的合格机构投资者共同组建。另外，银监会还指出，商业银行设立基金管理公司后，可发起各种专门类型的基金，包括货币市场基金和各类债券型基金以及股权投资基金。这几种类型的基金可以适度交叉。目前，仅中国工商银行、中国建设银行、中国银行和交通银行等几大银行就已经发行了数十种基金。在发达国家金融市场上，无论是过去实行分业管理的美国，还是一直实行全能银行模式的德国，商业银行参与发起和设立基金公司都是普遍的、通行的做法，同时也表明混业经营的开始。因此，国内专家认为，虽然法律制度并未明确支持中国可以开展混业经营，但是国家一旦允许商业银行设立基金，就等于开始了混业经营的步伐。

3. 银行业与证券业、保险业的业务合作

对于短期内无法成立金融控股公司的金融机构来说，主要是进行浅层次的业务合作。在银行业和证券业合作中，银行为证券公司提供融资，扩大利润来源，如股票质押、同业拆借等。在银行业和保险业合作中，银行为保险公司代销产品，保险公司为银行产品提供保险等业务合作。

**二 理论界对银行混业经营的模式探索**

关于银行混业经营的模式选择，目前理论界主要有三种观点：商业银行境内机构可以开办 QDII 为契机向证券业渗透，以商业银行为主导的金融控股公司模式，构建金融控股公司。

1. 以开办 QDII 为契机向证券业渗透

徐文彬（2011）提出了以开办 QDII 为契机，促使商业银行境内机构向证券业广泛渗透。银监会 2007 年 5 月 10 日发布《关于调整商业银行代客境外理财业务境外投资范围的通知》，银行系 QDII 获准投资境外股票后，工商银行、建设银行、交通银行、中国银行相继推出了新 QDII 产品，中信银行也推出新一期 QDII 产品。QDII 是 Qualified Domestic Institutional Investor（合格的境内机构投资者）的首字缩写。它是在一个国家境内设立，经该国有关部门批准从事境外证券市场的股票、债券等有价证券业务的证券投资基金。和 QFII 一样，它也是在货币没有实现完全可自由兑换、资本项目尚未开放的情况下，有限度地允许境内投资者投资境外证券市场的一项过渡性的制度安排。截至 2008 年上半年，经国家审核并批准了 20 家可以办理 QDII 的国内金融机构。尽管 QDII 基金投资并不仅限于香港，而且可以到美国市场和欧洲资本市场进行投资，但是 QDII 基金的投资获利正越来越多得益于港股。目前 QDII 基金的仓位、配置的 70%—80% 是放在香港市场。国内主要商业银行目前不仅可以作为基金托管人而且有自己的基金公司发行的基金，还可以利用机构投资者的身份，进行 QDII 投资。因而，商业银行应及时把握 QDII 的时机，促使境内分支机构向证券业务广泛渗透。

2. 以商业银行为主导的金融控股公司模式

李世银、李璐彤（2009）认为，金融控股公司在我国发展的条件还不成熟，应该选择以商业银行为主导的金融控股公司模式。因为我国金融体制改革较为滞后，以股票市场为代表的资本市场发展虽快，但其发育不够成熟，存在较多的制度性缺陷，而且在现有的证券、信托、保险等金融中介机构中，又缺少那些实力雄厚、信誉卓著、经验丰富的大型投资机构。因此，难以成立完全有效的金融控股公司。如中信集团的控股模式，中信集团在运作中虽然实现了一些局部整合，如中信中心金融卡的发行，但是其内部实际运行过程中也出现了很多问题；由于中信控股对各子公司并未实现真正的持有股份，股权仍在中信集团。因此，控股公司的角色十分尴尬，只是担任上传下达的作用，并未实现对整个集团的综合战略策划。另外，由于各子公司规模庞大，控股公司难以有效驾驭。可以说，中信的金融控股更多的是形式上的，而非实质上的。因此，提出以商业银行为主导的单一金融机构控股公司是适合我国国情的。一方面，可以在一定程度上实现综合经营所带来的规模经济、范围经济、分散风险的优势，增强我国金融机构的竞争力。另一方面，以商业银行为主导的金融控股公司的混业程度较全能银行低一些。其对金融机构的控制和金融监管的要求也没有全能银行那么高，与我国的现行情况较为匹配。就法律层面而言，商业银行主导的金融控股公司在我国现行法律框架下是可以实行的，因而，改革成本较小。同时，就我国的特殊情况而言，发展商业银行主导的金融控股公司模式可以充分发挥我国国有商业银行的绝对优势，以强势的商业银行引导我国金融体系的发展。

3. 构建金融控股公司

高月仓（2002）认为，我国目前不具备发展全能银行模式和银行母公司模式这两种混业经营所需要的金融监管能力、完善的资本市场和市场经营主体，在这种两难的局势下，构建金融控股公司是我国现阶段金融混业可行的选择。理由是：（1）它符合我国金融监管模式和监管能力的现状。（2）它符合我国金融行业经营主体的市场化发展进程。（3）金融控股公司模式还有助于通过对存量金融机构的整合，推进我国金融增长模式由粗放型向集约型的转变。全能银行和银行母公司模式分别是存量扩展方式和增量调整方式，对带动和改善我国金融业的历史存量问题作用有限，鉴于我国金融市场经营主体发展不成熟的现状，若发展不当、监控不力还可能加剧原有的问题，而通过市场化的金融重组构建金融控股公司则可以同时解决存量和增量的问题。

## 第四节　我国银行通过股权参与上市企业公司治理的现实考察

目前我国商业银行是不能直接持有企业股份，因此其全能业务开展可能要另辟蹊径。而银行通过股权参与企业治理除了持股而外，还有一些间接的途径在我国正在试行或者还在开拓。本节将重点探讨我国全能银行业务开展的可能性和其他参考治理的途径。从上面我国银行综合经营的考察可以看出，我国银行综合经营还主要是金融业务领域内有限度的交叉和合作。特别是银证合作还很谨慎，作为金融控股集团的中信和光大，从整个集团看，既有银行又有证券业务，有明显混业经营的特征，但就其银行而言，中信银行和光大银行与其他银行一样，在大陆并没有参与非金融企业的股权投资，但银行子公司有参与非金融企业股权投资，但都是境外的子公司。从企业年报披露的前10名股东来看，有银行作为信托人的基金公司。因此，本书将从银行境内基金子公司持股非金融企业和以银行作为托管人的股权基金持股非金融企业两个方面考察银行通过股权影响上市企业的公司治理等可行路径。

**一　银行基金子公司持有非金融企业股权**

目前来看，几家大型的商业银行都通过设立境外的子公司从事投资银行业务，以及在境内设立基金公司参与证券业务。作为股权投资的子公司主要是在香港注册，很多银行持有的非金融企业股权份额较低，一般都不足以披露其份额。我国主要投资还是在大陆境内，所以我们主要考察银行在大陆境内设立基金子公司，以及对境内企业的股权投资情况。本节主要对中信银行、中国银行、中国建设银行和中国工商银行和交通银行 2011年其基金子公司持有非金融企业股权进行考察。如中国建设银行在境内有控股（65%）子公司建信基金管理有限公司，中国银行控股（83.5%）子公司中银基金，中国工商银行的控股（55%）子公司工银瑞信基金有限公司，交通银行控股（65%）子公司交银施罗德基金管理有限公司。

1. 银行基金子公司设立其及持有非金融企业股权的概述

表 5 - 1 各银行在境内设立基金子公司的情况表明，中国建设银行在境内有控股（65%）子公司建信基金管理有限公司，中国银行控股（83.5%）子公司中银基金，中国工商银行的控股（55%）子公司工银瑞信基金有限公司，交通银行控股（65%）子公司交银施罗德基金管理有

**表 5 - 1　　　　各银行基金子公司设立及其持有非金融企业股权情况**

| | 中国银行 | 中国建设银行 | 中国工商银行 | 交通银行 | 中信银行 |
|---|---|---|---|---|---|
| 境内基金子公司 | 中银基金（83.5%） | 建信基金（65%） | 工银瑞信基金（55%） | 交银施罗德基金（65%） | 无（境外有） |
| 持有非金融企业股权披露 | 4 家 | 9 家 | 没披露 | 没披露 | 4 家港股 |
| 备注 | 对其中 2 家产生重大影响 | 有 6 家上市公司股权是债转股获得，都列入流动性金融资产下 | 长期股权主要是金融企业 | 长期股权主要是金融企业 | 非金融企业股权是香港子公司中信国金持有的港股 |

注：基金公司后括号里是各银行持有基金的股权份额。

资料来源：根据各银行 2011 年年报相关信息整理。

限公司。即其中 4 家大银行都设立有基金子公司，说明商业银行通过设立基金子公司参与企业股权是有组织基础的。从实践中各银行持有境内非金融企业股权揭露情况看，考察的 5 家银行有 2 家银行持有境内非金融企业股权，1 家中信银行持有港股联通的股权。其中，中国银行还对持股的 2 家企业产生重大影响，中国建设银行持有 9 家非金融企业的股权，其中有 3 家是证券投资，6 家非金融上市公司股权是通过债转股获得，都列入流动性金融资产项目下。由此也可以得出结论，我国商业银行确实可能通过子公司持有非金融企业股权；也是可以通过股权来参与非金融企业公司治理的，如中国银行就能对其持有股权的 2 家企业产生重要影响。

2. 各银行业务开展情况的详细考察

（1）中国银行机构设置及持有非金融企业股权情况

中国银行是中国国际化和多元化程度最高的银行，在中国内地、香港、澳门、台湾地区及 32 个国家为客户提供全面的金融服务。其中在中国内地商业银行 37 家一级分行和直属分行，296 家二级分行及 9891 家分支机构。5 家全资子公司（境外 4 家，大陆 1 家），3 家控股子公司（大陆 2 家，境外 1 家），其中境内设立的基金子公司为中银基金公司。主要经营商业银行业务，包括公司金融业务、个人金融业务和金融市场业务，并通过全资子公司中银国际控股开展投资银行业务，通过全资子公司中银集团保险及中银保险经营保险业务，通过全资子公司中银集团投资经营直接投资和投资管理业务，通过控股中银基金管理有限公司经营基金管理业务，通过全资子公司中银航空租赁私人有限公司经营飞机租赁业务。

据中国银行年报披露其对联营和合营企业的投资看，对非金融企业的投资有 4 家，持股情况分别为：华能国际电力开发公司持股 20%，中国航空技术国际控股有限公司（简称中国航空）14.31%，宁夏发电集团有限责任公司 23.42%，华尔润玻璃产业股份有限公司（华尔润玻璃）11.30%，但中国银行能对中国航空和华尔润玻璃产生重大影响（持股情况见表 5 - 2）。另外，其投资的联营和合营企业的股份均为非上市公司的普通股。可见中国银行能够通过股权参与非金融企业的公司治理，但是由于非上市企业的信息并未公开披露，因此其治理效率无法评价。

表 5 – 2　　　　　　　　　　　中国银行股权投资情况

| 名称 | 注册/成立地点 | 持股比例（％） | 表决权比例（％） | 注册资本/实收资本（百万元） | 主营业务 |
|---|---|---|---|---|---|
| 华能国际电力开发公司 | 中国 | 20.00 | 20.00 | 美元 450 | 建设并经营电厂及有关工程 |
| 中银国际证券有限责任公司 | 中国 | 49.00 | 49.00 | 人民币 1500 | 证券买卖及承销、证券投资咨询及受托投资管理业务 |
| 中国航空技术国际控股有限公司 | 中国 | 14.31 | 注（1） | 人民币 8459 | 国际航空、贸易物流、地产服务和工业投资 |
| 宁夏发电集团有限责任公司 | 中国 | 23.42 | 23.42 | 人民币 3573 | 火力发电、风力发电、太阳能发电、煤炭开采、风机设备制造、多晶硅生产 |
| 香港宝来控股有限公司 | 中国香港 | 19.50 | 注（1） | 港币 0.01 | 控股公司业务 |
| 中广核一期产业投资基金有限公司 | 中国 | 20.00 | 20.00 | 人民币 100 | 投资 |
| 广东中小企业股权投资基金有限公司 | 中国 | 40.00 | 40.00 | 人民币 1600 | 投资 |
| 华尔润玻璃产业股份有限公司 | 中国 | 11.30 | 注（1） | 人民币 458 | 特种玻璃的生产、销售和代理 |
| 浙江浙商产业投资基金合伙企业 | 中国 | 25.25 | 25.25 | 注（2） | 投资 |
| 江西铜业集团财务公司 | 中国 | 20.00 | 20.00 | 人民币 300 | 为集团成员单位提供相关金融业务 |

注：（1）根据相关公司章程，本集团对上述公司实施重大影响。

（2）中国建设银行股权投资情况。

于 2011 年末，中国建设银行在中国内地设有分支机构 13581 家，在中国香港、新加坡、法兰克福、约翰内斯堡、东京、首尔、纽约、胡志明市及悉尼设有分行，在中国台湾、莫斯科设有代表处，拥有建行亚洲、建信租赁、建银国际、建信信托、中德住房储蓄银行、建行伦敦、建信基金、建信人寿等多家子公司，为客户提供全面的金融服务。主要业务范围包括公司和个人银行业务、资金业务，并提供资产管理、信托、金融租赁、投资银行、保险及其他金融服务。

据 2011 年中国建设银行年报披露，对主要投资的子公司均为非上市企业，在境内控股 5 家银行外的金融企业，以及 16 家村镇银行。在境外有 3 家全资子公司，另外这些子公司又全资投资了 3 家金融子公司，其中境内的基金子公司为建信基金公司。在年报披露的持有非金融上市公司的股票主要是港股（见表 5 - 3），而持有境内上市公司的股份主要是通过债转股途径取得的，并列入可供出售的金融资产会计账目下（见表 5 - 4）。可见建设银行在境内有通过股权参与上市企业公司治理的通道，但是并没有足够动力去参与。

表 5 - 3　　　　　　　中国建设银行证券投资情况

| 序号 | 证券代码 | 证券简称 | 初始投资金额（元） | 持有数量（股） | 期末账面值（元） | 占期末证券总投资比例（%） | 报告期损益（元） |
|---|---|---|---|---|---|---|---|
| 1 | 600537. CH | 亿晶光电 | 202607016 | 48936822 | 690044546 | 7.91 | (196211332) |
| 2 | 1115. HK | 西藏 5100 | 194502735 | 163257000 | 276523834 | 3.17 | 82021098 |
| 3 | 000906. CH | 南方建材 | 270702118 | 46552901 | 259615341 | 2.98 | (112940091) |
| 4 | 1259. HK | 青蛙王子 | 63073185 | 70609000 | 106664632 | 1.22 | 43621659 |
| 5 | 871. HK | 翔宇疏浚 | 186398455 | 69000000 | 103451142 | 1.19 | (82947312) |
| 6 | 300117. CH | 嘉寓股份 | 25082379 | 12638381 | 97194219 | 1.11 | (73535799) |
| 7 | 325. HK | 创生控股 | 106983312 | 55940625 | 79791100 | 0.92 | (84324685) |
| 8 | 1104. HK | 亚太资源 | 117512069 | 290000000 | 77557966 | 0.89 | (14911876) |
| 9 | 1231. HK | 新矿资源 | 119328644 | 84138000 | 63414651 | 0.73 | (58659363) |
| 10 | 803. HK | 昌兴国际 | 64972805 | 167022858 | 59558405 | 0.68 | (6096063) |

资料来源：2011 年中国建设银行年报。

（2）中国工商银行股权投资情况

中国工商银行在 33 个国家和地区设立了 239 个境外分支机构，与遍

表 5 - 4　　　　　　　中国建设银行持有上市公司的股权情况

| 证券代码 | 证券简称 | 初始投资金额（元） | 占该公司股权比例（%） | 期末账面值（元） | 会计核算科目 | 股份来源 |
|---|---|---|---|---|---|---|
| 601600 | 中国铝业 | 855216651 | 5.08 | 4409870375 | 可供出售金融资产 | 债转股 |
| 000792 | 盐湖股份 | 136572470 | 3.94 | 1995723446 | 可供出售金融资产 | 债转股 |
| 600068 | 葛洲坝 | 345324902 | 6.39 | 1716460376 | 可供出售金融资产 | 债转股 |
| 601989 | 中国重工 | 340290000 | 1.30 | 906258735 | 可供出售金融资产 | 债转股 |
| 600984 | ST 建机 | 35320486 | 13.75 | 97515031 | 可供出售金融资产 | 债转股 |
| 600462 | *ST 石岘 | 13030622 | 3.89 | 62955605 | 可供出售金融资产 | 债转股 |

资料来源：2011 年中国建设银行年报。

布 136 个国家和地区的 1553 个境外银行建立了代理行关系，全面覆盖了亚、非、欧、美、澳五大洲和主要国际金融中心。基本形成了以商业银行为主体，跨市场、国际化的经营格局。中国工商银行在境内，截至 2011 年末拥有 16648 个机构，包括总行、31 个一级分行、5 个直属分行、26 个一级分行营业部、396 个二级分行、3076 个一级支行、13075 个基层营业网点、34 个总行直属机构及其分支机构以及 4 个主要控股子公司，其中在境内 4 个子公司是工银瑞信基金公司、工银租赁公司、重庆璧山工银村镇银行和浙江平湖村镇银行。

据年报披露，中国工商银行加快从信贷市场向债券、资本、并购、私募市场拓展。通过并购信托、并购理财、并购贷款、跨境银团等工具提升并购融资安排能力，打造"融资 + 顾问"综合重组并购服务模式。加快股权融资业务发展，形成包括股权投资基金主理银行、企业上市顾问、股权私募顾问、可认股安排权在内的股权融资产品体系，协助企业募集股权资金超过 200 亿元。近年来，重点开展跨境并购业务，通过内保外贷、并购贷款、跨境银团等多种工具提升并购融资安排能力，完成协鑫集团收购境内电厂项目、太重煤机澳洲并购项目等重要跨境并购项目，担任锦江集团重大海外并购项目的全球融资协调人、并购财务顾问和银团贷款牵头行。

从工商银行披露的长期股权投资看，其持有股权的公司都是金融业的企业，而没有非金融企业（见表 5 - 5）。所以可以看出，中国工商银行也还没有通过持股参与非金融企业公司治理的迹象。

表 5 - 5　　　　　　　　　工商银行联营及合营公司统计

| 公司名称 | 股权比例（%） | | 表决权比例（%） | 注册地 | 业务性质 | 注册资本 |
|---|---|---|---|---|---|---|
| | 2011 年 | 2010 年 | 2011 年 | | | |
| 本行直接持有： | | | | | | |
| 标准银行集团有限公司（"标准银行"） | 20.05 | 20.06 | 20.05 | 南非约翰内斯堡 | 商业银行 | 1.56 亿兰特 |
| 本行间接持有： | | | | | | |
| IEC Investments Limited（1） | 40.00 | 40.00 | 40.00 | 中国香港 | 投资 | 10 万港元 |
| Finansia Syrus Securities Pub-licCompany Limited（2） | 23.83 | 23.83 | 24.39 | 泰国曼谷 | 证券 | 7.48 亿泰铢 |
| 共赢控股有限公司（3） | 20.00 | 20.00 | 20.00 | 英属维尔京群岛 | 投资 | 1 万美元 |
| 天津工银洲际股权投资基金管理有限公司（"工银洲际"）（4） | 30.00 | — | 30.00 | 中国天津 | 基金管理 | 人民币 320 万元 |
| 江西鄱阳湖产业投资管理有限公司（5） | 50.00 | 50.00 | 50.00 | 中国江西 | 投资管理 | 人民币 2000 万元 |
| COLI ICBCI China Investment Management（Cayman Islands）Limited（6） | 45.00 | 45.00 | 注 1 | 开曼群岛 | 投资管理 | 100 万美元 |
| Harmony China Real Estate Fund L.P.（7） | 27.91 | 27.91 | 注 2 | 开曼群岛 | 基金 | 2.87 亿美元 |
| 工银海航（天津）股权投资基金管理有限公司（"工银海航"）（8） | 50.00 | 50.00 | 50.00 | 中国天津 | 基金管理 | 人民币 200 万元 |
| 天津工银国际投资顾问合伙企业（有限合伙）（9） | 50.00 | — | 注 3 | 中国天津 | 投资顾问 | 人民币 102 万元 |

　　注 1：根据公司章程，本集团与其他股东对上述公司实施共同控制。

　　注 2：该基金为有限合伙企业，根据合伙协议，本集团与其他合伙人对该基金实施共同控制。

　　注 3：该企业为有限合伙企业，根据合伙协议，本集团与其他合伙人对该企业实施共同控制。

　　资料来源：2011 年中国工商银行年报。

（3）交通银行持股非金融企业的情况

交通银行现有境内机构 155 家，其中省分行 30 家，直属分行 7 家，省辖行 118 家，在全国 173 个地级以上城市、112 个县或县级市共设有 2637 个营业网点。另设有 12 家境外分支机构，包括中国香港、纽约、东京、新加坡、首尔、法兰克福、中国澳门、胡志明市、悉尼和旧金山分行、交通银行（英国）有限公司和中国台湾代表处。

交通银行是中国主要金融服务供应商之一，业务涵盖了商业银行、证券、信托、金融租赁、基金管理、保险、离岸金融服务等，旗下拥有全资子公司 9 家，4 家控股子公司，主要子公司包括交银金融租赁有限责任公司、交银国际控股有限公司、交银施罗德基金管理有限公司、交银国际信托有限公司、中国交银保险有限公司、交银康联人寿保险有限公司、安吉交银村镇银行、大邑交银村镇银行和石河子交银村镇银行，交通银行还是常熟农村商业银行的第一大股东。

从交通银行年报披露的长期股权投资看，主要是金融业企业，没有明确披露对非金融企业的股权投资。

（4）中信银行子公司持有企业股权情况

就中信集团的产权关系看，中信集团是中信银行的控股股东及实际控制人。中信集团是中国领先的大型跨国国有企业集团，重点投资于金融服务、信息技术、能源和重工业等行业，目前在中国香港、美国、加拿大和澳大利亚均有业务经营。因此也被认为是金融综合经营的先驱者之一。中信集团作为中信银行的控股股东及实际控制人，截至 2011 年报告期末，直接持有中信银行股份有限公司（A 股）28938928294 股，占已发行总股本的 61.85%，通过 GIL 持有本行 H 股 710 股，占本行已发行总股本小于 0.01%，共计持有中信银行 61.85% 的股份。

截至 2011 年末，中信银行已在全国 95 个（不含香港）大中城市设立机构网点 773 家，其中一级分行 35 家，二级分行 54 家，支行 684 家。此外，本行拥有境内子公司 1 家，境外子公司 2 家，它们是临安中信村镇银行，中信国金和香港振华财务公司。据中信银行年报披露，其业务范围主要有两个大的方面，一是向企业客户提供公司银行业务、国际业务、资金资本市场业务、投资银行业务等综合金融解决方案；二是向个人客户提供个人理财、信用卡、消费信贷、私人银行、出国金融等全方位金融产品。从年报披露的信息看，中信银行及其子公司持有的上市公司的股权比例较低，而且是港股和外资股（见表 5 - 6）。因此可以看出，中信银行通过股权参与非金融企业的治理能力还有限。

表 5 - 6　　2011 年末中信银行持有其他上市公司股票和证券情况统计

单位：人民币/元

| 证券代码 | 证券简称 | 初始投资金额 | 占该公司股权比例 | 期末账面价值 | 会计核算科目 | 股份来源 |
|---|---|---|---|---|---|---|
| 00762 | 中国联通（HK） | 7020000 | — | 5302536 | 可供出售金融资产 | 现金购买 |
| V | Visa Inc. | 7509605 | — | 32494532 | 可供出售金融资产 | 赠送红股 |
| MA | Mastercard International | 201629 | — | 1780763 | 可供出售金融资产 | 红股 |
| 合计 | | 14731235 | | 39577832 | | |

资料来源：2011 年中信银行年报。

综上所述，目前境内主要的商业银行通过股权对非金融企业的公司治理产生影响的能力还非常有限，但也看到有个别银行，如建设银行、中国银行、中信银行已经参与了非金融企业的证券和股权投资。因此，通过股权影响非金融企业公司治理的途径有可能在不久的将来会实现和强化。

**二　以商业银行为托管人的基金投资于非金融企业**

银行为股权投资基金的托管人，虽然股权投资基金选择股票并不完全受银行所左右，银行只是其资金的保管人，执行基金管理人的指令，并收取一定的服务费用。它还承担了另一个重要任务就是管理基金投资人的资金并监督基金公司资金的使用。监督资金的使用就有核实资金投资的合规性和合理性，间接地影响了资金的流向，进而影响非金融企业的融资。

1. 基金分类

依据法律形式的不同，基金可分为契约型基金与公司型基金。公司型基金以美国的投资公司为代表。我国目前设立的基金则为契约型基金。

（1）契约型基金的特点

契约型基金依基金投资者、基金管理人、基金托管人之间所签署的基金合同而设立，基金投资者的权利主要体现在基金合同的条款上，而基金合同条款的主要方面通常由基金法律来规范。所以契约型基金又称为单位信托基金，是指投资者、管理人、托管人三者作为基金的当事人，通过签订基金契约的形式发行受益凭证而设立的一种基金。它是基于契约原理而组织起来的代理投资行为，没有基金章程，也没有公司董事会，而是通过基金企业来规范三方当事人的行为。

基金投资人或称基金份额持有人就是广大的投资人，任何一个购买基金的客户都叫作持有人。管理人是负责运作基金资产的机构，比如基金公司，收益来源于基金管理费的计提，与基金业绩无关，取决于基金的资产规模。基金管理人由投资专家组成，负责基金资产的经营，即基金的管理操作，但本身绝不实际接触及拥有基金资产。基金托管人作为基金资产的名义持有人，负责基金资产的保管和处置，对基金管理人的运作实行监督，主要监督其投资运作是否合法合规。这一职责目前是赋予有资格的商业银行来承担，其收益来源于基金托管费的计提，也与基金业绩无关，取决于基金的资产规模。之所以区分了管理人和托管人，就是为了保证基金资产的安全，提高风险控制。他们的权利和义务在基金契约或基金公司章程中预先界定清楚，任何一方有违规之处，对方都可以制止、控告它，直至请求更换对方。这种相互制衡的运行机制，极大地保证了基金信托财产的安全和基金运用的高效。

（2）公司型基金的特点

公司型基金在法律上是具有独立法人地位的股份投资公司。公司型基金又叫作共同基金，指基金本身为一家股份有限公司，公司通过发行股票或受益凭证的方式来筹集资金，然后再由公司委托一家投资顾问公司进行投资。公司型基金依据基金公司章程设立，基金投资者是基金公司的股东，享有股东权，按所持有的股份承担有限责任，分享投资收益。基金公司设有董事会，代表投资者的利益行使职权。公司型基金在形式上类似于一般股份公司，但不同于一般股份公司的是，它委托基金管理公司作为专业的财务顾问或管理公司来经营与管理基金资产。

2. 基金投资于非金融上市企业的综合情况考察

为了考察银行作为托管人的基金参与企业公司治理情况，本项目选取了中国银行、中国建设银行、中国工商银行、中国农业银行、交通银行、中信银行这6家银行作为托管人的基金持有证券的情况，因为它们规模大，经验丰富，市场占有率高，所以它们作为基金托管人的资格相对有优势，所以大部分基金都以它们作为托管人，有一定的代表性。根据仓位在线网上公布的信息看，以最近的 2012 年 3 月 31 日持仓情况作为考察对象发现，这些基金都是企业的前十大流通股股东，投资活动活跃，以这些银行作为托管人的基金共持有企业股票 1636 家次，平均持股比例 2.14%，各银行作为托管人的基金持仓情况统计见表 5 - 7。

表 5 - 7　　　　　　2012 年 3 月 31 日各基金持仓情况统计

| 托管人 | 中国银行 | 中国建设银行 | 中国工商银行 | 中国农业银行 | 交通银行 | 中信银行 | 合计/总评 |
|---|---|---|---|---|---|---|---|
| 基金持有证券（家/次） | 300 | 300 | 299 | 297 | 266 | 174 | 1636 |
| 平均持股份额（%） | 2.05 | 2.28 | 1.96 | 2.20 | 2.16 | 2.21 | 2.14 |

注：有的证券被多家基金持有。

资料来源：根据仓位在线网相关资料整理，http://cwzx.shdjt.com/cwcx.asp。

这些情况表明，各大基金确实对企业产生了重要影响，由于流通股持股都很分散，基金在其中能起到重要的支持作用。但从基金的操作可以看出，它们持股相对其他流通股东而言相对集中，它们本身也并非以长期持有为目的，也可能是短期持有，因此对企业的公司治理不会太关注，其态度也许和其他流通股一样是消极的。但是对上市公司治理的影响却是不容忽视的，在资本市场影响公司的市场价值，因为它们的买卖可能是大宗交易，甚至是其他流通股的"风向标"，因此即使作为消极流通股东的基金也会对上市企业公司治理产生重要影响。

3. 非金融上市企业的十大股权投资人和债券投资人案例分析

上述的各家银行作为托管人的基金对各企业持股的情况有一个轮廓性的概念，只从流通股的情况还不能完全清楚基金对上市公司的公司治理产生的影响。而目前基金作为重要的机构投资者，如果上面作为流通股股东对上市企业的公司治理影响是间接的市场途径的话，那么从其介入企业融资方式来看，直接介入上市企业的公司治理也是完全有可能的。基金介入企业融资主要有两个途径：一是持有企业的股份，一般都是前十大流通股，甚至是前十大股东之一；二是作为公司的债券持有人，一般也是前十大债券持有人。作为公司的重要股东之一和重要债权人之一的基金能否对企业的公司治理产生影响呢？本书将围绕这一问题进行考察。从现有的基金投资证券的情况看，很多基金都是企业的前十大流通股之一。而且基金选股也是在行业里有重要影响的企业股份。为此，考察几个行业里的大企业的基金持股和持债情况，这些企业都是沪深 300 的成分股，同时也是所在行业里规模最大的公司。行业选择主要考虑了投资集中的制造业，房地产业和建筑业。此外，考虑到有的投资人不会长期持有，所以考察了2010—2011 年年报里披露的股东和债券持有人的情况。

（1）万科公司（000002）

万科公司是房地产业规模最大的公司，总市值达 832.5 亿元。万科公司里银行可以通过基金持有企业股份和债券影响企业的公司治理。理由是万科的十大股东和十大债券持有人里银行作为托管人的基金公司都占有相当份额，所以这一途径是可行的。

2010 年末万科公司前十大股东里有 3 个是以银行作为托管人的基金公司（见表 5 - 8），它们分别是，第三大股东是中国银行—易方达深证100 交易型开放式指数证券投资基金，持股比例 1.02%；第四大股东是中

**表 5 - 8　　　　万科公司股东情况（截至 2010 年 12 月 31 日）**

单位：股

| 股东总数 | 1144654 户（其中 A 股 1117665 户，B 股 26989 户） | | | |
|---|---|---|---|---|
| 前 10 名股东持股情况 | | | | |
| 股东名称 | 股东性质 | 持股比例（%） | 持股总数 | 有限售条件股份数量 | 质押或冻结的股份数量 |
| 华润股份有限公司 | 国有法人 | 14.73 | 1619094766 | 0 | 0 |
| 刘元生 | 其他 | 1.22 | 133791208 | 0 | 0 |
| 中国银行—易方达深证 100 交易型开放式指数证券投资基金 | 其他 | 1.02 | 112282473 | 0 | 0 |
| 中国建设银行—博时主题行业股票证券投资基金 | 其他 | 0.97 | 107000000 | 0 | 0 |
| 博时价值增长证券投资基金 | 其他 | 0.91 | 100000000 | 0 | 0 |

续表

| 股东总数 | 1144654 户（其中 A 股 1117665 户，B 股 26989 户） | | | |
|---|---|---|---|---|

前 10 名股东持股情况

| 股东名称 | 股东性质 | 持股比例（%） | 持股总数 | 有限售条件股份数量 | 质押或冻结的股份数量 |
|---|---|---|---|---|---|
| 中国工商银行—融通深证 100 指数证券投资基金 | 其他 | 0.85 | 93309734 | 0 | 0 |
| 中国人寿保险股份有限公司—分红—个人分红 – 005L – FH002 深 | 其他 | 0.83 | 91741448 | 0 | 0 |
| HTHK/CMG FSGUFP – CMG FIRST STATE CHINA GROWTH FD | 外资股东 | 0.81 | 89427768 | 0 | 0 |
| 中国人寿保险股份有限公司—传统—普通保险产品 – 005L – CT001 深 | 其他 | 0.72 | 79567826 | 0 | 0 |
| TOYO SECURITIES ASIA LIMITED – A/C CLIENT. | 外资股东 | 0.71 | 77566240 | 0 | 0 |

资料来源：2010 年万科公司年度报告。

国建设银行—博时主题行业股票证券投资基金，持股比例 0.97%；第六大股东是中国工商银行—融通深证 100 指数证券投资基金，持股比例 0.85%，还有一个博时价值增长证券投资基金持有 0.91%，这 4 只基金持股合计为 3.75%。

在 2011 年末（见表 5 – 9），万科前十大股东里有 4 只基金，它们是：第二大股东是易方达深证 100 交易型开放式指数证券投资基金，持股比例 1.23%；第五大股东是博时主题行业股票证券投资基金，持股比例 1.13%；第六大股东是融通深证 100 指数证券投资基金，持股比例 0.85%，第九大股东是博时价值增长证券投资基金，持股 0.68%，几只基金持股共计 3.89%。可见，这几个基金持股份额有微小波动，总的比例是上升的，但上升得并不多，基本稳定。

**表 5 – 9**                           **2011 年万科前 10 名股东持股情况**

| 股东名称 | 股东性质 | 持股比例（%） | 持股总数 | 有限售条件股份数量 | 质押或冻结的股份数量 |
|---|---|---|---|---|---|
| 华润股份有限公司 | 国有法人 | 14.73 | 1619094766 | 0 | 0 |
| 易方达深证 100 交易型开放式指数证券投资基金 | 其他 | 1.23 | 134693711 | 0 | 0 |
| 刘元生 | 其他 | 1.22 | 133791208 | 0 | 0 |
| 中国人寿保险股份有限公司—分红—个人分红 –005L – FH002 深 | 其他 | 1.18 | 129454917 | 0 | 0 |
| 博时主题行业股票证券投资基金 | 其他 | 1.13 | 123999920 | 0 | 0 |
| 融通深证 100 指数证券投资基金 | 其他 | 0.85 | 93990303 | 0 | 0 |
| 全国社保基金一零三组合 | 其他 | 0.74 | 81100000 | 0 | 0 |
| HTHK/CMG FSGUFP – CMG FIRST STATE CHINA GROWTH FD | 外资股东 | 0.71 | 78355190 | 0 | 0 |
| 博时价值增长证券投资基金 | 其他 | 0.68 | 75000000 | 0 | 0 |
| UBS AG | 其他 | 0.68 | 74936080 | 0 | 0 |
| 2011 年末股东总数 | 948934 户（其中 A 股 925732 户，B 股 23202 户） | | | | |

资料来源：2011 年万科公司年报。

在公司债券持有人持债情况栏其披露 2010 年为 G1 债券里没有银行作为托管人的基金，但有一家银行管理的年金，是中国石油天然气集团公司企业年金计划—中国工商银行，持有份额为 3.39%（见表 5 – 10）。而公司债券持有情况里关于 2008 年 G2 债券持有人中银行及其子公司、银行作为托管人的基金有 6 家（见表 5 – 11）。第一大债券持有人是工银瑞信基金公司—工行—特定客户资产，持有比例 9.41%，中国建设银行—工商瑞信信用添利债券型证券投资基金，持有 7.57%，中国工商银行—嘉实稳固收益债券型证券投资基金持有 6.94%，中国建设银行—富国天丰强化收益债券型证券投资基金，4.71%，交通银行—华夏债券投资基金，4.13%，这些基金共持有 G2 债券的占比为 32.76%。如果加上中国石油天然气集团公司企业年金计划—中国工商银行持有的 3.35%，共计 36.11%。

表 5 – 10　　前 10 名"08 万科 G1"债券持有人和持有量统计

（截至 2010 年 12 月 31 日）

| 序号 | 持有人 | 持债张数 | 持债比例（%） |
|---|---|---|---|
| 1 | 新华人寿保险股份有限公司—分红—个人分红 – 018L – FH002 深 | 5548262 | 18.49 |
| 2 | 中油财务有限责任公司 | 4157662 | 13.86 |
| 3 | 中国太平洋保险（集团）股份有限公司 | 3433312 | 11.44 |
| 4 | 中国平安人寿保险股份有限公司—传统—普通保险产品 | 2760727 | 9.20 |
| 5 | 中国人寿保险股份有限公司 | 2619042 | 8.73 |
| 6 | 中国人寿财产保险股份有限公司—传统—普通保险产品 | 1820000 | 6.07 |
| 7 | 中国石油天然气集团公司企业年金计划—中国工商银行 | 1018194 | 3.39 |
| 8 | 中国人寿养老保险股份有限公司—自有资金 | 1000000 | 3.33 |
| 9 | 中国财产再保险股份有限公司 | 776162 | 2.59 |
| 10 | 中意人寿保险有限公司—投连产品—股票账户 | 706500 | 2.36 |

　　资料来源：2010 年万科公司年度报告。

表 5 – 11　　前 10 名"08 万科 G2"债券持有人的名单和持有量

（截至 2010 年 12 月 31 日）

| 序号 | 持有人 | 持债张数 | 持债比例（%） |
|---|---|---|---|
| 1 | 工银瑞信基金公司—工行—特定客户资产 | 2728528 | 9.41 |
| 2 | 中国建设银行—工银瑞信信用添利债券型证券投资基金 | 2196450 | 7.57 |
| 3 | 中国工商银行—嘉实稳固收益债券型证券投资基金 | 2012707 | 6.94 |
| 4 | 中国机械进出口（集团）有限公司 | 1500759 | 5.18 |
| 5 | 全国社保基金二零六组合 | 1430218 | 4.93 |
| 6 | 中国建设银行—富国天丰强化收益债券型证券投资基金 | 1364700 | 4.71 |
| 7 | 交通银行—华夏债券投资基金 | 1196931 | 4.13 |
| 8 | 中国石油天然气集团公司企业年金计划—中国工商银行 | 972256 | 3.35 |
| 9 | 全国社保基金八零一组合 | 959778 | 3.31 |
| 10 | 平安信托有限责任公司—招行福瑞一生单一 | 922343 | 3.18 |

　　注："工银瑞信基金公司—工行—特定客户资产"和"工银瑞信信用添利债券型证券投资基金"同为工银瑞信基金管理有限公司管理。除此之外，上述债券持有人之间未知是否存在其他关联关系或属于《上市公司收购管理办法》规定的一致行动人。

**表 5 – 12**　　　　前 10 名"08 万科 G2"债券持有人的名单和持有量

（截至 2011 年 12 月 31 日）

| 序号 | 持有人 | 持债张数 | 持债比例（％） |
|---|---|---|---|
| 1 | 工银瑞信信用添利债券型证券投资基金 | 2026446 | 6.99 |
| 2 | 嘉实稳固收益债券型证券投资基金 | 1441048 | 4.97 |
| 3 | 华夏债券投资基金 | 1040607 | 3.59 |
| 4 | 平安信托有限责任公司—招行福瑞一生单一 | 1019410 | 3.52 |
| 5 | 工银瑞信基金公司—工行—特定客户资产 | 889101 | 3.07 |
| 6 | 全国社保基金八零一组合 | 849518 | 2.93 |
| 7 | 富国天丰强化收益债券型证券投资基金 | 565000 | 1.95 |
| 8 | 华夏经典配置混合型证券投资基金 | 550000 | 1.90 |
| 9 | 中国石油化工集团公司企业年金计划—中国工商银行 | 522491 | 1.80 |
| 10 | 广发证券股份有限公司 | 502000 | 1.73 |

　　注："工银瑞信基金公司—工行—特定客户资产"和"工银瑞信信用添利债券型证券投资基金"同为工银瑞信基金管理有限公司管理；"华夏债券投资基金"、"华夏经典配置混合型证券投资基金"和"全国社保基金八零一组合"同为华夏基金管理有限公司管理。除此之外，上述债券持有人之间未知是否存在其他关联关系或属于《上市公司收购管理办法》规定的一致行动人。

　　资料来源：2010 年万科公司年度报告。

　　（2）上海汽车（600104）

　　上汽集团是汽车行业里规模最大的，公司总市值 1674 亿元，远大于排名第二的比亚迪的 658 亿元的总市值。2010 年末，上海汽车前十名股东名单里有两家基金公司，合计持股比例为 1.64％，它们是中国建设银行—银华核心价值优选股票型证券投资基金，持股 0.95％，中国建设银行—博时主题行业股票证券投资基金，持股比例 0.69％（见表 5 – 13）。2011 年末，前十名股东里有一只基金，是中国建设银行—博时主题行业股票证券投资基金，持股 0.58％（见表 5 – 14）。而从债券持有情况看，2010 年末，有一家基金公司即交通银行股份有限公司—工银瑞信双利债券型证券投资基金，持债比例 9.08％（见表 5 – 15）。2011 年末，年报披露有两家基金公司持债比例合计为 5.54％；它们是交通银行股份有限公司—工银瑞信双利债券型证券投资基金，持债比例 3.21％，中国光大银

行股份有限公司—工银瑞信保本混合型证券投资基金，持债比例 2.33%
（见表 5 - 16）。

可见，在上汽集团里无论前十大股东还是前十大债券持有人基金公司
都名列其中，因此银行是可以通过这些基金公司间接影响上市集团的公司
治理的。

表 5 - 13 前十名股东持股情况（2010 年 12 月 31 日）

| 股东名称 | 股东性质 | 持股比例（%） | 持股总数 | 持有有限售条件股份数量 | 质押或冻结的股份数量 |
| --- | --- | --- | --- | --- | --- |
| 上海汽车工业（集团）总公司 | 国有股东 | 72.95 | 6742713768 | 72098054 | 无 |
| 跃进汽车集团公司 | 国有法人 | 5.07 | 468398580 | 0 | 无 |
| 上海润科实业有限公司 | 其他 | 1.03 | 95191059 | 95191059 | 无 |
| 中国建设银行—银华核心价值优选股票型证券投资基金 | 其他 | 0.95 | 88000000 | 0 | 无 |
| 雅戈尔集团股份有限公司 | 其他 | 0.94 | 87000000 | 87000000 | 无 |
| 宝钢集团有限公司 | 其他 | 0.86 | 79287671 | 79287671 | 无 |
| 国华人寿保险股份有限公司—自有资金 | 其他 | 0.79 | 73047584 | 73047584 | 无 |
| 中国建设银行—博时主题行业股票证券投资基金 | 其他 | 0.69 | 64000000 | 0 | 无 |
| 全国社保基金五零二组合 | 其他 | 0.61 | 56770000 | 56770000 | 无 |
| 全国社保基金一零八组合 | 其他 | 0.57 | 53072386 | 36072386 | 无 |
| 报告期末股东总数 | | 228163 户 | | | |

表 5 – 14　　　　　　　2011 年 12 月 31 日前十大股东持股情况

| 股东名称 | 股东性质 | 持股比例（％） | 持股总数 | 报告期内增减 | 持有有限售条件股份数量 | 质押或冻结的股份数量 |
|---|---|---|---|---|---|---|
| 上海汽车工业（集团）总公司 | 国有法人 | 74.30 | 8191449931 | 1448736163 | 1520834217 | 无 |
| 跃进汽车集团公司 | 国有法人 | 4.25 | 468398580 | 0 | 无 | 无 |
| 上海汽车工业有限公司 | 国有法人 | 3.03 | 334408775 | 334408775 | 334408775 | 无 |
| 双鸭山润科实业有限公司 | 其他 | 0.86 | 95191059 | 0 | 无95191059 | |
| 雅戈尔集团股份有限公司 | 其他 | 0.79 | 87000000 | 0 | 无 | 无 |
| 宝钢集团有限公司 | 其他 | 0.72 | 79287671 | 0 | 无 | 无 |
| 国华人寿保险股份有限公司 | 其他 | 0.66 | 73047584 | 0 | 无 | 无 |
| 中国建设银行—博时主题行业股票证券投资基金 | 其他 | 0.58 | 63999729 | – 271 | 无 | 无 |
| 全国社保基金五零二组合 | 其他 | 0.49 | 53846175 | – 2923825 | 无 | 无 |
| 全国社保基金一零八组合 | 其他 | 0.46 | 51072386 | – 2000000 | 无 | 无 |
| 报告期末股东总数 | 168997 户 | | | | | |

表 5 – 15　　　截至 2010 年 12 月 31 日上海汽车债券前十名债权人情况

| 序号 | 债券持有人名称 | 持有债券数量（元） | 持债比例（％） |
|---|---|---|---|
| 1 | 新华人寿保险股份有限公司 | 1258710000 | 19.98 |
| 2 | 中国太平洋人寿保险股份有限公司 | 1246148000 | 19.78 |
| 3 | 泰康人寿保险股份有限公司 | 1028245000 | 16.32 |
| 4 | 交通银行股份有限公司—工银瑞信双利债券型证券投资基金 | 572021000 | 9.08 |
| 5 | 上海汽车工业（集团）总公司 | 444994000 | 7.06 |
| 6 | 中国平安人寿保险股份有限公司 | 271374000 | 4.31 |

| 序号 | 债券持有人名称 | 持有债券数量（元） | 持债比例（%） |
|------|----------------|--------------------|---------------|
| 7 | 华泰人寿保险股份有限公司—分红—个险分红 | 165387000 | 2.63 |
| 8 | 泰康人寿保险股份有限公司—投连—个险投连 | 111525000 | 1.77 |
| 9 | 中国人寿再保险股份有限公司 | 110332000 | 1.75 |
| 10 | 中国再保险（集团）股份有限公司 | 90000000 | 1.43 |

表 5 - 16　截至 2011 年 12 月 31 日上海汽车债券前十名债权人情况

| 序号 | 债券持有人名称 | 持有债券数量（元） | 持债比例（%） |
|------|----------------|--------------------|---------------|
| 1 | 新华人寿保险股份有限公司 | 1258710000 | 19.98 |
| 2 | 中国太平洋人寿保险股份有限公司 | 1246148000 | 19.78 |
| 3 | 泰康人寿保险股份有限公司 | 866301000 | 13.75 |
| 4 | 上海汽车工业（集团）总公司 | 444894000 | 7.06 |
| 5 | 中国平安人寿保险股份有限公司 | 271374000 | 4.31 |
| 6 | 交通银行股份有限公司—工银瑞信双利债券型证券投资基金 | 202319000 | 3.21 |
| 7 | 华泰人寿保险股份有限公司—分红—个险分红 | 165387000 | 2.63 |
| 8 | 中国光大银行股份有限公司—工银瑞信保本混合型证券投资基金 | 146835000 | 2.33 |
| 9 | 海通—中行—FORTIS BANK SA/NV | 123553000 | 1.96 |
| 10 | 中国人寿再保险股份有限公司 | 110332000 | 1.75 |

（3）几家大企业里基金持股和持债情况比较

前面详细分析了万科股份公司和上海汽车股份公司的详细情况，下面将宝钢股份（600019）、中国建筑（601668）、中国石油（601857）一并比较他们公司股权结构和债权结构中基金参与的情况，详细资料见表 5 - 17。

这几家公司规模都非常大。中国石油市值达 1.8 万亿元，上海汽车 1674 亿元，中国建筑 990 亿元，宝钢股份 867 亿元，深万科 832.5 亿元。它们也吸引了众多投资者，基金银行等都是其重要的投资者。

基金持股参与度较高但比例有波动。从 2010 年末和 2011 年末各公司大股东名单里的基金数看，这些大企业里都有基金在其十大股东名单里，但是基金持股比例在变动，只有万科一家的基金持股比例变化不大，2010年是 3.75%，2011 年是 3.89%，中国建筑 2010 年至 2011 年基金数增了两家，持股比例从 0.73% 增持到 2.09%，基金对宝钢股份和上海汽车都是减持的趋势明显。

表 5-17　　　　　几家企业基金持股和持债情况比较

| 股票代码 | | 000002 | 600104 | 600019 | 601857 | 601668 |
|---|---|---|---|---|---|---|
| 公司名称 | | 深万科 | 上海汽车 | 宝钢股份 | 中国石油 | 中国建筑 |
| 前五大股东 | 2010 年 | 4 | 2 | 3 | 4 | 1 |
| 基金数 | 2011 年 | 4 | 1 | 2 | 3 | 3 |
| 持股比例（%） | 2010 年 | 3.75 | 1.64 | 1.58 | 0.093 | 0.73 |
| | 2011 年 | 3.89 | 0.58 | 0.62 | 0.061 | 2.09 |
| 前十大债券 | 2010 年 | 7 | 1 | 1 | | |
| 持有人基金数 | 2011 年 | 7 | 2 | 2 | | |
| 持债比例（%） | 2010 年 | 36.11 | 9.08 | 6.8 | | |
| | 2011 年 | 24.27 | 5.64 | 7.83 | | |
| 公司市值（亿元） | 2012 年 | 832.5 | 1674 | 867 | 18000 | 990 |
| 备注 | | 有 1 个是企业年金计划 | | 2011 年债券持有人有一个是企业年金 | 没有披露持债人信息 | 发行有中期票据，没有披露持债人信息 |

资料来源：根据各公司 2010 年和 2011 年年报资料整理。

基金参与企业债券也是非常活跃的。万科公司的 G2 债券 2010 年和 2011 年前十大债券持有人中都有 7 个基金（其中包括 1 个企业年金计划），共计持债比例 2010 年是 36.11%，2011 年是 24.27%。上海汽车和宝钢股份基金债券持有人在前十大债券持有人名单中都从 2010 年的 1 家增至 2011 年的两家，上海汽车的基金持债比例下降了，而宝钢股份基金持债比例有所增加。而中国石油和中国建筑在年报中应付债券里披露了发债情况，但没有披露持债人信息。

通过上述几方面的比较发现，以银行作为托管人的基金在参与上市企业的投资活动方面表现积极，一般都是企业的前十大股东或前十大流通股东，还是前十大债券持有人之一，因此，即使他们对直接治理公司持消极态度，通过资本市场的行为也会对上市企业产生重要影响，因此银行可以通过这一间接途径影响上市企业的公司治理。

### 三　商业银行通过股权参与企业公司治理的方式和效果考察

公司治理的组织架构主要包括股东会、董事会、监事会、经理层等，它们的职能作用构成公司治理的基本框架。关于公司治理的机制，从参与主体与治理客体间关系，分为内部治理机制和外部治理机制。内部治理机制主要指内部治理框架中股东会、董事会、监事会、经理层各自的职能作用，外部治理机制主要是指市场环境等治理因素，如市场监督规则（交易所上市规则和监管规则等），市场压力约束机制（主要指市场资源提供者的参与约束，包括资本市场、产品市场、经理人市场等）。据此，银行通过持股参与企业公司治理的路径主要是股东会、董事会、监事会和金融机构集中持股监督。而金融机构集中持股监督在我国是不可能的。银行通过持股参与治理只能是股东会、董事会和监事会。由于集中持股不可能，在股东会里的银行即使持股也是中小投资者，因此其决策意志不可能体现出来，因此无法观察，但其公司的监督可体现在投资者互动活动中，通过公司管理者的见面沟通，了解和监督公司运作。于是，董事会和监事会里的席位、参与监督决策的力度，以及投资者互动等成为考察的主要内容。

1. 参与董事会和监事会

同样以本节的几家大公司作为调查样本（见表 5 - 18）。从几家基金投资的公司看，它们的 49 名董事会成员里，只有两名董事来自银行，他们吉晓辉和曾璟璇，且只有吉晓辉董事可能是银行投资人的代表。五家公司共计 24 名监事会成员，没有有银行背景的成员。从 2011 年履职情况看，所有董监事的会议出席率都为 100%。

2. 投资者互动

2011 年年报数据显示，深万科、上海汽车、宝钢股份、中国石油和中国建筑这五家公司关于投资者关系方面都有披露，但详略不一。深万科和上海汽车对接待来访者等信息披露较详细，有主要来访者的详细名录，宝钢股份和中国建筑有活动简介和统计数据，而中国石油的数据则非常少，公司网站也只有路演信息，没有接待来访者的信息。下面将各公司投资者关系和互动的主要内容介绍如下（见表 5 - 18）。

**表 5 – 18**　　　　　　　　　　五家企业董监事会情况统计

| 股票代码 | 000002 | 600104 | 600019 | 601857 | 601668 | 合计 |
|---|---|---|---|---|---|---|
| 公司名称 | 深万科 | 上海汽车 | 宝钢股份 | 中国石油 | 中国建筑 | |
| 董事会规模 | 10 | 11 | 9 | 13 | 6 | 49 |
| 来自银行的董事 | 0 | 1 | 0 | 1 | 0 | 2 |
| 董事会开会次数 | 13 | 12 | 6 | 10 | 13 | 54 |
| 董事出席会议情况 | 100% | 100% | 100% | 100% | 100% | |
| 监事会规模 | 3 | 3 | 5 | 8 | 5 | 24 |
| 来自银行的监事 | 0 | 0 | 0 | 0 | 0 | 0 |
| 监事会开会次数 | 4 | 7 | 6 | 6 | 7 | 30 |
| 备注 | | 董事吉晓辉，现任上海浦发银行董事长 | 曾璟璇，现任渣打银行（中国）有限公司董事会主席 | | | |

资料来源：根据各公司 2011 年年报资料整理。

深万科公司 2011 年，投资者互动情况，全年接待投资者来访约 620 次，参加境内外机构组织的大型投资者见面会 68 场，组织投资者见面会 4 场，进行网上路演 2 次。此外，还继续通过电话、电子邮件、网上互动平台等方式与投资者交流，聆听他们的意见，传递公司的信息，维护投资者和公司之间的长期信任关系。深万科接待的券商①中有，融通基金、博时基金、UBS Asset Management、UBS Global Asset Management、中国人寿等，它们是深万科前十大股东之一，看来它们确实参与了企业的公司治理活动。

中国建筑 2011 年报告期内，公司不断全方位优化投资者关系管理体系，以更好地为投资者服务。② （1）路演和反路演。公司 2010 年年报业绩路演分别在北京、广州、深圳、上海四地举行，共举行"一对一"推介 25 场、"一对多"推介 3 场，共有 130 个机构的 500 多名投资者参加；公司中报业绩路演主要通过团体会议形式进行，包括 1 场北京团体路演和

---

① 详见深万科 2011 年年报，第 54—57 页。
② 详见中国建筑 2011 年年报，第 47 页。

深圳、上海各 1 场投资者见面会。与会机构投资者逾 150 人。（2）接待投资者来访。报告期内，公司共接待近 200 家机构投资者来访。全年 242 个交易日，相当于平均每个交易日都有研究员到访，与机构投资者的沟通很充分。面对 90 多万股东，公司安排专人负责接听 IR 热线，处理 IR 邮件，全年共接听超过几千个热线，处理近千封邮件，有效地增进了个人投资者对公司情况的了解。（3）参加券商策略会和海外投资者见面会。报告期内，公司派员参加了 20 多场国内一流券商组织的投资策略报告会。

上海汽车 2011 年共接待 164 家投资机构、723 人次来访，接听咨询电话 743 个。其间，公司召开了三次业绩交流会，与投资者进行互动交流，帮助投资者及时、准确了解公司经营业绩。① 接待的来访者中，博时基金是其前十大股东之一。

中国石油② 2011 年没有详细披露互动情况。但公司亦不时通过新闻稿及公司网站及时公布公司的最新重大发展。公司网站中亦设有"投资者专栏"，载有公司信息、各项报告及公告、路演推介等资料供投资者浏览。

宝钢股份③ 2011 年报告期内，公司与资本市场进行了充分的信息沟通和交流。年内公司共接待前来调研的国内外机构投资人 104 批，共计437 人次；安排投资人厂区参观 27 批，召开电话会议交流 28 场。公司投资者关系（以下简称 IR）团队参与了由瑞银、摩根士丹利和美林等著名投行在国内外举办的 11 场大型投资者交流会。公司坚持主动的、有针对性的投资者沟通和服务。面向广大中小投资者，公司持续在定期报告发布后举办网上业绩发布；针对机构投资人，公司举办年报、中报分析师业绩说明会。董事长、总经理、财务副总、董秘等公司高管积极参与上述 IR活动，和投资人实时沟通，了解投资人想法建议，回答他们关心的问题。2011 年 IR 团队对网站的架构进行了调整：新增了 IR 专栏的主页；为方便浏览者查阅，新增"重大事项公告"页面。同时，及时将针对分析师的业绩说明会视频以及会议材料上挂网站，使得那些受制于时间、地域以及公司接待能力等原因而未能到公司实地调研的投资人也能及时获悉公司动态。

① 详见上海汽车 2011 年年报，第 34—36 页。
② 详见中国石油 2011 年报告，第 55 页。
③ 详见宝钢股份 2011 年年报，第 22—23 页。

　　上面公司的投资者互动情况表明，银行通过股权和基金等间接参与企业公司治理的途径是可行的，但是由于机构投资者参与披露的信息还有限，对有效性的实证研究还有待时日。这也许可以成为后续研究课题。

# 第五节　本章小结

　　本章在研究日本的主银行制度和德国全能银行制度中银行公司治理作用的基础上，结合我国商业银行的实际，探讨了我国银行通过股权参与上市企业公司治理的机理和机制。

　　主银行治理是一种相机治理机制。日本主银行一般持有 5% 或接近 5% 的单个企业的股份，同时还是该企业的主要债权人。主银行平时只是扮演消极投资者的角色，对企业的日常事务并不过多干预，这些企业的经理人员享有高度的自治权。企业一旦出现财务危机，主银行将立即接管整个公司的控制权，企业管理层就面临着下台的威胁。此外，主银行还通过事前、事中和事后监控对公司管理层发生着持续的影响，影响着企业的公司治理。这种相机治理机制的公司治理机理是，主银行直接或间接地约束着管理层的行为，进而缓解了外部投资者与内部管理者之间的代理冲突，不过也存在预算软约束的风险。

　　德国全能银行制度是银行积极、直接地参与企业公司治理的机制。德国全能银行与非银行企业之间相互持股，德国全能银行某种程度上发挥着金融市场的作用。德国银行参与企业公司治理的机制是通过直接地干预企业重大战略决策来实现的。具体体现为德国全能银行拥有其他股东大量的代理投票权，并在非金融企业监事会中拥有席位，于是通过在监事会中直接投票行使其治理职能。其公司治理机理可归纳为，全能银行缓解了企业的信贷约束"瓶颈"，银行持股缓解了投资人与经营者间的代理冲突问题，代理股票权制度部分代替了公司控制权市场的约束作用。

　　我国商业银行通过股权参与上市企业公司治理主要是间接地介入公司治理，但存在积极影响企业公司治理的这种趋势。（1）子公司直接持有企业股权并影响公司治理已有尝试。《商业银行法》禁止银行直接持有非金融企业的股份，而随着我国银行综合化经营或称混业经营业务的开展，我国部分银行不仅在境外成立了子公司参与证券投资业务，在境内也成立了可以从事证券投资业务的基金子公司，并开始介入企业股权投资。如中国建设银行在境内有控股（65%）子公司建信基金管理有限公司，中国银行控股（83.5%）子公司中银基金，中国工商银行的控股（55%）子公司工银瑞信基金有限公司，交通银行控股（65%）子公司交银施罗德基金管理有限公司。研究发现，确实在境内有银行持有非金融企业的股权，也存在参与企业公司治理的动机。如建设银行通过债转股获得部分企业股权，列入流动性金融资产项目内，估计还不是以控制为目的的持股。但中国银行有持股影响企业公司治理的动机，中国银行持有4家非金融企业的股份，并且能对其中两家企业产生重大影响。（2）另外作为基金托管人的身份也可能间接地通过对基金资金投向的管理和监督对上市公司的治理产生影响。加上银行本身就是企业贷款人和债券持有人，可以间接地介入上市企业的公司治理。从考察的五家公司来看，银行人员作为非金融公司董事会成员的比例非常少；从投资者互动间接参与企业公司治理的途径是可行的，但是由于机构投资者参与披露的信息还有限，所以这可能是今后的发展趋势。

# 第六章　银行通过公司控制权市场
参与公司治理的机理研究

　　关于商业银行通过控制权市场的公司治理机制，邓莉（2009）将其归纳为三种机制。其中，治理主体是银行和机构投资者，治理客体是劣绩的非金融公司，并且此处的劣绩非金融公司是银行的债务人。具体地，一是银行可以通过向机构投资者进行融资，引导机构投资者收购兼并劣绩公司，对之进行改组，即公司治理过程，改善其经营状况，保证银行贷款的安全回收同时收回对机构投资者的融资；二是银行可以将劣绩公司的信息透露给机构投资者或潜在收购者，即为之提供信息咨询，帮助其收购兼并劣绩公司，对之改组并提升其价值，保证贷款的回收；三是银行可以直接接管劣绩公司，派驻管理人员进驻公司董事会，即直接参与公司治理过程，最后保证其贷款的安全回收。在此，我们可以将第一种机制称为并购融资机制，第二种称为信息传递机制，第三种称为接管重组机制。

　　邓莉（2007）重点研究了银行的信息传递机制，即通过信息传递等角度参与企业公司治理的机理和途径。而今，银行接管重组企业仍然不能直接操作，只能将不良贷款转让给金融资产管理公司，金融资产管理公司可以通过债转股等形式来改组企业股权，参与企业的接管重组。但并购贷款在 2008 年底放开限制了。2008 年 12 月 3 日，国务院召开常务会议，研究部署金融促进经济发展的政策措施，确定了著名的"金融国九条"，其中就包括"要创新融资方式通过并购贷款、房地产信托投资基金股权投资基金和规范发展民间融资等多种形式，拓宽企业融资渠道"的内容。2008 年 12 月 9 日，银监会出台《商业银行并购贷款风险管理指引》，允许符合条件的商业银行开办并购贷款业务。这一政策的出台，无疑为商业银行参与企业的公司治理拓宽了思路。并购贷款可以参与到企业并购行为中，即商业银行可以通过对企业并购融资途径来参与上市公司的公司治理。而并购贷款的公司治理机理和杠杆收购中的银行融资是否一样呢，作用机理如何呢？二者有很强的相似性，所以本项目从杠杆收购的融资角度探讨商业银行的并购贷款参与上市企业公司治理的作用机理。

# 第一节　公司控制权市场理论

曼尼（Manne，1965）在公司控制权市场理论的研究领域开了先河，他指出公司控制权市场的存在，大大削弱了所谓的所有者与控制权的分离问题，小股东在公司事务中应该拥有的权益和应该受到的保护移交给了这个控制权市场。公司控制权市场要求并且假定，公司管理效率与公司股票的市场价格之间是高度正相关的。管理不好的公司的股票价格会相对于它所在的行业或整个市场的股票价格下跌。如果某公司的股价较低，那些相信自己能够更有效地管理该公司的人就会预期能从接管该公司中获取大量的资本利得，因而该公司被接管的可能性非常大。这样，接管市场保证了公司管理者之间的有效竞争，就为没有控制权的小股东提供了强大的保护，因而成为一种重要的公司治理机制。在曼尼之后，很多学者对公司控制权市场进行了深入的研究。

## 一　公司控制权市场的概念

控制权的概念。根据《中国企业并购统计2005》，控制权是指实质控制权，即收购人具有下列情形之一的，构成对一个上市公司的实际控制：在一个上市公司股东名册中持股数量最多的，但是有相反证据的除外；能够行使、控制一个上市公司的表决权超过该公司股东名册中持股数量最多的股东的；持有、控制一个上市公司股份、表决权的比例达到或者超过30%的，但有相反证据的除外；通过行使表决权能够决定一个上市公司董事会半数以上成员当选的；中国证监会认定的其他情形。控制权转移类重组；指上市公司自身股权结构发生重大变化，按照实质可以施加重要影响作为标准，包括两类：一是第一大股东发生变化，即控股股东变化；二是20%以上的股权转移到另外一家公司或管理机构。

公司控制权市场（Market for Corporate Control）的概念。曼尼在《兼并和公司控制权市场》中并没有给"公司控制权市场"一个明确的定义，他只是大致说："争夺公司的控制权大体上有若干机制，其中三种最基本的方法为代理投票权竞争、直接购买股票和兼并"。国内学者王彬对公司控制权市场的定义是："所谓公司控制权市场是指公众公司的控制权被交易的市场，主要的方式有兼并、收购（M&A）、要约收购（Tender Offers）、委托书收购（Proxy Fights）等。"他基本上按照曼尼（Manne）的分类来概括。后来，Jensen 和 Ruback（1983）给"公司控制权市场"的定义是："我们将公司控制权市场（通常也被称作收购市场）看成是一个由各个不同的管理团队在其中互相争夺公司资源管理权的市场。"王刚义（2003）在其博士论文中指出，公司控制权市场（收购市场）是各个管理团队在其中互相争夺公司资源管理权的市场。从微观上讲，公司控制权市场是现代市场经济体制借以解决企业内的代理问题和小股东的公共选择问题，实现激励相容，提高资源利用效率的主要外部机制。从宏观而言，作为证券市场的主要组成部分和功能模块，控制权市场的运作效率，决定证券市场的规模和整体有效性，影响金融深化的程度。他们的定义较为简明地揭示出，公司控制权市场实质上就是公司控制权转让和交易的市场机制。根据《中国并购报告 2003》，控制权市场是不同的利益主体通过各种托付获得具有控制权地位的股权或委托表决权，以获得对公司控制而相互竞争的市场。不同的利益主体既可以是股东，也可以是公司外部力量，还可以是这两者组成的利益集团。综上所述，本书所指的公司控制权市场是以上市公司剩余控制权转移为标志的公司控制权市场，主要包括对公司的收购和兼并（M&A）、要约收购、杠杆收购等市场行为。

### 二　公司控制权市场的市场行为

公司控制权市场主要是企业的重组行为或方式。概述如下：

1. 兼并或并购（M&A）。从逻辑外延上看，兼并或并购（M&A）是公司法上企业重组（Corporate Reconstruction）的一种形式。公司重组作为公司在所有权结构、资本结构和经营策略上的调整，包含着极为丰富多样的实践形式。美国学者 Weston 等对公司重组的分类如表 6 - 1 所示。Weston 等将公司重组分为四大类，即扩张、售出、公司控制和所有权结构变更。他们对现代企业重组方式给出了较为详细的分类，其分类的依据主要是公司资产规模和财务结构的变更方式。兼并（Merger），在公司法上，是指一个公司被另一个公司吸收，后者保留其名称和身份的不变，并获得前者的财产、责任、特许权和权利，被吸收的公司作为一个独立的经营实体和企业法人则不再存在。这一方式在我国学术界和司法实践中称为吸收合并，可以用 A + B = B 的公式来简单表示。Consolidation 是指两家以上的公司合并，另外成立一家新公司，成为新的法人实体，新成立的公司接管消灭公司的资产，并承担其责任。该公司拥有它的全部组成部分的全部资本、特许权和权利。这种方式在国内被称为新设合并，可以用 A + B = C 的公式来简单表示。除了出现一个新公司外，Merger 和 Consolidation 实际上并没有不同。因此国内学者将二者统称为公司合并。如 "兼并或合并"（Merger）泛指两家或两家以上公司的合并，原公司的权利和义务由存续或新设公司承担，一般是在双方的经营者同意并得到股东支持的情况下，按法律程序进行的合并。兼并具有两种形式：吸收合并和新设合并。收购（Acquisitions）是指买方向卖方购入资产、营业部门或股票。收购又可进一步分为资产收购和股份收购。资产收购是指买方收购卖方的部分或全部资产，不承担卖方部分或全部债务的收购方式。股份收购是指买方直接或间接收购卖方的部分或全部的股票之后，目标公司便成为买主一部分或全部投资的事业单位，并需要承担目标公司相应股权部分所对应的一切权利与义务、资产与负债。

2. 要约收购（Tender Offer）。Tender Offer 我国称为 "标购" 或 "公开要约收购"，即收购公司公开地向目标公司全体股东发出要约，承诺以某一特定的价格购买一定比例或数量的目标公司股份。标购直接在市场外收集股权，事先不需要征求对方意见，因而通常被认为是一种敌意收购。标购可以通过以下三种方式进行：第一种是现金标购，即用现金来购买目标公司的股票；第二种是股票交换标购，即用股票或其他证券来交换目标公司的股票；第三种是混合交换标购，即现金和股票并用来交换目标公司的股票。

根据接受要约者可卖出的股票数量，可能导致以下结果：①要约期满后，要约人持有的股票低于该公司发行在外的股票数量的50%，则要约失败，但该要约人一般已取得控制权。②要约期满后，要约人持有的股票达到或超过该公司发行在外的股票数量的50%，则要约成功，一般来说该公司已被要约人收购，变成要约人的子公司。③要约期满后，要约人持有的股票不仅达到或超过该公司发行在外的股票数量的50%，而且使剩余股票的数量或未接受要约的股东人数低于证券管理部门或交易所规定的上市标准，将导致该公司退市（Delisting）。④要约期满后要约人持有的股票不仅达到或超过该公司发行在外的股票数量的 50%，而且使剩余股票的数量或未接受要约的股东人数低于《公司法》规定的标准，将导致该公司的非股份化，即私有化（Going Private）。

| 表 6 - 1 | 企业重组的形式 |
|---|---|
| Ⅰ 扩张（Expansion） | |
| 　兼并与收购（Mergers and Acquisitions） | |
| 　发盘收购（Tender Offers） | |
| 　联营公司（（Joint Ventures） | |
| Ⅱ 售出（Sell - offs） | |
| 　分立（Spin - offs） | |
| 　子股换母股（Split - offs） | |
| 　完全析产分股（Split - ups） | |
| 　资产剥离（Divestiture） | |
| 　股权切离（Equity Carve - outs） | |
| Ⅲ 公司控制（Corporate Control） | |
| 　溢价购回（Premium Buy - backs） | |
| 　停滞协议（Standstill Agreements） | |
| 　反接管条款修订（Antitakeover Amendments） | |
| 　代表权争夺（Proxy Contests） | |
| Ⅳ 所有权结构变更（Change in Ownership structure） | |
| 　交换发盘（Exchange Offers） | |
| 　股票回购（Share Repurchases） | |
| 　转为非上市公司（Going Private） | |
| 　杠杆收购（Leveraged Buy - outs） | |

资料来源：［美］J. 弗雷德·威斯通等：《兼并、重组与公司控制》，经济科学出版社 1998 年版，第 3 页。

3. 委托书收购（Proxy Fight）。委托书收购是指收购公司提供征求委托书，在股东大会上获得多数表决权进而控制目标公司董事会，从而获得对该公司的控制权。委托书（Proxy）是指上市公司的股东，委托代理人行使股东大会表决权而让代理人出示的证明文件。股东可能无暇顾及，或对股东大会不感兴趣，可委托他人出席股东大会，并交付委托书，以证明受托人的代理权限。代理人可以代理股东出席股东大会，提交股东授权委托书，并在授权范围内行使表决权。因为得到股东委托书，可以代理股东在股东大会上进行表决而控制目标公司董事会，收购公司就可以通过征求委托书的办法来达到收购的目的。这种方式不用支付收购溢价，因此收购直接成本较低，但在现实中有较高的间接成本。

4. 其他相关概念。Takeover 通常译为接管或接收，是指取得控制权或经营管理权，不必涉及绝对财产权的转移。Takeover 是一个更广义的词，它可以采用多种方式，包括完全购买公司的控制权、要约收购、吸收合并、股票累积和投票权重组、购买投票权等。有的学者将公司控制权市场（Market for Corporate Control）称接管市场（Takeover Market）。企业的接管可以在友好的气氛下，按收购的一般型态进行，即买卖双方高级领导层通过协商来决定购并的具体安排，如决定采用何种收购方式，现金、股票或混合收购方式、收购价位、资产处置、人事安排等，经反复协商后达到双方都可以接受的购并协议，最后经双方董事会批准和股东大会以特别会议的形式通过后予以执行。但企业的接管行为并非全部都是在平静的气氛下进行的，有相当一部分的接管行为，是在目标公司管理层对其收购的意图尚不十分明确或持反对态度的情况下发生的，这就是敌意接管。这是因为企业在剧烈竞争的生产条件下为了生存和发展或其他目的而采取的非常手段，如收购公司可以采取标购方式、征求委托书、杠杆收购等手段对目标公司进行突然袭击，以达到接管的目的。

### 三 公司控制权市场的主流理论

公司控制权市场理论试图解释公司控制权市场存在的价值及相关活动的合理性。沈艺峰（2000）曾总结了公司控制权市场主流理论的三个最具代表性的观点[①]，也说明公司控制权市场确实是一种重要的治理机制。主流的公司控制权市场理论主要有：

1. 曼尼（Manne）及后人的惩戒论。曼尼（Manne）以及后来的詹森

---

① 沈艺峰（2000）总结：公司控制权市场的主流理论共有三个代表性观点，一是在由公司各种内外部控制机制构成的控制权市场上，无论是公司内部控制机制还是外部控制机制中的代理权竞争机制都不能起到应有的作用，只有收购才是其中最有效的控制机制；二是外来者对公司的收购非但不会损害公司股东的利益，实际上还会给收购双方的股东带来巨大的财富；三是从长期来看，任何干预和限制敌意收购的主张都可能会削弱公司作为一种企业组织的形式，从而导致人类福利的降低。

和洛伯克（Jensen and Ruback，1983）、多德（Dodd）、詹森和麦科林
（Easterbrook and Fischel，1991）等一大批经济学家和法学家都认为公司
控制权市场的最主要作用是对于不称职的管理者的惩戒，是股东的最后
"上诉法院"（Court of Last Resort）。詹森和麦科林（Jensen and Meckling，
1976）从代理理论角度解释了惩戒作用的理论基础，并在此基础上产生
了80年代的财务契约论、自由现金流量假说和公司治理结构论。伊斯特
布鲁和费希尔（Easterbrook and Fischel，1991）还进一步发展了惩戒理
论，认为如果说公司是一种合同，则接管即是控制合同成本（指监督和
更换管理层的成本）的机制。在市场已经准确反映出目标公司资产在现
任管理者管辖下运行效率低下的情况下，发盘者以溢价提出接管即表示其
有信心通过重组目标公司的资产结构和管理层来达到提高效益的目的，一
旦此目的实现，则发盘者赢得差价收益、目标公司股东获得溢价、无能力
或违反忠实及谨慎义务的管理层受到替换和惩戒，整个社会的效益由此提
升。同时他们还认为，企业兼并均能使生产经营规模化、信息得到更有效
的运用、产生协同效益和调整懈怠的管理层，虽然善意兼并比敌意收购成
本更低，并且同样可以享受有利的税收政策，但如果管理层有意回避善意
兼并的商业机会，敌意收购则会接踵而来，而后者的固有特征使之可以不
问管理层的态度。即使对从未成为收购目标的公司而言，其股东也会从接
管市场中受惠，因为潜在的袭击者及接管威胁会使公司管理层不得不努力
改善经营绩效，从而促使公司股价提高。

2. 安素夫（Ansoff）的协同效应论。战略管理学者安素夫（Ansoff，
1965）最早将协同效应引入并购研究，认为协同可能存在于企业的运营、
投资或管理活动中，敌意收购的出现可能与目标公司管理层的低绩效无
关，发盘者所支付的溢价是其与目标公司在管理、经营、财务等诸方面实
现协同的收益。换言之，目标公司拥有的某种有形或无形的资产可能对发
盘者有独一无二的价值，当发盘者和目标公司的资产实现整合后，所产生
的价值会远远大于资产分离时的价值，甚至超过溢价。

3. 雷朋斯坦（Leibenstein）的X—低效率理论。雷朋斯坦（Leiben-
stein，1966）对企业内资源配置的低效率进行了研究，提出了所谓的
"X—低效率"的概念。他指出：免受竞争压力的保护，不仅会产生市场
层面的资源配置低效率，而且还会产生企业层面的X—低效率，即免受竞
争压力的企业存在着明显超额的单位生产成本。Leibenstein通过大量研究

发现，企业内部资源配置的 X—低效率，在很大程度上归因于企业内部人的因素，即人的有限理性、人对客观环境的反应、人的努力程度等等，而企业家又处于企业协调运转机制的顶端，他们的行为将最大限度地影响到资源配置效率。因此，在降低 X—低效率方面，企业家的能动性发挥着极其重要的作用。既然如此，Leibenstein 就提出了降低企业内部 X—低效率的两个途径：一是建立人才流动机制，让拥有专门才能的人来指挥企业资源的配置；二是建立一种激励约束机制，对已获得资源配置权的管理者的行为进行影响，使他们形成一种动力或压力来减轻 X—低效率。而公司控制权市场的存在不但为 X—低效率比较严重的企业管理层提供了一种激励动力（由于接管威胁），而且，对 X—低率效企业管理者提供了最后的更替手段。

4. 詹森（Jensen）的自由现金流量假说。詹森（Jensen, 1986）为了说明当公司拥有大量现金流时出现的管理层与股东的冲突及其所带来的代理成本问题，引入了"自由现金流量"（Free Cash Flow, FCF）这一概念，他把 FCF 定义为：企业现金中超过用相关资本成本进行折现后的所有项目所需资金之后的那部分现金流量。詹森认为，如果企业是有效率的，并且希望价值最大化，则这部分现金流量就应该派发给股东。FCF 的派发，将有助于减少管理层控制之下的资源规模，由此减少代理成本。而当企业再次需要资金时，管理层不得不通过资本市场来融资，从而使其在更大程度上受制于资本市场的监督和约束。但现实中管理层为了个人私利，往往不把 FCF 派发给股东，宁愿将其投资于低收益的项目，在公司内部控制系统不能有效地解决这一问题时，就有可能引发对公司的收购（出售）。从这一角度出发，詹森大胆地将杠杆收购（LBO）作为公司治理的重要创新。

5. 威廉姆森（Williamson）的公司治理结构论。威廉姆森（Williamson, 1988）提出了公司治理结构学说，他认为，最好把债券与股票看成是不同的治理结构：债券是根据条约设计出来的治理结构，称为"条约治理"（Rule – based Governance），而股票则是允许有一定处置权的治理，称为"随意处置治理"（Discretionary Governance）。同时，威廉姆森还总结了负债的各种作用，其中包括 Grossman 和 Hart（1982）、Jensen（1986）的控制作用，并支持了詹森关于"将杠杆收购作为约束管理层随意处置权的工具"的观点，只不过威廉姆森是"从资产角度而不是从现

金流角度来考虑问题，两者实际上并不矛盾"。总之，公司治理结构学说
将公司控制权市场看作改善公司治理结构的外部控制力量，但内部治理和
外部治理究竟孰优孰劣，又恰恰是许多金融经济学家困惑和争论的焦点。

6. 鲍尔·佩里坎（Parel Pelikan）的进化论。鲍尔·佩里坎（Parel
Pelikan，1989）在《进化、经济竞争与公司控制权市场》一文中，将 Al-
chian 对产品市场的进化论分析扩展到了资本市场，他指出，公司控制权
市场通过创造一个经营者和所有者的双向选择，而将两种关键的经济竞争
力的配置连成了一个封闭的圆，增进了社会动态效率。他认为在职经理、
董事和资本所有者并不总是具有最佳的经济竞争力（Economic Compe-
tence），而公司控制权市场可以消除这种低效率，虽然公司控制权市场同
样也存在失灵的情况，但应借助于规则的制定来进一步促进（而非阻碍）
该市场。因此，尽管公司控制权市场本身的成本可能很高，但其社会价值
在于作为一种进化工具，提高了其他资源配置的经济竞争力。

7. 洛（Roe）的政治理论。马克·J. 洛（Mark J. Roe）在其《强管
理者弱所有者》（2000）一书中开创性地提出了接管的政治理论，为公司
控制权市场的研究开阔了视野。洛认为，美国的民主影响了美国的金融，
美国的金融又影响了美国的公司结构，美国的公司结构造成了目前以外部
治理为主的治理模式。正是因为美国人对独裁的深深厌恶而故意削弱和拆
散机构组织，才最终导致了分散的所有权结构的形成，促使了管理层的强
大，培育了活跃的公司控制权市场。可见，洛在此实际上是分析了文化因
素在公司控制权市场形成过程中的作用。

8. 洛瓦德·英斯特乔（Norvald Instefjord）的代理范例模型。洛瓦
德·英斯特乔（Norvald Instefjord，2001）在《公司控制权市场与代理范
例》一文中，建立了一个用以分析在代理范例驱使下的接管行为特征的
模型。他认为，共有两种范例可以解释接管行为：一是"公司重组范例"
（Corporate Restrucuring Paradigm），即将公司控制权市场看作公司重组或
产生协同效应的机制；二是"代理范例"（Agency Paradigm），即由代理
冲突所引起的接管行为，包括"约束效应"和"自大效应"。而已有的模
型，如格罗斯曼和哈特（Grossman and Hart，1980）、斯卡佛斯坦
（Scharfstein，1988）模型的缺点，均是按照公司重组会产生绝对正向价值
这一假设来讨论的，一旦这一假设不成立，那么接管可以创造价值的假设
也就不能成立。因此，英斯特乔使用了一个新的模型，并假设公司重组是

没有价值的，从而将公司控制权转移定义为一种在公司重组存在价值的假设之外独立发生的接管行为，进而得出了接管在没有公司重组收益的情况下也能够给股东带来价值的结论。即公司控制权市场总体上对公司管理者存在着"约束效应"（接管威胁）。

## 第二节　银行的公司控制权市场治理机制

公司控制权市场日益成为一种重要的公司治理机制，特别是在美国和英国，敌意接管非常频繁。普劳斯（Prowse，1995）指出，在美国几乎10% 位列 1980 年财富 500 强的公司曾经在敌意或开始属于敌意的交易中被收购。弗兰克斯和迈耶（Franks and Mayer，1992）指出，在英国 20 世纪 80 年代中期的两年时间里发生了 35 起成功的敌意接管。许多学者都认为控制权市场的收购可以提高目标公司的价值。詹森（Jensen，1993）估计，美国 1976～1990 年目标公司的股票市场价值总共增加了 7500 亿美元。相比之下，似乎收购公司增值为零甚至可能是负数。虽然关于总价值（目标公司价值和收购公司价值之和）增加是由兼并收购引起的还是对以前股票市场价值被低估的反映存在争议，但股票市场数据表明其总价值确实大大增加了。施勒弗和萨默斯（Shleifer and Summers，1988）指出，另一种可能是收购带来的收益来源于收购打破了目标公司与工人和供应商之间的隐含契约。一些学者利用会计数据发现目标公司价值确实增加了，说明收购提高了公司运作效率。目前，随着资本市场的发育和完善，公司控制权市场治理机制日益被广泛采用。

国际上，目前银行主要有三种方式影响控制权市场：为杠杆收购提供融资、为促成其他机构投资者收购提供信息服务，以及自己作为机构投资者接管公司。在我国，由于商业银行对杠杆收购直接融资少，又禁止银行直接持有非金融公司的股票，因此商业银行对上市公司的市场治理只能通过作为债权人发挥信息生产功能来实现。银行利用其贷款人的特殊地位，将得到借款人的私人信息传递给第三方——收购方，那么银行对收购兼并的影响力度就非常大，达到直接威胁公司现有不称职的管理者，实现公司治理的目的。具体地，在公司控制权市场中，银行可以通过融资和信息传递引导其他投资者收购公司，从而影响整个收购兼并的方向和进程；银行还可作为机构投资者直接接管公司，实现其治理目的。作用机制见图6－1。其中，治理主体是银行和机构投资者，治理客体是劣绩公司，并且此处的劣绩公司是银行的债务人。当公司业绩不良并陷入财务困境时，银行可以通过三种方式实现对劣绩公司的治理：一是银行可以通过向机构投资者进行融资，引导机构投资者收购兼并劣绩公司，对之进行改组，即公司治理过程，改善其经营状况，保证银行贷款的安全回收同时收回对机构投资者的融资；二是银行可以将劣绩公司的信息透露给机构投资者或潜在收购者，即为之提供信息咨询，帮助其收购兼并劣绩公司，对之改组并提升其价值，保证贷款的回收；三是银行可以直接接管劣绩公司，派驻管理人员进驻公司董事会，即直接参与公司治理过程，最后保证其贷款的安全回收。

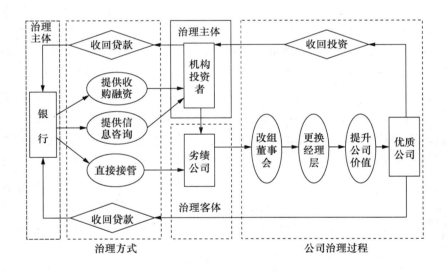

**图 6－1 银行在控制权市场中的公司治理机制**

资料来源：邓莉：《商业银行在上市企业公司治理中的作用研究》，博士学位论文，重庆大学，2007 年，第 87 页。

## 一 银行的机构投资者治理机制

德国和日本，商业银行不仅是公司的债权人，还是公司的股东。在公司经营不善时，特别是日本银行可以对公司直接接管，实施对公司的控制，这也称为主银行接管。如果企业财务恶化继续发展或陷入破产状态，主银行就会接管公司，通过公司治理机制如股东大会和董事会对公司进行重组。常见的具体措施有：注入紧急援助资金，为企业恢复正常的经营活动创造条件；派遣银行高级雇员替代或充实公司经营者队伍；对企业资产进行重组；重组企业内部组织系统；实施裁减人员、降低成本等一系列措施；调整企业金融结构，包括债务水平、融资方式、股权结构；安排与相关的企业进行合并。这种现象在日本非常普遍[①]，这种主银行接管的间接结果是它替代了英美模式中的接管市场机制，对公司发挥了重要的控制功能。主银行对企业的干预，类似于美国的公司重组：原有的经营者被免职，委派新的管理人员，注入新的资金、重组债务、改变股权结构等。可见，银行作为机构投资者直接介入公司的收购兼并活动，对企业的公司治理发挥了重要作用。

## 二　银行融资与 LBO 治理机制

银行通过对机构投资者等提供融资支持，特别是 LBO 的治理机制实现对上市企业的公司治理。杠杆收购（Leveraged Buyout，LBO）是指收购公司主要通过举债来获得另一个公司的产权，使得该公司的新的资产结构主要成为债务，其后又通过目标公司所产生的现金流量来偿还债务的购并方式。简单来说，就是通过增加公司的财务杠杆来完成购并交易。杠杆收购的融资结构，通常是由商业银行提供贷款，约占收购资金的 60%。收购者一般以尚未到手的目标公司的资产为抵押物，向银行提出贷款申请，银行在对收购者和目标公司的财务状况及现金流等分析、评估后决定是否提供贷款，银行对企业资产有最优先级求偿权，偿还债务的期限是5—7 年。这一方式通常以目标公司资产或其存续公司未来经营过程中的现金流入为信贷资金担保，收购方要获得银行信贷资金支持，一方面需要对收购计划及收购完成后对公司的重组提出一套完整翔实的方案，以获得银行的肯定；另一方面也有赖于政府的政策扶持。

银行在杠杆收购中扮演了重要角色，杠杆收购也是银行对公司产生影响的重要途径。杠杆收购融资，促成企业兼并、改组，迅速淘汰经营不良、效益低下的企业。由于有拟收购企业的资产和将来的收益能力做抵押，因而其贷款的安全性有一定的保障，加之由于有企业经营管理者参股，因而可以充分调动经营管理者的积极性，提高投资者的收益能力。

① 李向阳：《企业信誉、企业行为与市场机制——日本企业制度模式研究》，经济科学出版社 1999 年版，第 144—147 页，有大量的日本银行对困境企业的支持和接管。

### 三 银行的信息传递治理机制

银行还可以通过其信息传递功能，在控制权市场发挥对上市公司的公司治理作用。在公司收购兼并中，因为银行与借款者的关系紧密，加上贷款人的特殊地位，银行比其他投资者能得到借款人更多的私人信息，银行可利用这些信息来控制公司，如把这些信息传递给第三方——收购方，那么银行对收购兼并的影响力度就非常大，同时达到直接威胁公司现有不称职的管理者，实现公司治理的目的。

一般而言，银行可以获得并购咨询费，同时还通过寻求优质借款人，减少银行事前的劣质借款人的违约风险。目标公司如果经营业绩差，管理水平低，银行债务的风险高，银行有动力通过寻求优质借款人，促成收购者取代与之的贷款关系。银行通过贷款传递信息，影响公司兼并收购等行为，实现对公司的治理，主要有以下因素及实现途径。

1. 银行贷款强度是银行影响公司治理的重要变量

图 6-2 显示的是银行传递公司信息的一般途径。目标公司的银行会把它较差的经营业绩以及低下的管理透露给其他潜在的收购者。如果一家公司的贷款主要来自一家银行，即贷款的集中度很高，那么在经营不善时，银行由于考虑其贷款的风险，有转移债务的动机，所以会主动把信息传递给其他潜在的收购者。因此，目标公司的贷款强度越高，银行的风险就越高，其利益动机驱使，会努力促成优质公司兼并劣质公司，劣绩公司成为收购目标的可能性就越大，而且收购的成功率也越高。

2. 银行关系网络是影响公司兼并收购成功率的重要因素之一

关于银行信息生产功能与信息传递途径有很大的关系。一般而言，银行与企业间的信息生产主要产生于对企业的资信调查，财务跟踪以及贷款履约等途径获得。而这些信息的传递对收购兼并更为重要，传递的途径可从图 6-2—6-4 所示的银行与企业的关系来考察。图 6-3 显示了目标公司的贷款银行有很多客户时，银行可以很便利地把目标公司的信息传递给与之有贷款关系的多个潜在收购者，这时发生收购兼并的可能性会增加。图 6-4 是目标公司有多个贷款银行，由于各个银行都会有很多客户，加上银行间也会有交流，事实上这时目标公司被暴露在众多的潜在收购者中，其被收购兼并的可能性很大。

**图 6 - 2　公司与潜在收购者的信息传递**

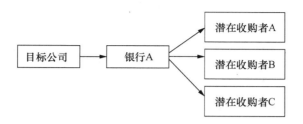

**图 6 - 3　目标公司的贷款银行可能有多个潜在收购者的信息传递**

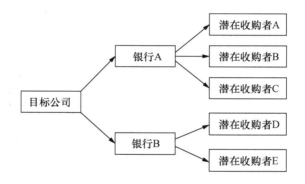

**图 6 - 4　目标公司面临多个贷款银行的多个潜在收购者的信息传递**

# 第三节　商业银行在并购中的角色定位分析

投资银行在并购中主要有两类角色：一是中介服务者；二是企业买卖者。中介服务者为收购方、出售方和标的企业提供策划顾问和融资服务。投资银行作为企业买卖者时，即先买进企业然后又将企业卖出。这两类角色都围绕收购企业和出售企业的工作而展开。而我国商业银行开展投资银行业务不能涉及股权买卖，因此只能在并购中扮演中介服务者角色，即提供中介顾问和融资服务。

**一　中介顾问角色**

商业银行作为中介顾问机构，有学者总结了因其服务对象在并购中所处的地位不同（或买方或卖方或目标企业）而需要提供不同的角色内容。

1. 银行作为买方顾问时的角色内容

商业银行作为买方顾问时，旨在帮助客户（买方企业）实现以最优的交易结构和并购方式，用最低的成本购得最合适的目标企业，从而获得最大商业利益。具体包括：（1）为收购方策划其经营战略和发展规划，帮助收购方明确收购目的，拟定收购标准；接下来帮助收购方搜寻、调查和审计目标企业，分析并购目标企业的可行性，如评估并购对买方的影响，看是否存在财务及经营上的协同作用，以及并购后实体的财务需求等。（2）设计并购方式和交易结构，并组织和安排谈判，以及帮助制定谈判的策略技巧、拟定明确的收购建议。（3）收购协议的拟定。协议设计时要注重保障买方权益，以毁约费、期权或换股交易协议等锁定对方，以保障议定的交易得以完成。帮助确定公平和合理的收购价格等。（4）帮助做好促成收购的外围保障工作，如游说目标企业所有者及目标企业管理层、职工接受买方收购；做好公关活动和舆论宣传，争取有关当局和社会公众的支持；调查、防范和粉碎目标企业的反并购措施和行动等。（5）策划并购融资方案，承销发行并购融资证券或提供收购资金。（6）在善意并购情况下与律师一起拟定合约条款，协助买卖双方签订并购合约，办理产权转移手续；在公开股市上收购上市公司的情况下，帮助买方分析市场情势，策划并收购二级市场操作方案，与交易所、管理层及各有关当事人进行沟通和协调，发出收购要约，完成标购。（7）帮助完成收购后的整合接管工作。改组目标企业董事会和经理层、实现买方对目标企业的真正控制和接管。对就接管后的企业整组、一体化和经营发展等问题提出咨询意见，帮助买方最终实现并购目标。其中，包括接管后帮助买方清理资产与负债、控制财务支出、安排财务，确定临时性财务困难的应急措施，避免可能出现的财务危机。

2. 银行作为卖方顾问时的角色内容

作为卖方顾问时，商业银行的工作宗旨是帮助卖方以最优的条件（含价格及其他条件）将标的企业卖给最合适的买主。具体包括：（1）帮助策划出售方案。如帮助卖方明确销售目的，分析潜在买主的范围，寻找最合适的买方企业，以及具体地策划出售方案和销售策略。

（2）制定招标文件，组织招标或谈判，争取最高售价。一方面评估标的企业，制定合理售价，拟定销售底价，向卖方企业董事会提出关于售价的公平意见；另一方面积极推销标的企业，游说潜在买方接受卖方企业的出售条件；帮助编制合适的销售文件，包括公司说明备忘录和并购协议等。（3）帮助并购协议最终完成。首先做好有关方面的公关和说服工作，与有关各方签署保密协议，还要进一步监督协议的执行直至交易完成。

3. 敌意收购下银行作为卖方顾问的角色定位

在敌意并购中，商业银行作为目标企业及其控股股东顾问的工作宗旨是：帮助目标企业及其控股股东以尽可能小的代价实现反并购成功，或者说服目标企业及其控股股东放弃反收购。具体内容有：（1）帮助发现潜在的收购方或袭击者，调查、分析和估测收购方的行动目的和方案，监视其行动过程。（2）策划反收购活动。评估敌方企业的收购条件是否公平、抨击其不合理之处，争取有关当局、股东、职工、社会公众支持反并购；并帮助企业拟定和评价反并购策略，提供最有效的反并购措施。（3）策划反并购融资，以及控制目标企业在反并购期间的财务支出，保证反并购活动顺利进行。（4）为目标企业策划和制订"一揽子"防御计划，防止下次再遭袭击。

商业银行的上述角色，并非每一单笔业务所必需，视具体情况而定。譬如在收购企业的经营战略和收购企业为私人企业的情况下，商业银行就无须策划二级市场操作和标购方案，也不存在防范反收购的问题；在买主已经确定的情况下，商业银行无须帮助卖方分析和寻找买方；在目标企业资金充裕的情况下，反并购融资方案的策划也可省略。

**二　融资者角色**

根据并购实践操作的做法，商业银行参与并购融资的方式主要可以分为三种：其一是优先债权融资；其二是次级债权融资；其三是股权投资。这里以 KKR 运作的 LBO 中商业银行融资的情况为例进行说明。

商业银行主要通过优先债权投资参与 LBO。在收购资金中，一般有50%—70%是以被收购公司的资产作为抵押向银行申请贷款的。当然也可以向保险公司和其他风险投资人申请此类贷款，但主要是商业银行。20世纪 70 年代初，科尔伯格在 Bear Steans 公司财务部进行 LBO 交易时，高级债务和流动资金主要来自大的商业银行，由被收购公司的资产担保。次级债务资本主要来源于保险公司，以 LBO 企业的现金流而不是资产价值为抵押，例如，Prudential 是 LBO 交易最大的债务资金提供者。

商业银行也参与 LBO 次级债甚至参与股权投资。20 世纪 70 年代后期，各商业银行传统的公司贷款业务日益恶化，很多非金融公司直接从金融市场上融资，对商业银行贷款依赖明显减少，而消费贷款又受到财务公司的强力竞争。KKR 说动商业银行（如花旗银行）提供 LBO 交易中的次级债务资本和参与 LBO 股权投资。同时，KKR 吸引富有的个人和保险公司加盟 LBO 股权投资基金。1982 年，KKR 的 LBO 股权基金为 3.16 亿美元，其中，商业银行占 30%。1978—1984 年，商业银行在 LBO 交易中的股权投资从 3200 万美元增加到 10 亿美元。

## 第四节　杠杆收购的机理研究

杠杆收购起源于 20 世纪 60 年代中期，在美国的第四次并购浪潮中大行其道，并涌现出了一批专门从事杠杆并购交易的机构和著名人士。其中以杰里·科尔伯格（Jerry Kohleberg）、亨利·克莱维（Kravis）和乔治·罗伯茨（George Roberts）所创立的 KKR 最为著名。杠杆收购虽然是在金融的边缘地带发展起来的，但由于它运用了大量的金融工具和财务杠杆，已逐渐演变为一种强而有力的融资收购技术，同时又成为对资本市场、公司治理与创造产生重大影响的一项金融工程。

科尔伯格设计的杠杆收购模式，把家族企业的大部分股权出售给一个由股权投资者组成的投资团体，家族仍然持有公司部分股权，而投资团体也同意家族继续经营该公司。由于投资团体收购资金来源于举债，即杠杆贷款，企业债务比例较高，经营者承受的压力较大，必须努力改善企业现金流，以便偿还债务。这样，企业业绩一般会在杠杆收购后得到改善。不过在实践中，投资者会在企业业绩改善后，再次出售公司或将公司公众化。

### 一　杠杆收购的概念及分类

#### 1. 杠杆收购的概念

杠杆收购是指收购公司主要通过举债来获得另一个公司的产权，使得该公司的新的资产结构主要成为债务，其后又通过目标公司所产生的现金流量来偿还债务的购并方式。简单来说，就是通过增加公司的财务杠杆来完成购并交易。在杠杆收购的融资结构中，通常是由商业银行提供贷款，占收购资金的50%—70%。收购者一般以尚未到手的目标公司的资产为抵押物，向银行提出贷款申请，银行在对收购者和目标公司的财务状况及现金流等分析、评估后决定是否提供贷款，银行对企业资产有最优先级求偿权，偿还债务的期限是5—7年。这一方式通常以目标公司资产或其存续公司未来经营过程中的现金流入为信贷资金担保，收购方要获得银行信贷资金支持，一方面需要对收购计划及收购完成后对公司的重组提出一套完整翔实的方案，以获得银行的肯定；另一方面也有赖于政府的政策扶持。

杠杆收购与一般收购的区别在于，一般收购中的负债主要由收购方的资金或其他资产偿还，而杠杆收购中引起的负债主要依靠被收购企业以后内部生产的经营效益，和有选择地出售一些原有资产进行偿还，投资者的资金只在其中占很小的部分，通常为10%—20%。

2. 杠杆收购的分类

在杠杆收购中，由于收购主体不同，可分为外部收购和内部员工收购。

外部收购即一般意义上的杠杆收购，其收购主体以外部投资者为主。收购集团投入资金先成立一家（有时为两家）在其完全控制下的"影子公司"，然后采取大量举债融资的方式收购目标公司的全部股权。由于外部收购主体不同又可分为以下几类：一是专业并购公司以及专门从事并购业务的投资基金公司作为收购主体的收购；二是对并购业务有兴趣的机构投资者作为收购主体的收购；三是由私人控制的非上市公司或个人作为收购主体的收购。

内部员工收购是指公司内部员工作为收购主体进行的收购。其中又可分为三种：一是以目标公司管理层作为收购主体的收购，这就是管理层收购（Management Buyout，MBO），由英国经济学家莱特（Mike Wright）于1980年提出，这也是被关注较多的重要杠杆收购方式。管理收购是指目标公司的管理人员通过购买本公司的全部或大部分股份来获得该公司的控制权，管理者或经理层利用借贷资本来购买本公司的股份，从而改变公司所有权结构、控制权结构和资产结构，进而达到重组公司的目的并获得预期收益的一种收购行为。二是收购主体是目标公司的员工时，称为员工收购（Employee Buyout，EBO），其核心内容为员工持股计划（Employee Stock Ownership Plans，ESOP），是指收购主体以内部员工为主，出资收购公司（或部分股权），并委托公司工会的持股会（或中介机构）进行集中管理的一种股票奖励计划。ESOP 是一项基于使员工有机会获得自己所在公司股权的计划，它具有使员工获得福利和作为公司融资手段的双重性质。由于 ESOP 具有税收优惠的好处，因而越来越多地运用于杠杆收购、所有权转让、公司重组、股票回购等活动中，甚至还作为一种预防敌意收购或破产清算的手段。同时，ESOP 能够使员工有机会分享到公司的经营利润，因此被看作能够改善员工与管理层之间的关系，促进公司提高运作效率的有效手段。三是管理层与员工共同收购（Employee and Management Buyout，EMBO）。

## 二　杠杆收购的特点

杠杆收购是公司收购中的一种特殊形式，所以，它除了具有一般企业收购的特点以外，还具有一些与一般公司并购不同的特点，主要表现在以下几个方面：

### 1. 高负债

一般并购所需的资金大部分来源于并购方的自我积累，少部分来源于目标企业的积累。而在杠杆收购中，收购的资金主要来自市场融资，尤其是以目标公司资产为抵押或担保而获得的银行贷款和各种信用等级的债券，而不是收购方的自有资金。收购者自有资金在总收购价款中所占比例很小，通常在 10% 左右，其余大部分通过从银行和其他金融机构贷款和发行垃圾债券来筹措。在收购资金中，一般有 50%—70% 是以被收购公司的资产作为抵押向银行申请贷款的。这部分债务资金可以由数家商业银行组成银团来提供，也可以由保险公司或专门从事风险资本投资的有限责任合伙企业来提供。这类有担保的债务被称为优先债务。收购所需要的其他资金，可以以各种级别的次级债务形式，通过私募（如对保险公司、养老基金、风险资本投资企业来出售）或公开发行高收益率债券来筹措。这些次级债务由于处于银行优先债务和投资者股权之间而被称为夹层债务，占 20%—30%。

### 2. 高风险

由于杠杆收购的资金主要来源于借贷资金，而且是以目标企业的资产为抵押或以其经营收入来偿还的，如果收购失败或者收购完成后不能取得较大的现金流入，高负债所产生的利息将给企业带来极大的负担甚至破产。加之负债比率过高，并且贷款和债券的利率较高，因此，并购后的公司会面临沉重的偿债压力，股东则要承担极高的财务风险。一旦预测有误或发生意外，导致目标企业的资产出售不顺、营运不力或利率升高等，收购企业自身也可能会陷入无力偿债而破产的险境。

3. 高收益性

高收益主要来自于两个方面，一是财务杠杆效应，二是税收优惠所得的避税收益。第一，高财务杠杆相应会带来巨大杠杆利益。LBO 一旦成功，收购者以及提供贷款的机构和个人都将得到高额的回报。该方式下股东权益报酬率远高于普通资本结构下的股东权益报酬率。杠杆收购通过财务杠杆来完成并购交易，这样，在资本资产不变的情况下，当税前利润增加时，每一元利润所负担的固定利息（优先股息、利息费用等）都会相应减少，这样就给普通股股东带来了额外的收益，即财务杠杆收益。当然这要求企业的资产收益率大于成本固定资金的资金成本，提高成本固定的资金的比例才会提高普通股本收益率；反之，则会降低普通股股本收益率。例如，1965 年，杠杆收购的创始人 Kohlberg 首次实现了杠杆收购设计方案。他组织了一个投资团体出价 950 万美元购买了 Stern Metals 公司大部分股权，实际出资只有 50 万美元，其余通过借债。该公司创办人已72 岁，家族仍然持有公司少部分股份并继续经营。该家族经营非常成功，采取 LBO 收购 4 年后，投资者从公司收到的现金不仅还清了贷款而且向公众出售其 50 万美元初始投资，共收回 400 万美元。再如，1972 年，KKR 以每股 2.8 美元的价格收购一家公司一个制造地铁开关门装置的部门，整改 6 年，1978 年以每股 33 美元的价格卖出，获利 12 倍之多。第二，杠杆收购可以取得多种税收上的优惠。对于收购方来说，杠杆收购可以成为规避税赋的一种手段。杠杆收购将产生大量债务，资本利息支出可以在税前扣除，这相当于间接地享受了政府的财政补贴。对于目标公司而言，在被收购前如果发生亏损，亏损额可以递延冲抵杠杆收购后实现的盈利，从而减少应纳税所得额的基数。

4. 高投机性

许多 LBO 收购者并非出于自身发展需要，而是为了谋取目标企业的买卖价差。他们关心的只是如何偿还债务，而不是如何增强企业长期竞争能力。所以，不少公司在短短的数年之间多次易手，这些公司在收购者的眼中只不过是待价而沽的商品，往往谈不上增强公司的竞争力和长远计划，基本是一种投机行为。

### 三　杠杆收购的融资结构

王一（2000）把杠杆收购的融资结构总结为类似一个倒金字塔（见表6-2）。

表6-2　　　　　　　　　　　　杠杆收购的融资结构

| 层次 | 占比（%） | 债权人/投资者 | 贷款/证券 |
|---|---|---|---|
| 优先债 | 60 | 商业银行<br>以资产作抵押的债权人<br>保险公司<br>被收购公司 | 周转信贷额度（无担保）<br>周转信贷额度（以应收账款和存货作担保）<br>固定资产贷款（以机器、设备、不动产作担保）<br>优先票据（无担保） |
| 夹层债 | 30 | 保险公司<br>退休基金组织<br>风险资本企业<br>被收购公司 | 公司债券<br>可转换债券<br>认股权证<br>高风险高收益债券 |
| 权益 | 10 | 保险公司<br>风险资本企业<br>被收购企业<br>私人投资者<br>公司经理人员 | 优先股<br>普通股 |

资料来源：王一：《企业并购》，上海财经大学出版社2000年版。

塔顶是对公司资产有最高求偿权的一级银行贷款，这部分资金约占收购资金的60%[①]；塔的中间是被称为"垃圾债券"（Junk bond）的夹层债券（mezzanine layer），约占收购资金的30%；塔基则是自有资金，约占收购资金的10%。上述资金来源的比例不是固定的，它随着夹层债券市场景气度、经济的繁荣程度、投资者对风险的态度而改变。在美国，0.5亿美元左右的中型杠杆收购中的银行贷款、夹层债券、股权资本比重在

———————————

[①]　有的文献将这一融资结构归纳为：优先债50%—70%；次级债20%—30%；股权10%—20%，这一比例区间概括为杠杆融资提供了一个参考比例，更具有参考价值，因此，后面的融资结构阐述中都采用了这种区间表达方式。

80 年代末分别为 65%、30% 和 5%，而在 90 年代初就调整为 50%、30% 和 20%。这一改变反映了投资者随着信用紧缩而产生的风险意识的提高。

1. 优先债

优先债主要指银行提供的优先级贷款，也称为杠杆贷款，需要以目标企业的资产和将来的收益能力作抵押，而且偿还期限较短，一般不超过 5 年，可以占到收购所需资金的 50%—70%。杠杆贷款取得金额的大小、杠杆贷款办理手续的快慢，是杠杆收购融资能否成功的关键。影响收购企业取得杠杆贷款数额大小的因素主要有两个：一是拟收购企业的经营状况，如企业的财务状况和产品情况等；二是收购企业自身的经济状况，如资产数额、经营状况及信誉等。杠杆贷款融资活动可以由收购企业自己来组织，也可由投资银行出面组织。如果交易金额不大，则一家商业银行就可独立承担全部贷款；如果交易金额较大，一般由多家银行集体参与，组织银团来共同承担贷款风险。有时也有保险公司以及其他债权人甚至被收购企业参与。

2. 次级债

愿意承担风险的垃圾债券的持有人通过购买高息风险债券将投资于杠杆收购活动，其投入资金占总收购额的 20%—30%。它在处于优先债和股权资本之间，次级债券由于没有任何抵押，受偿级别低，风险高于优先债，因此它要求比优先债券更高的投资回报，而且要求获得一部分的股权。这种次级债券（垃圾债券）一般偿还期限较长，典型的收购方案要求在 5 年到 7 年内偿还收购时发生的债务。愿意投资于次级债的主要是保险公司、基金和风险资本，甚至被收购企业。

3. 股权资本

由杠杆收购组织者及公司管理层组成的集团筹措收购的资金，作为收购活动的自有资本，一般占总收购所需资金的 10%—20%。这些组织者主要由保险公司、风险资本企业和私人投资者、管理层等参与。通常融资方在贷出收购资金后，会迫使企业管理人员参与持股，以激发他们的忠诚与干劲，使之尽力维护目标公司的财务健康，从而保护融资方的利益。

## 第五节　商业银行通过杠杆收购途径的公司治理机理研究

图 6 - 1 和表 6 - 1 都表明，商业银行可以通过融资者的角色参与企业并购，而表 6 - 2 则进一步显示了商业银行贷款在西方的杠杆收购中的重要地位，在杠杆融资结构银行贷款最高可达 50% —70% 。可见商业银行完全可以通过杠杆收购的融资途径参与企业的公司治理。而按收购主体又可将杠杆收购分为内部员工收购和外部收购。在此，将分别探讨银行在这两类杠杆收购中的公司治理作用机理。

### 一　商业银行通过外部（杠杆）收购参与公司治理的机理分析

从上述杠杆收购的融资结构可以看出，商业银行提供的优先债是杠杆收购融资的重要组成部分，可见银行在杠杆收购中扮演着重要的融资者角色。另外，商业银行也可以通过并购咨询等业务参与并购中。在此，重点从商业银行参与杠杆收购的融资活动的角度探讨其公司治理机理。

#### 1. 银行通过贷款监督实现对企业的公司治理

学术界大部分都对银行贷款在企业收购过程中所起的作用持肯定态度。Diamond（1984）、Leland 和 Pyle（1977）等的研究发现，由于银行优越的信息优势和评估能力，银行能够很好地起到沟通企业和外部资本市场的桥梁作用。当一个企业准备收购另外一个公司，外界可能会怀疑企业现金流是否丰富，管理层的决策是以股东利益为代价追求自我利益的，比如追求企业规模的最大化，这时投资人对投资可能持观望态度。而如果银行或其他大型机构投资者能为收购提供融资，这一定程度上可以克服外界资本市场与企业之间的信息不对称问题，从而，企业可能获得在资本市场上普通投资者的支持。这其中银行在企业的并购融资中起了监督和筛选两个作用。因为银行能够对贷款企业进行监督，因此其投资行为又向市场传递了关于企业的投资信号，银行愿意为其投资也是基于其拥有的信息优势而选择的结果。Bharadwa 和 Shivdasani（2003）研究了 115 个以现金方式收购企业的案例，其中，银行支持了 70% 的收购行为；而且有一半以上的案例，其收购资金由银行 100% 支持。他们的研究发现，在宣布银行支持并购活动后，企业股票在 4 天内明显上涨 4% ，而由其他如垃圾债券等松散约束的融资方式支持的并购导致目标企业价格明显下降。

　　也有一些学者认为银行融资对并购活动存在负面影响。Rajian（1992）指出银行的信息优势可能对股东有害，他认为银行的信息垄断使银行单方面获益。Weinstein 等（1998）对日本的银行进行了研究，他们发现与银行关系越密切的企业融资成本越高，支持了 Rajian 的观点。Kracaw 和 Zenner（1998）发现如果银行的成员在企业的董事会中占据席位，在公布企业的银行贷款计划后，股票价格有明显的回落。这些观点的理论基础是，认为银行与股东存在利益不一致，甚至是相冲突的，如银行可能会更支持能分散企业主营业务的并购行为，期望达到分散风险、保证稳定现金流的作用，银行在并购中支持得更多的是有稳定现金流而不是一定要赢利的项目。但股东则可能愿意承担更高风险而获得高利润的项目。

　　无论银行在并购中的作用是正面还是负面的，银行贷款通过贷款融资活动，参与到杠杆收购活动中，无论是对企业的股价，还是对企业整合及战略选择都会产生实质性的影响，说明银行是实质性地参与了企业的公司治理。综合起来，治理路径有：第一，融资监督和信息传递，影响企业的重大战略投资选择。第二，银行可以在董事会中占据席位，直接参与企业的公司治理。

　　2. 银行通过股权投资参与企业的公司治理

　　虽然银行在杠杆收购中通过股权投资的比例很少，但确实存在。资料显示，商业银行在 1982 年的 KKR 的 LBO 股权基金总额中占 30%。商业银行在 LBO 交易中的股权投资也增长迅速，从 1978 年的 3200 万美元增加到 1984 年的 10 亿美元。商业银行在企业股权投资中占比很少，但如果加上它们又是大债权人的情况，其对企业公司治理的影响是非常大的，甚至是派出人员进驻董事会，所以这种直接参与公司治理的行为也是常见的。Kroszner 和 Strahan（2001）研究发现，美国有三分之一的大公司在董事会中有银行家（Banker or Bank Executive），美国银行依据银行高级管理人员的专业知识，选择相关产业的贷款企业并派驻董事，并通过信息收集和广泛监督而不是最初的贷款来治理公司。可见，银行参与杠杆收购的企业可能也在它的产业选择范围内，可能会通过参与董事会来积极参与企业的公司治理。

　　**二　商业银行在管理层收购（MBO）中的公司治理作用机理**

　　在杠杆收购的内部员工收购中，备受瞩目的是管理层收购，即 MBO，在此专门就商业银行在 MBO 中公司治理机理独立一节进行研究。由于

MBO 在激发企业管理人员的积极性，降低代理成本，改善公司治理和促进企业整合等方面起到了积极的作用。因而它成为 20 世纪七八十年代流行于美国的一种企业收购方式。MBO 也曾是英国顺利实现国营企业民营化的重要资本运作方式。同时，它也是日本重振产业的关键因素。本节首先介绍 MBO 的特点，在此基础上再探讨商业银行在其中的公司治理机理。

1. 管理层收购的特点

MBO 最先来自英、美等国家，在此以总结他们操作 MBO 的做法来反映其特点。对其特点的总结，不同学者给出了不同的提法，但主要限于收购主体及其收购融资方式、目标公司和收购结果四个方面。

（1）MBO 的收购主体主要是目标公司内部的经理和管理人员。他们通常会设立一家新的公司，并以该新公司的名义来收购目标公司。通过 MBO，他们的身份由单一的经营者角色变为所有者与经营者合一的双重身份，即企业在实施 MBO 之后由两权分离的现代企业制度可能转变为两权合一的企业。

（2）MBO 主要是通过借贷融资来完成的。MBO 的财务结构由优先债、次级债与股权三者构成。这样，通过管理层收购方式进行重组以后的公司往往具有较高的资产负债率，因此目标公司的管理者要有较强的组织运作资本的能力，当然也需要中介机构、财务顾问等进行指导。融资方案必须满足贷款者的要求，也必须为权益持有人带来预期的价值。如美国法律允许 MBO 将目标公司的资产作抵押进行融资。在美国的 MBO 实践中，以目标公司资产作抵押进行融资往往占 MBO 所需资金总量的一半以上（威斯通等，1998）。

（3）MBO 的目标公司往往是具有较大资产潜力或存在“潜在的效率提升空间”的企业，以及拥有稳定现金流的成熟行业。MBO 的目标公司一般都具有良好的经济效益或者经营潜力，存在潜在的管理效率空间。通过收购主体对目标公司股权、控制权、资产结构以及业务的重组，达到节约代理成本、获得巨大的现金流入并给投资者超过正常收益回报的目的。关于行业选择，是因为管理层需要收购企业的现金流来偿还负债，所以成熟行业有利于 MBO 的顺利实施。

（4）MBO 完成后，目标公司可能由一个上市公司变为一个非上市公司。一般来说，这类公司在经营了一段时间以后，又会寻求成为一个新的公众公司并且上市套现。另外一种情况，当目标公司为非上市公司时，

MBO 完成后，管理者往往会对该公司进行重组整合，待取得一定的经营绩效后，再寻求上市，使 MBO 的投资者获得超常的回报。

从上面归纳的 MBO 特点可以看出，MBO 特点最核心的就是收购主体和收购融资方式，收购主体是内部管理者，收购融资主要通过杠杆融资特别是高比例的银行贷款，可以说银行贷款对 MBO 的成败将产生决定性的影响。

2. 商业银行在 MBO 中的公司治理机制研究

上述 MBO 的特点表明，银行债务在 MBO 融资中的地位突出，银行债务的公司治理机理在此将阐述如下。

（1）银行间接地通过控制权激励来激励管理者

赵慧、杜新建（2004）根据国外以往实施的 MBO 案例后，指出 MBO 目标公司的类型可分为三种：①管理体系不良、代理成本较高的企业，委托人对企业经营无能为力，资产所有者愿意将资产转让；②企业发展处于停滞状态，委托人发现不了企业的增长潜力，并且希望寻求获利更高的投资途径，从而需要变现资产；③公司的发展处于正常状态，但管理层出价高于委托人对企业价值的评估。在这三类 MBO 中，银行融资支持促成并购成功后，管理层即变成了所有者，一定程度上是促成了对管理层的控制权激励，降低了代理成本，确立了企业家精神，进而改善企业的公司治理，促进企业提高经营效率，提升了企业价值。

（2）银行通过 MBO 中的银行债务直接激励约束管理者

管理层收购将导致企业负债的增加，负债增加对企业管理而言是一把"双刃剑"。一方面，管理者借助有限责任制度，通过借款投资于高风险项目，以此有机会获得高收益，以小博大。但由于债权人的理性预期，这些高风险项目的投资成本已被银行预料到，银行将这些风险成本加进利率或其他贷款条款中又转移给企业自身（Jensen and Meckling，1976），这就是债务的代理成本。另一方面，Jensen（1989）认为，一个具有一定现金流的企业的管理者往往会安于现状，甚至"挥霍"企业的现金，用于增加支出，投资于低收益项目，或单纯地追求企业经营规模扩大，导致规模不经济。而如果企业具有相当数额的债务，管理者会担心企业因为债务危机而破产，失去自己的职位，于是努力提高公司盈利水平，进而提升公司价值。Hart 和 Moore（1995）认为公司中的长期债权可以阻止经营者进行利己的非营利投资。而 MBO 后由债务产生的对经理层的激励约束作用将会体现出来。而商业银行往往是 MBO 的主要债权人，因此商业银行通过对 MBO 的债务融资，将有力地激励约束经营者，来改善公司治理，提升公司价值。

## 第六节　我国商业银行通过并购融资的公司治理机理研究

在我国，商业银行参与并购融资方式主要是贷款，被称为并购贷款。我国的并购贷款是在 2008 年 12 月才得以解禁的，在此之前由于我国商业银行开展投资银行业务时间不长，主要有工商银行、建设银行和中国银行等，它们主要在并购领域只提供财务顾问服务。2008 年 12 月 9 日，银监会出台了《商业银行并购贷款风险管理指引》（以下简称《指引》），允许符合条件的商业银行开办并购贷款业务。自此商业银行通过并购融资参与企业公司治理的又一个通道打开了，至今并购贷款业务在我国已开展 3 年多。为此，本书将探讨商业银行的并购贷款的运行机理及其在企业公司治理中的作用。

### 一　并购贷款概述

并购贷款这一融资工具，将信贷资金合理引入并购市场。一方面，为企业提供良好的信贷支持，企业可更加快捷、有效地扩大产品和市场，加强研发力量，占有核心技术，收购"瓶颈"资源，提高规模经济效应和协同价值，实现从粗放型增长向集约型增长转变。另一方面，也拓宽了商业银行的业务领域，促进银行业务收入的多元化，同时也密切了商业银行与大型企业客户之间长期、稳定的战略合作关系；还可盘活一些不良资产，有利于提高风险管理能力。对宏观经济而言，并购贷款加速了结构调整与产业整合，改善宏观经济增长方式。关于并购贷款，根据《指引》规定，对其概念、特点及操作程序等作如下解读。

#### 1. 并购贷款的概念

根据《商业银行并购贷款风险管理指引》（以下简称《指引》）第一章总则第四条："并购贷款，是指商业银行向并购方或其子公司发放的，用于支付并购交易价款的贷款。"另外，第一章第三条还对并购也作了说明："并购，是指境内并购方企业通过受让现有股权、认购新增股权，或收购资产、承接债务等方式以实现合并或实际控制已设立并持续经营的目标企业的交易行为。"那么，对于收购目标企业部分股份或资产而不能达到实际控制目标企业的股权转让或者其他投资行为的企业，均不能获得商业银行的并购贷款。该条款将使得拟逐步收购目标公司，经过多次收购才能取得目标公司控制权的企业直接被该法规排除在外。上述概念有如下几层含义：

第一，贷款发放主体是商业银行。

第二，并购贷款的借款主体是境内的企业或其子公司。

第三，借款用途必须是为实现合并或实际控制已设立并持续经营的目标企业的目的。

2. 并购贷款的相关条件

（1）对于商业银行的要求

从组织机构上来说，要求从事并购贷款的银行有健全的风险管理和有效的内控机制；有并购贷款尽职调查和风险评估的专业团队。从银行资金的储备上来说，要求从事并购贷款的银行有损失专项准备充足率不低于100%；资本充足率不低于10%；一般准备金余额不低于同期贷款余额的1%；且商业银行全部并购贷款余额占同期本行核心资本净额的比例不超过50%；商业银行对同一借款人的并购贷款余额占同期本行核心资本净额的比例不应超过5%。

（2）对于并购贷款借款人的要求

商业银行在办理并购贷款时，放款的对象只能是境内的并购方或其子公司，可以包括其专门设立的全资或控股子公司，对其他借款主体则不能发放并购贷款。银监会在制定指引时充分考虑到风险的控制要求，对借款主体作出严格的限定，如并购方必须依法合规经营，信用状况良好，没有信贷违约、逃废银行债务等不良记录；并购交易合法合规，涉及国家产业政策、行业准入、反垄断、国有资产转让等事项的，应按适用法律法规和政策要求，取得有关方面的批准和履行相关手续。另外，还要求并购方与目标企业之间具有较高的产业相关度或战略相关性，并购方通过并购能够获得目标企业的研发能力、关键技术与工艺、商标、特许权、供应或分销网络等战略性资源以提高其核心竞争能力。由于并购贷款毕竟是特定时期的产物，银监会对并购贷款的客户制定了严格的监管标准，明确规定商业银行要按照高于其他贷款种类管理强度的总体原则，建立并购贷款的内部管理制度和管理信息系统，有效识别、计量、监测和控制并购贷款风险，要求商业银行将风险管理和控制贯彻在并购贷款的主要业务流程中，包括业务受理的基本条件、尽职调查的组织、借款合同基本条款和关键条款的设计、提款条件、贷后管理、内部控制和内部审计等。

目前，我国由于信用体系未完全建立，银行作为一个对风险控制严格的企业，发放贷款的审慎度极高，因此在中小型企业并购大型企业中能够申请并购贷款的可能性极低，从并购贷款制度公布后，主要的贷款发放对象为国有垄断型企业。

①借款用途的限定

《指引》明确界定商业银行向并购方或其子公司发放的并购贷款只能用于支付并购交易价款的贷款，不得用于其他方面。1996 年中国人民银行制定的《贷款通则》规定，除国家另有规定以外，借款人"不得用贷款从事股本权益性投资"，而所谓股本权益性投资，则涵盖了并购贷款。银监会发布的《商业银行并购贷款风险管理指引》被广泛认为是对现行《贷款通则》的突破，打破了多年商业银行谈"股本权益性投资色变"的传统，具有一定的现实意义。但同时银监会并没有彻底放开，而是规定了贷款必须有明确的用途，银行贷款支持的并购交易首先要合法合规，凡涉及国家产业政策、行业准入、反垄断、国有资产转让等事项的，应按适用法律法规和政策要求，取得有关方面批准，履行相关手续等。同时，按照循序渐进、控制风险的指导思想，银监会鼓励商业银行在现阶段开展并购贷款业务时主要支持战略性的并购，以更好地支持我国企业通过并购提高核心竞争能力，推动行业重组。

②并购贷款的集中度和大额风险暴露的限制

从并购资金来源上来说，要求借款人并购的资金来源中并购贷款所占比例不应高于 50%。从并购贷款担保上来说，要求借款人提供的担保条件高于其他贷款种类，以目标企业股权质押时，商业银行应采用更为审慎的方法评估其股权价值和确定质押率。

③并购方式的限定

《指引》指出境内并购方企业通过受让现有股权、认购新增股权，或收购资产、承接债务等方式以实现合并或实际控制已设立并持续经营的目标企业的交易行为，可见境内并购方企业并购目标企业的方式主要为现有股权、认购新增股权，或收购资产、承接债务四种方式。

④贷款期限的限定

为了控制风险，银监会将并购贷款的期限限定在 5 年以内，明确了对该项贷款的期限管理，其标准和程度高于其他贷款，以便监测、控制贷款风险。

3. 并购贷款的操作流程

并购贷款的发放流程大致包括六个步骤。

第一步，贷款申请受理。当贷款银行（贷方）有意向参与收购方（借方）的并购交易后，通常由借方向贷款机构提交贷款申请报告或企业发展计划。贷款报告要表明企业计划采纳的融资结构，并列示能够带来足够的收益、满足营运资金需求和分期偿付债务的项目，同时还应附有一张资产负债表，列示可做抵押的资产清单。

第二步，尽职调查。当银行受理借方的贷款申请后，银行负责贷款的职员就会想方设法从收购方获得关于该公司尽可能多的信息，这些信息包括股东委托书、信息披露文件、信用评级报告等，还会参观公司的设施，与管理人员交流以及获取资产的内部或外部评估结果。

第三步，风险评估。贷方会对借方可作为贷款担保的资产进行详细的评估。在资产评估阶段，着重审查：（1）应收账款担保常常作为短期融资担保。应收账款的担保能力取决于它的兑现可能性，一般情况下，贷方愿意贷出的资金是应收账款账面价值的75%—80%。（2）存货担保与应收账款相同。存货也具有很好的流动性。正常的情况下，只有原材料和成品才能作为担保。贷方愿意贷出的资金是存货账面价值的50%—80%。（3）设备与房地产担保可以申请期限为1—10年的中长期贷款。贷方通常希望出借设备评估价值的40%—60%，土地评估价值的50%。

第四步，贷款协议谈判。在风险评估结束后，负责管理贷款的银行职员会拟定一份原始意向书交给借方，进入贷款协议谈判阶段。在贷款协议谈判中，银行经常会要求借方对以下事项作出承诺：（1）贷款通常只用于规定用途，只按照债权人规定的经营范围进行经营；（2）没有银行的同意，不得擅自进行兼并或销售其全部或大部分资产；（3）限制资本性支出、租赁支付、借款、进行大规模投资和三方协定投资；（4）没有债权人的许可，禁止债务人所有权或控制权的改变；（5）禁止修改兼并协议、次级债务凭证或其他重要凭证；贷款协议签订前，一般还需要进行如下事项的检测：（1）关于对担保权益完整及优先权方面的要求。特别是在跨国并购中，法律规定的不同往往导致不同的债权人对担保资产具有处置权上的差异。（2）律师意见书。并购本身具有复杂的特性和高风险性，这就需要借贷双方的律师对并购相关的各个事项——包括主体资格、资产与业务、交易结构、担保安排、批准与登记、劳动关系、关联交易、诉讼与合规、对外投资等，进行深入全面的调查和分析。（3）审计师意见书出于风险考虑，审计师越来越不愿就借款人向银行提供的财务报告的可靠性过多发表意见。这样，银行在一开始就需要确定，在审计师出具的报告中，将会写进去哪些内容，而不包括哪些内容。

第五步，签发承付书。贷款谈判完成后，负责贷款的银行职员会准备一份书面的贷款建议并呈交银行的贷款委员会。如果建议通过，银行将准备一份承付书。承付书的基本内容包括贷款金额、定期或周转信贷的比重、定期贷款的期限、分期偿付条款以及利率等基本内容及相关提议。

第六步，签署贷款协议。贷款协议签订前，一般还需要对律师意见书、审计师意见书等进行检测。事项检测完毕后，签订贷款协议，发放并购贷款。

## 二 并购贷款的特点

在并购贷款未出台前，企业进行收购主要的方式是现金收购，但由于资金不足而导致收购中断的事件屡屡发生。另外，在上市公司之间还经常出现换股收购的方式，但是其目的主要是相互持股，而不是为了取得目标公司的控制权。而并购贷款明确规定是为支持企业获得控制权的并购而进行的贷款，贷款后会直接导致借款主体（收购主体）的资产负债率迅速上升，其资产将明显被杠杆效应放大化。借款主体通过收购目标公司，并以收益归还贷款，这类似于美国的 LBO，但又有些不同，可以说是 LBO 的雏形。并购贷款已经不单纯是一种银行的贷款业务，而涉及了更多投资范围内的内涵，可以被视为一种银行相对短期的投资行为。因此，本节将并购贷款、LBO 贷款以及普通贷款进行比较，理解其运作特点。表 6 - 3 从贷款发放主体、借款主体、借款用途、期限、利率等 11 个维度比较了三者各自的特点。

表 6 - 3 　　　　　　　 并购贷款、LBO 贷款和普通贷款的比较

| | 并购贷款 | LBO 贷款 | 普通贷款 |
|---|---|---|---|
| 发放主体 | 符合《指引》中要求的商业银行 | 商业银行，以资产抵押的债权人，保险公司等 | 商业银行 |
| 借款主体 | 并购方企业或其子公司 | 收购方 | 借款方 |

续表

| | 并购贷款 | LBO 贷款 | 普通贷款 |
|---|---|---|---|
| 借款用途 | 获得目标公司的控制权 | 获得目标公司产权 | 借款人的日常经营所需，不能用于股权投资 |
| 贷款占并购资金的比例 | 不超过50% | 50%—70%，依信贷风险而定，90年代也有调到50%的情形 | 无 |
| 抵押物 | 以目标公司资产作抵押，也可以目标公司股权质押 | 以目标公司资产和存续公司未来经营过程中的的现金流入为担保 | 以借款人本身的资产或股权作抵押 |
| 期限 | 不超过5年 | 5—7年 | 短期低于1年，长期由借贷双方协商，一般3—5年居多 |
| 利率 | 较高 | 较高 | 较低 |
| 信贷风险 | 较高 | 较高 | 较低 |
| 还款来源 | 被收购企业未来的经营收入，直接来自被并购企业的股权分红 | 被收购企业未来的现金流，或选择性地出售一些资产 | 贷款人的经营收益 |
| 国家政策导向 | 国家产业政策导向或优势企业之间的整合 | 主要评估贷款的信用能力，和并购项目的盈利能力等 | 符合国家产业政策，但重点考察项目的盈利能力 |
| 资产监管要求 | 较高 | 一般 | 一般 |

资料来源：费国平、张云玲：《并购贷款图解2009》，中国经济出版社2009年版。

### 1. 并购贷款与 LBO 贷款的比较

在此我们将杠杆收购中银行提供的优先级债务称为 LBO 贷款。它和我国的并购贷款比较看，二者有很多类似的地方，但我国的并购贷款要求更加严格，而体现了政府的政策取向（详见表6-2）。在此只重点阐述一下二者的重要区别。

首先是贷款发放主体范围不同。我国的并购贷款的发放主体是指符合条件的商业银行；而 LBO 贷款还有其他如保险公司，甚至被并购的企业，以及以企业资产作抵押的债权人。他们发放主体更多。

其次是贷款的限制更严格。LBO 贷款占并购融资的比例一般为50%—70%，但我国并购贷款限制为不超过50%；贷款期限 LBO 贷款为

5—7 年，并购贷款最长不超过 5 年。可见我国的并购贷款更严格更加谨慎。

最后是国家政策导向的作用不同。我国的并购贷款有很强的政策导向倾向，一般并购贷款重点支持符合国家产业政策，项目已经建成，经营效益可观，风险相对较小的交通、能源、基础原材料、经营性基础设施等行业的并购及资产、债务重组；优势企事业单位之间的强强联合，以及其他具有较大发展潜力，较好经济效益的并购和资产，债务重组活动。而LBO 贷款更多的是关注并购活动本身的收益，会考虑整个产业发展但政策的影响没有这么明显。

而从我国《指引》来看，两者都在并购完成后对目标企业有一个有担保的债权，并优于其他债权优先受偿。贷款发放银行（投资银行）都对目标公司未来的盈利能力、现金流持续情况进行详尽的考察。但我国规定并购贷款不能超过并购资金的 50%，也就是说在并购融资结构中占比更低，期限最长为 5 年。

2. 并购贷款与普通贷款的比较

并购贷款和以前商业银行的普通贷款由于其贷款用途不一样，风险更高，准入条件等要求更加严格。二者主要区别比较如下。

贷款用途和贷款利率不同。普通贷款主要满足企业日常经营所需，而并购贷款是用于获得另一个企业的控制权，用于并购。由于并购交易的不确定因素较多，如资本市场出现异常情况或收购方发生意外变故等，可能导致收购方原定的再融资计划不能如期实现，贷款银行承担了一些额外风险，因此，并购贷款较一般借款的利率高。

信贷风险不同而导致准入要求也不同。如果并购贷款用于并购股权，则只能以股权分红来偿还债务，债务偿还是次优的，普通贷款在债务还款顺序上是最优的。因此，对并购贷款而言，收购后目标企业的整合更为重要；如果目标企业不符合并购企业发展战略，不能给并购企业带来更大利益，则这样的并购贷款难以得到批准。可见，并购贷款是复杂程度和风险程度较高的一类新的贷款品种，与传统贷款业务相比，其风险评估方法和风险控制手段都有所不同。并购贷款在风险管理、把握宏观导向、产业导向，以及企业经营状况，财务数据分析方面比普通贷款要求更高，对并购企业在信用等级、投融资能力、经营管理能力、盈利能力、资产负债率等方面有更严格的要求。因此对商业银行的要求也更高，要符合条件的商业银行才能开展并购贷款业务。

还款来源不同：并购贷款的最大特点，不是以贷款人的偿债能力作为贷款的条件，而是以目标企业的偿债能力作为条件，即用并购完成后目标企业的利润（分红和其他现金流）来偿还贷款本息。在抵押担保环节，是以目标企业的资产或股权作为抵押担保，如果不足，再用借款人自身的资产担保或股权质押。普通贷款主要依靠借款人现金流作为明确的还款来源。

政府政策导向作用导致贷款支持重点不同。并购贷款重点支持符合国家产业政策，项目已经建成，经营效益可观，风险相对较小的交通、能源、基础原材料、经营性基础设施等行业的并购及资产、债务重组；优势企事业单位之间的强强联合，及其他具有较大发展潜力，较好经济效益的并购和资产，债务重组活动。

资产监管要求高。并购后的资产监管工作也将是超越传统信贷的新任务。对并购贷款来说，贷款的发放只是事情的开始，后面的整合与运营才是成败的关键。贷款银行不但要了解目标企业的经营动向，还要参与重大经营活动的决策，如产生新债务、对外担保、资本性支出、资产出售、实质性改变经营范围，甚至目标企业再次并购重组等。实际上，商业银行发放贷款的同时，要担当购买方的财务顾问角色。

**三　并购贷款的风险**

在并购贷款放开之前，国内企业并购多是采取传统的融资方式，即以企业自身资产和股权抵押作担保。而并购贷款是以被并购对象的偿债能力作为条件，由于企业并购交易和融资结构复杂，形式多样，涉及兼并双方企业，包括行业发展、适用法律法规、股权结构安排或有债务、资产价格认定以及政府关系等多方面的问题，如果进行海外并购则涉及的问题更加复杂。加之并购贷款的项目投向、项目跟踪监控难度大，所以相对于一般贷款，并购贷款风险更难识别。对于并购贷款的风险评估问题，《指引》已在第二章第八条明确规定，"商业银行应在全面分析战略风险、法律与合规风险、整合风险、经营风险以及财务风险等与并购有关的各项风险的基础上评估并购贷款的风险"。在此结合宏观政策影响，综合分析了国家层面的政治风险，中观层面的法律和合规风险，企业层面的战略、经营和财务风险等。

1. 国家层面的政治风险。企业走出国门，开展跨国经营时，势必要面对复杂的国际环境。政治风险一直以来就是我国企业走出去所面临的最大困难，政治风险具有不可预见性和可控性差等特点，一旦发生往往无法挽救，常常使投资者血本无归。

2. 法律和合规风险。商业银行开展并购贷款、需要有并购经验的团队对与并购相关的各个事项——主体资格、资产与业务、交易结构、担保安排、批准与登记、劳动关系、关联交易、诉讼与合规、对外投资等，进行深入全面、有效的法律调查和分析，未能通过调查发现相关问题，对于并购方来说，可能埋下了失败的伏笔，而对于提供并购资金的银行而言，并购的失败意味着贷款的风险。此外，不同的并购交易的交易结构和交易方式，以及由于银行不能有效协调各种担保安排之间的关系，在缺乏经验、加之相关征信、立法、司法等中介环境或基础设施以及多渠道融资措施等方面存在不足的情况下，也会使得商业银行对并购活动的融资支持面临法律和合规风险。

3. 战略风险。在并购中，商业银行需要评估并购双方的产业相关度和战略相关性、并购后的预期战略成效及企业价值增长的动力等，这种必须立足于对产业发展和国内外市场的深刻了解的战略评估，是一项非常专业的工作。因此，商业银行并购贷款业务的开展，将面对的是多种行业和企业，战略风险很高。

4. 经营风险。由于商业银行并购贷款是以并购方企业并购后的未来现金流作为第一还款来源的，因此，从价值创造的角度来看，并购方与目标方通过并购产生经营"协同效应"的可能性形成了并购贷款的特殊风险来源。另外并购双方能否迅速融合，能否产生协同效益，均关系到银行贷款的安全。

5. 财务风险。由于并购在相当程度上不是以借款人的偿债能力作为借款条件，而是以被并购对象的偿债能力作为条件，因此在关注借款人或担保人信用状况的同时，特别要关注被并购企业的财务状况。特别要重点考虑并购后企业的未来现金流及其稳定程度。主要经营风险、分红策略，并购中使用的固定收益类工具等都会带来一定的风险。此外，不少企业一旦到了被并购的阶段，内部积累的矛盾和问题往往错综复杂，这不但会增加银行风险识别的难度，也形成一定的道德风险。另外，如果企业以并购名义向银行申请并获得贷款，在并购后，企业以资产权属不清、资产分割等理由直接或间接逃废银行债务；或者申请的并购贷款被企业用作其他用途，导致贷款被挪用、转移，也会形成银行贷款的风险。

#### 四　我国并购贷款案例研究

本书选取了三个并购贷款案例，即 2009 年十大并购案件之一的国开行发放国内首笔并购贷款，交通银行和建设银行贷款宝钢收购宁波钢铁的并购贷款，以及宏硕收购京山的 MBO 贷款。

1. 国家开发银行发放的国内首笔并购贷款

2009 年 1 月 20 日，国家开发银行与中国中信集团、中信国安签署中信集团战略投资白银集团项目并购贷款有关合同，并发放贷款 16.315 亿元人民币。此笔贷款是自 2008 年 12 月中国银监会下发《商业银行并购贷款风险管理指引》后国内第一笔实现资金发放的并购贷款。

（1）并购方：中信集团和中信国安

中国中信集团公司（原中国国际信托投资公司）由前国家副主席荣毅仁于 1979 年 10 月 4 日设立，企业注册资本 300 亿元。中信集团长期在金融业和房地产开发、工程承包、基础设施、资源和能源开发、实业投资、机械制造、高新技术、信息产业等业务领域开展国际化经营，取得了良好的经济效益，为我国的改革开放事业作出了重大贡献。经过近 30 年的发展，中信集团已发展成为一个在国内外具有良好信誉、资产过万亿元的大型多元化跨国企业集团。中信集团旗下有多家下属公司，包括中信银行、中信国安和中信资源以及中信泰富等。其中中信国安为中信集团公司全资子公司，国安公司经营行业涉及信息产业相关业务（包括有线电视网络投资经营、电信增值业务、卫星通信、网络系统集成、软件开发、广告业务）、旅游房地产、高新技术及资源开发等领域，是中信公司在国内最大的实业子公司之一。截至 2008 年末，国安公司总资产为 401 亿元，净资产为 131 亿元。

（2）目标企业：白银集团

白银有色集团股份有限公司前身为白银有色金融公司（白银集团）。白银集团是中国有色金融工业的摇篮，是新中国成立后的第一个有色金属联合企业，是国家"一五"时期 156 个重点建设项目之一，也是"七五"和"八五"时期重点建设项目。白银集团作为具有 50 多年有色金属行业从业经验的大型联合企业，在管理、技术、人才以及资源等方面积累了诸多优势。目前已经形成年有色金属采选 240 万吨、铜铅锌冶炼 30 万吨、硫酸 63 万吨、有色金属加工材料 5.65 万吨、黄金 3 吨、白银 100 吨、氟化盐 7.2 万吨的生产能力，是我国最大的多品种有色金属生产基地。在国家的大力支持下，为解决白银公司的体制性历史遗留问题，白银公司先后享受了国家政策性关闭破产和债转股两项重大政策。2007 年 7 月，白银公司重组改制为白银有色集团有限公司。2007 年底白银公司资产负债率 160%，负债高达 85 亿元，亏损累计 47 亿元。虽然经过改组，但白银自有资金实力一直是制约自身发展的"瓶颈"。

（3）并购方式：增资扩股

2008 年 10 月 24 日，中信集团与甘肃省政府签订多项合作协议，其中包括中信集团和它的全资子公司中信国安集团一起，以战略投资者身份出资 32.6 亿元加入白银集团，即对白银有色集团股份有限公司（以下简称白银集团）进行增资扩股，使白银集团注册资本达到 50 亿元，净资产 66.6 亿元，至此中信集团将持有白银集团 56.2% 的股权。其另两个主要股东是甘肃省政府国资委、甘肃省国有资产经营公司。

（4）并购贷款的安排和发放

2009 年 1 月 20 日，国家开发银行与中国中信集团公司、中信国安集团公司在北京签署中信集团战略投资白银集团项目并购贷款有关合同，并发放并购贷款 16.315 亿元，占该项并购资金总额的 50%，为银监会规定的上限 50%。这是自 2008 年 12 月 6 日中国银监会下发《指引》后国内第一笔实现资金发放的并购贷款。

（5）并购点评

并购风险控制较好。《指引》要求，在银行贷款支持的并购交易中，并购双方需要有较高的产业相关度或战略相关度等。中信国安是中信集团的全资子公司，主营方向为信息产业相关业务、高新技术及资源开发、旅游房地产业务等，与目标企业白银集团有较高的战略相关度。另外，《指引》还要求，商业银行需要建立一支包括并购专家、信贷专家、行业专家、法律专家和财务专家等在内的专业团队，才能开展该项业务。国家开发银行在 2008 年底改制为商业性银行之前，曾为中铝收购力拓提供过约 80 亿美元的贷款，从中积累了一定经验，也可以在一定程度上防范技术风险。

政策导向倾向明显。2007 年春节期间，中共中央总书记胡锦涛在会宁视察时，就白银公司的发展专门指示，发挥白银公司加工能力强的优势，积极实施"走出去"战略，在更大范围内实施优势互补和资源合作。2007 年底，中信集团与甘肃省政府签署了《关于中国中信集团公司战略投资白银有色集团有限公司有关事宜的备忘录》。2008年10月24日，甘肃省人民政府与中国中信集团公司签署了《甘肃省人民政府与中国中信集团公司战略合作框架协议》、《战略投资白银公司增资扩股协议》和《组建资源开发公司协议》三份协议，其主要内容为：中信集团或所属公司将在甘肃省设立分支机构，对甘肃省优势企业、重点项目提供综合性金融服务，积极参与和支持甘肃经济发展。因此这次并购贷款支持的是国家产业政策鼓励的资源能源行业，同时也是优势企业之间的强强联合重组。

2. 交通银行和建设银行借款宝钢收购宁波钢铁

交通银行（以下简称交行）和中国建设银行（以下简称建行）分别向宝钢集团收购宁波钢铁公司提供并购贷款，是中国银行业向钢铁企业发放的首例并购贷款。

（1）并购方：宝钢集团有限公司

宝钢集团有限公司是国家授权投资的机构和国家控股公司，是目前中国最具有竞争力的钢铁联合企业。2006年重组新疆八一钢厂，2008年与广钢、韶钢重组，成立广东钢铁，在淘汰落后产能的同时组筹建湛江钢铁制造基地。宝钢主要经营国务院授权范围内的国有资产，开展有关投资业务；钢铁、冶金矿产、化工（除危险品）、电力、码头、仓储、运输与钢铁相关的业务以及技术开发、技术转让、技术服务和技术管理咨询业务，外经贸部批准的进出口业务，国内外贸易（除专项规定）及其服务。

（2）目标企业：宁波钢铁

宁波钢铁是一家有限责任公司，主要从事炼铁、炼钢、连铸、热轧、冷轧等业务。成立之初，宁波钢铁的股东分别为杭钢集团、建龙集团、复星集团以及新希望集团等。其中杭钢集团持股43.85%，建龙集团下的唐山建龙实业有限公司持股30.53%，复星集团旗下的南钢联合持股20%，新希望集团旗下的福建联华国际信托投资有限公司持有余下的5.62%股权。

（3）股权转让交易概述

2009年3月1日，宝钢正式出资20.2亿元并购宁波钢铁获得其56.15%的股权。这其中有20%来自复星国际，以及建龙集团和新希望等除杭钢集团之外的剩余股东。并购之后，宁波钢铁只有两大股东，即宝钢集团和杭钢集团，分别持股为56.15%和43.85%。同日，宝钢集团与杭钢集团签署重组宁波钢铁公司的协议，这是钢铁产业调整振兴规划出台后，钢铁行业的首个重组并购。

（4）并购贷款的安排和发放

2009年3月2日，交行宣布与宝钢集团签署《并购贷款合同》，交行上海分行为宝钢集团提供7.5亿元并购贷款。建设银行上海分行为此并购提供8亿元的贷款，共计15.5亿元。此次宝钢集团并购宁波钢铁，并购总价达到31.4亿元，其中用于从杭钢集团手中购买宁波钢铁控股权的价格为20.2亿元，用于新一轮增资扩股计划约11.2亿元。此次并购贷款交行和建行分别争取，各自进行尽职调查，且相信其他银行也表达过类似的意愿。宝钢集团最后选择了交行和建行。两笔贷款期限均为3年，无论是期限和资金占比都符合5年和50%以下的要求。

（5）并购流程和风险控制

在此主要介绍一下交行的做法。

完善了并购贷款的管理制度。交行上海分行授信管理部透露，银监会《商业银行并购贷款风险管理指引》2008年12月出台之后，2009年1月交行即完善了内部对并购贷款管理的暂行办法，包括一个办法（《并购贷款业务管理暂行办法》）和两个细则（《并购贷款尽职调查指引》和《并购贷款业务股权价值评估工作指引》），对"评估的主要金融工具，并购贷款的主要风险等，都进行了提示"。并指出，"银监会的文件只是一个对风险的概括性的提示。交行在细则特别注重对被并购企业的净资产进行评估，这将有效防范并购风险。

加强贷前尽职调查。交行在1986年恢复经营之初，就与宝钢集团开展业务，双方建立了战略合作伙伴关系。宝钢集团是交行总行最高级别的六星级客户。在宝钢集团和宁波钢铁开始并购洽谈之后，交行就开始介入，依托宁波分行、上海分行、总行、宝山支行共同参与，对宁波钢铁公司进行为期约三个月的尽职调查。交行发挥总部位于上海的优势，协同了对宝钢集团和钢铁产业最为了解的宝山支行，以及对宁波钢铁最熟悉的宁波分行。宝山支行和总行授信部均安排了资深人员组成审查队伍，先后进行了宝山支行团队尽职调查，分行授信管理部风险评估，总行公司业务部尽职调查，总行法律合规部审查，总行授信管理部判断风险等各个互相制约的环节。在调查中，交行主要考虑了此次并购能够产生的战略协同效应。首先，宁波钢铁处在宁波北仑港，北仑港是中国四大深水港区之一，可以直接停靠矿石运输船，可大大降低生产成本。其次，宁波钢铁热轧产品占主导性，可为宝钢后续的深加工提供初级原料。再次，江浙区域整体钢材需求量大，但浙江钢材供应量偏小，处在宁波这个位置，可以很好地去辐射江浙市场。最后，宁波钢铁过半数的员工具有大专学历，可塑性很强。这将有效防范并购的整合和经营风险。

加强在收购完成后的进一步监控。交行相关人员介绍，以往贷款给宝钢集团，我们更关注宝钢集团的整体经营情况和现金流；现在我们还关注被兼并收购方整体的财务情况和业务前景。他们在兼并收购以后，交行工作人员还到宁波去现场再次考察，跟踪其后续运行情况。

（6）并购点评

此次并购贷款发放和安排银行的作用突出。同时银行在并购贷款中也积累了一些经验。

并购咨询。宝钢集团自有资金实力非常雄厚，对此次并购宝钢集团也曾考虑过多种方式。但交行建议宝钢集团，在当前的利率水平下，安排一部分并购贷款，是比较有利的。宝钢采纳了交通银行的建议，2009 年 2 月 26 日，宝钢集团召开董事会，决定选择并购贷款。对银行而言，并购贷款是银行服务手段的一种创新，同时也能够衍生出其他业务机会，如财务顾问费用将是银行新增收入的重要来源。

银行积累评估工具方面的经验。交通银行认为此次并购贷款中，现金流折现法和成本法这两种很贴合这次交易，为以后同类交易到底适用于哪种方法积累了经验。

注重防范并购的整合风险非常重要。除了一般借款人的风险之外，并购贷款的风险还主要表现在以下几个方面：一是战略风险，即并购后的整合效应；二是具体实施操作中的整合风险，即并购企业有无实施操作能力；三是法律合规方面的风险；四是财务风险，主要是被并购企业未来的现金流和财务状况。四点中最关键的是整合风险，即产业的相关度和战略的相关性能否达到预期效果。此次并购贷款支持的产业既符合国家的政策取向，又具有高度的产业相关度，这将为未来整合打下良好的基础。

3. 宏硕收购京山的案例——MBO 中的并购贷款

京山案例的收购主体是管理层投资成立的公司，所以构成了我国并购贷款介入 MBO 收购的案例。

（1）收购方：京山宏硕投资有限公司

京山宏硕投资有限公司（以下简称宏硕投资），由湖北京山轻工机械股份有限公司董事长以及其他 26 人中高层管理人员，技术人员投资设立，为京山轻机管理层和经营层持股的载体。目前第一大股东为京山轻机董事长孙元友，与其弟合计在宏硕投资中的持股比例达到 70.1%。媒体披露材料显示，宏硕投资以资本性投资为主，旗下拥有涉及粮油农产、房产建材、机械五金等行业的控股参股公司共 9 家。

（2）目标公司：湖北京山轻工机械股份有限公司

湖北京山轻工机械股份有限公司是中国最大的纸箱、纸盒包装机械生产和出口基地，是中国轻工总会和中国包装总公司定点生产纸制品包装机械的最大骨干企业，是集体所有制企业，在深圳交易所上市。

（3）股权转让交易概述

2009 年 5 月 14 日，宏硕投资作为并购方，和上市公司湖北京山轻工机械股份有限公司的实际控制人湖北京山轻工机械厂签署《股权转让合同》，转让京山轻机厂持有的京源科技股份 41.8%，全部对价 9100 万元。收购完成后宏硕投资持有该公司控投股东京源科技 51% 的股权，间接持有该公司 25.79% 股权。从而成为该公司的实际控制人（见图 6-5）。由于宏硕投资主要股东为该公司的管理层，因此宏硕投资本次收购构成管理层收购。

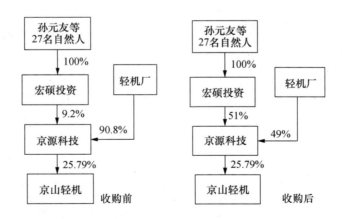

图 6-5 京山宏硕收购交易前后的股权交易结构

（4）并购贷款的安排和发放

宏硕投资用于支付总额 9100 万元的股权转让价款的资金来源为：自有资金 4600 万元，贷款资金 4500 万元。宏硕投资已于 2009 年 5 月 14 日与京山且农村信用合作联社签署了《贷款意向协议》，京山县农村信用合作联社同意向宏硕投资贷款 4500 万元用于这次收购。后来由于京山县农村信用合作联社在短期内难以筹集 4500 万元的贷款资金，因此经京山农信社同意，宏硕投资将本次交易提供并购贷款的金融机构，变更为中国工商银行股份有限公司京山支行，并于 7 月 2 日签订了《并购贷款合同》。

（5）并购点评

贷款银行主体资格和能力是并购贷款重要的准入条件。《指引》明确规定，要求从事并购贷款的银行有损失专项准备充足率不低于 100%；资本充足率不低于 10%；一般准备金余额不低于同期贷款余额的 1%；且商业银行全部并购贷款余额占同期本行核心资本净额的比例不超过 50%；商业银行对同一借款人的并购贷款余额占同期本行核心资本净额的比例不应超过 5%。京山信用社也许能够满足上述条件，但最终由于其筹资能力不足而没能开展并购贷款业务。

并购贷款的重要功能是融资功能，对收购方主体资格并未作太多限制。《指引》并未明确规定不能向 MBO 融资。京山并购案例就是并购贷款支持 MBO 的典型案例。管理层收购，一般的操作是，先由管理层共同发起设立一个公司，然后，以该公司作为并购方，收购目标公司。而银行在判断是否给实施 MBO 的管理层发放贷款支持的时候，主要评估如下方面：是否有稳定的需求；是否可以产生稳定的现金流；是否可以产生经营效率；管理团队是否有足够优势，足以挖掘和提升企业的价值。在本案例中，宏硕投资本次收购系因为本公司管理层看好京山轻机的发展前景，有意进行长期投资，并以本次间接收购为契机，重组京山轻机产权结构，进一步完善公司的治理结构，促进公司良性发展。本案例是并购贷款推出以后我国首例并购贷款支持的 MBO 案例。

**五 我国并购贷款中存在的问题**

我国企业并购历史不足 20 年，此前进行股权并购主要是通过证券市场发行新股和认购股票来进行的。在目前相关法律制度尚未健全，管理机制缺乏规范，二级交易市场不够完善的情况下，并购贷款的发展仍面临着许多问题。

1. 法律法规亟待进一步完善

目前颁布的《指引》还只是一个部门层次、业务指导性文件，其中的一些规定仍有待细化。例如，关于并购贷款的用途主要涉及两个问题：

一是在企业通过公开收购股票并购上市公司的情况下，如何规范其对于并购贷款资金的使用。在并购过程中，银行贷款必然要进入股票二级市场。但银行如何确保发放的贷款是被企业用于并购而不是炒股，目前还存在一定的监管难题。二是如何区分战略性并购和财务性并购。从《指引》规定内容看，并购贷款主要是用于企业的战略性并购而不是单纯以获利为目的的财务性并购，并给出了战略性并购的一些衡量标准。但在实践中，在并购双方具有高度战略相关度的情况下，银行客观上对于企业并购的目的是很难识别的；再如并购贷款与固定资产投资项目试行资本金制度之间存在冲突。根据《指引》规定，并购方可以运用并购贷款作为并购资金注入到目标企业的注册资本当中，或者充当目标企业的偿债资金。根据《国务院关于固定资产投资项目试行资本金制度的通知》规定，除公益性投资项目外。各种经营性投资项目必须首先落实资本金才能进行建设，如果目标企业正在进行固定资产投资项目，那么银行发放的并购贷款资金完全可以充当目标企业的投资项目资本金而被注入目标企业，这就完全规避了相关规定等。

2. 专业人才缺乏

在并购中，商业银行需要评估并购双方的产业相关度和战略相关性、并购后的预期战略成效及企业价值增长的动力等，这种必须立足于对产业发展和国内外市场的深刻了解的战略评估，是一项非常专业的工作。需要商业银行拥有一支业务能力强的投资银行团队。并且该团队的负责人应有3年以上并购从业经验。成员可以包括但不限于并购专家、信贷专家、行业专家、法律专家和财务专家等。目前，我国商业银行的业务人才主要集中于传统的银行业务，熟悉并购相关业务的人员储备不足，势必严重制约并购贷款的开展。

3. 配套服务体系不完整

为防范并购活动中的各类风险，必须对并购双方经营状况、资信状况、债权债务、财务结构等各种因素进行全面了解和深入分析，这些工作单靠商业银行则无法完成，必须同时依靠会计、法律、评级、咨询等其他机构的协助。由于我国金融中介服务机构发展缓慢，不仅数量不足，而且运作不规范，社会公信度不高，银行与中介机构合作的机制也不健全，这也在一定程度上制约了并购贷款业务的快速、稳健发展。

4. 并购贷款风险的认识不足

风险问题是并购贷款业务发展中面临的核心问题。因为并购交易是一项高风险的商业活动，面临着诸如战略风险、法律与合规风险、整合风险、经营风险以及财务风险等各类商业风险，涉及跨境交易的，还可能遭遇国别风险、汇率风险和资金过境风险等。因此，并购贷款的投入，也并非一本万利的，商业银行应全方位评估并购可能涉及的各种风险，以免形成新的坏账损失。而有的商业银行只注重并购贷款的营利性，由于本身对风险的评估能力有限，对并购贷款风险的认识还不足。

**六　加强银行在并购贷款中的公司治理作用的政策建议**

发展并购贷款业务，有利于推动我国产业升级和行业重组。有利于资源的优化配置，有利于更好地扩大内需。在我国这样一个银行基础型的金融系统里，商业银行是金融系统的中坚力量，其风险防范的意义重大。而并购贷款本身风险高，对我国商业银行而言又是一项崭新的开拓性业务，防范风险，加强对并购企业的治理，以及贷款过程的监督控制至关重要。在此，主要从宏观政策、银行自身素质和贷款过程等方面进行论述。

1. 完善法律制度。主要加强对并购贷款的风险防范，以及强化贷款的权利保护基础。人民银行、银监会等部门要在统筹规划并购贷款发展的市场格局、积极改进政策配套、努力加强协同引导、不断完善金融服务的同时，尽快完善并购贷款业务的法律法规，在已颁布《指引》的基础上，对一些规定加以明确和规范，进一步规范并购贷款资金的用途，防止资金被用于炒作股票，或是产生内幕交易；进一步明确担保细则，包括商业银行如何处置质押物，以及对于大额贷款人能否列席公司董事会进行重大投资事项决策的参与表决等。并尽快提交全国人民代表大会，争取尽早立法或充实到相关法律之中，以强化对贷款人商业银行的保护力度。

2. 构建商业银行与产权交易所等中介机构的合作机制。加强商业银行与产权交易所的合作可以充分发挥各自的优势，产生协同效应。根据我国目前已开办并购贷款业务的实际，一方面，产权交易所可以利用自身作为企业并购重组平台的优势，向银行推荐优秀企业和优秀项目，动员所属会员和有意开展并购活动的企业积极与银行合作；另一方面，商业银行可以利用自身的人才、信息、资金优势，向产权交易所及其会员提供并购重组顾问等咨询服务，并向符合条件的企业及项目提供并购贷款。同时。由于并购交易的复杂性、专业性和技术性，商业银行必须加强同其他机构如会计师事务所、律师事务所等中介机构的合作，扩大信息来源，提高信息质量和判断分析能力。商业银行应建立相应的中介机构管理制度。探索建立与不同类型中介机构的合作机制。以此实现双向合作、优势互补，为企业并购重组提供更为广阔的平台。

3. 夯实商业银行自身业务能力，利用并购贷款渗入企业公司治理中，保护自身安全。（1）建立一支并购贷款尽职调查和风险评估的专门团队。根据《指引》，商业银行应在内部组织并购贷款尽职调查和风险评估的专门团队，对银行发放并购贷款过程中的相关事宜进行调查、分析和评估。在对银行以及相关专家的调查中发现，以目前商业银行风险投资部的实际操作水平，要完成包括并购贷款业务受理、尽职调查、风险评估、合同签订、贷款发放、贷后管理在内的多项主要并购环节的管理控制工作，难度系数非常大。国外银行将发放并购贷款称作"危难性投资"，因此严格要求从事这项业务的银行员工要具备多年投资银行工作经验，甚至要求这些员工有从事交易破产方面律师的经历。因此，商业银行加快并购业务人才的培训和引进，尽快建立起足够数量的熟悉并购相关法律、财务、行业等知识的专业人才队伍，进而建立一支并购贷款尽职调查和风险评估的专门团队。（2）健全并购贷款的风险管理和组织体系。一是建立并购企业和目标企业的调查机制，其内容主要包括企业经营状况、信用状况、管理层素质和团队稳定状况以及综合偿债能力等，力求全面揭示存在的问题。二是建立重点分析和评估机制。通过对并购后企业的未来收益及现金流变化分析，对并购完成后的企业财务报表分析和对企业未来预期评估，辨别并购交易的真实性和股权的真实性，防范欺诈风险。三是健全并购贷款资金账户管理制度，防止贷款被挪用。四是建立组织机构。目前各行的并购贷款基本放在总行层级进行操作，赋予地方分支机构的权限有限。因此，对于并购交易活跃的长三角、珠三角等地区，需要在组织结构上给予更多的支持。建议商业银行在完善条线设置时，设立区域性专营窗口，以加大对经济发达区域并购交易的支持。（3）加强对企业公司治理的参与。在并购贷款协议中，能否签署"一揽子"合作贷款协议，尽可能最大限度地监督借款人的行为，甚至参与到企业的公司治理活动中去，如在贷款协议中写明债权人代表列席董事会会议，了解贷款的使用情况以及公司股东和高管是否有有损害债权人的道德风险行为。

# 第七节 本章小结

本章研究了银行通过控制权市场的公司治理机制，主要是探讨其融资治理机制。这是基于我国 2008 年底允许并购贷款业务开展后的新课题任务，因在此之前银行贷款不能进入并购市场。本章在研究商业银行在并购中角色的基础上，研究杠杆收购的基本原理和运作规律基础上，结合我国并购贷款的操作实践，探讨了我国银行通过提供并购贷款影响企业的公司治理机制。

公司治理控制权市场的基本途径及机制。公司控制权市场是一种重要的公司治理机制。银行通过公司控制权市场的治理机制有三种方式：一是银行可以通过向机构投资者进行融资，引导机构投资者收购兼并劣绩公司，对之进行改组，即公司治理过程，改善其经营状况，保证银行贷款的安全回收同时收回对机构投资者的融资；二是银行可以将劣绩公司的信息透露给机构投资者或潜在收购者，即为之提供信息咨询，帮助其收购兼并劣绩公司，对之改组并提升其价值，保证贷款的回收；三是银行可以直接接管劣绩公司，派驻管理人员进驻公司董事会，即直接参与公司治理过程，最后保证其贷款的安全回收。总之，银行完全可能通过公司控制权市场，影响收购兼并活动的方向和进程，对上市公司进行有效的治理。

商业银行在并购中可能扮演的角色是中介顾问和融资者。作为中介顾问的商业银行旨在帮助客户（买方和卖方企业）实现以最优的交易结构和并购方式，用最低的成本购得最合适的目标企业，或以最高的价值卖出企业，从而获得各自最大的商业利益。作为融资者主要是为收购方提供资金支持。

杠杆收购的基本原理研究。杠杆收购（以下简称 LBO）指收购公司主要通过举债来获得另一个公司的产权，使得该公司新的资产结构中债务比例相当高，而后又通过目标公司所产生的现金流量来偿还债务的购并方式。在杠杆收购的融资结构中，通常主要是由商业银行提供贷款，占收购资金的 50%—70%，以"垃圾债券"方式筹得的资金占收购资金的20%—30%，而投资者自有资金占比很小，通常为 10%—20%。因此杠杆收购具有高负债、高风险、高收益、高投机性等特点。

银行通过杠杆收购的公司治理机制。银行可通过融资监督和信息传递，影响企业的重大战略投资选择，银行也可以在董事会中占据席位，直接参与企业的公司治理。其公司治理机理特别是在 MBO 的杠杆收购里，银行可间接地通过控制权激励来激励管理者，银行还可以通过 MBO 中的银行债务直接激励约束管理者。

我国并购贷款的公司治理机制考察。由于我国并购贷款开展的时间较短，关于其治理效应未能检验，但结合国外 LBO 贷款的操作和一般银行普通贷款的实践，以及贷款的尽职调查等考察了银行贷款对公司治理的影响。另外对我国并购贷款中存在的主要问题和不足进行了探讨，发现目前主要存在法律法规不完善，专业人才缺乏，风险控制能力有限和专业配套服务不足等问题，进而提出了相应的政策建议。

# 第七章　研究结论及展望

## 第一节　研究结论

本书运用相关的经济金融理论,结合我国商业银行与上市公司间的银企关系实际,对我国商业银行在上市企业公司治理中的作用机理和机制进行了较为系统而深入的剖析,现将得出的主要结论汇报如下。

1. 商业银行参与上市企业公司治理的机理主要有降低代理成本、信息传递、监督与激励等,商业银行参与上市企业公司治理的机制主要有董事会机制、金融机构集中持股监督机制、控制权市场机制和债务治理机制。商业银行参与企业公司治理的理论基础研究表明,由于商业银行作为企业重要的利益相关者,以及商业银行作为委托人与代理人的企业之间存在典型的委托代理问题,银行作为投资人应该参与或介入企业的公司治理中。理论研究还提示,关于商业银行参与企业公司治理的机理有降低代理成本、监督与激励、信息(或信号)传递等。关于商业银行参与企业的公司治理机制主要有董事会机制、金融机构集中持股监督机制、控制权机制和债务治理机制等。

2. 不同类别的银行贷款具有不同的性质和特点,参与企业公司治理的机理也各异。债务期限结构可以影响企业的自由现金流,从而激励、约束股东和经理人的行为,同时向外部投资者传递企业真实价值,减少信息不对称。贷款的信用条件(或保障条件)中的抵押质押、保证、信用这几种贷款形式对银行利益的保证力度不同,抵押贷款是对企业财产的部分控制;保证贷款相对复杂一些,不但要对贷款企业的资信状况进行监控,还要对担保企业进行跟踪;信用贷款则是通过契约条件限制约束,具体的如监督贷款的使用,要求企业提供相应的财务账簿等,甚至对企业经营活动进行监控。因此，银行对抵押质押、担保和信用贷款的治理力度依次加强。按贷款信息条件，贷款分为关系型贷款和契约型贷款。关系银行通过持续不断的监督，与企业客户建立长期合作关系，对企业的公司治理力度会强于契约型贷款的治理力度。而银行贷款质量与企业公司治理间表现出一种相机治理的特征，银行对正常贷款、关注贷款、不良贷款参与企业公司治理的力度不断加强。

3. 不同银行贷款类别的公司治理效应不同，债务期限结构的公司治理效应明显，贷款保障条件并未发挥出其应有的公司治理效用，关系贷款除能降低代理成本，但其他治理作用不显著。银行贷款期限结构的公司治理效应检验发现，银行贷款总量的公司治理绩效效应是明显正向的，银行短期贷款具有显著的清算约束效应，银行长期贷款具有显著的自由现金流和代理成本治理效应。而银行贷款的保障条件的公司治理效应检验结果显示，不同保障条件下的各种贷款的绩效效应都为负；不过也存在合理的自由现金流效应和代理成本效应，但是结果不显著。关系贷款除能显著降低代理成本外，其他治理效应都不显著。

4. 我国商业银行通过股权参与上市企业公司治理主要是间接地介入公司治理，但存在积极影响企业公司治理的这种趋势。我国商业银行通过股权参与企业公司治理的机制主要是间接地介入公司治理，通过成立可以从事证券投资业务的子公司介入企业股权投资，或者作为基金托管人的身份也可能间接地通过对基金资金投向的管理和监督对上市公司的治理产生影响。不过也有通过债转股等形式直接获得企业股权的，如中国建设银行通过债转股获得部分企业股权，中国银行持有 4 家非金融企业的股份，并且能对其中两家企业产生重大影响。

5. 并购贷款将对上市企业公司治理产生重大影响。我国的并购贷款可以说是 LBO 的雏形，银行可通过融资监督和信息传递，影响企业的重大战略投资选择，同时也可以间接地通过控制权激励来激励管理者，在我国已有支持 MBO 的并购贷款。不过由于我国并购贷款的开展时间较短，关于其治理效应未能检验。另外我国并购贷款中还存在法律法规不完善，专业人才缺乏，风险控制能力有限和专业配套服务不足等问题，还需要进一步完善相应的保障条件，扫除并购贷款参与公司治理的障碍。

# 第二节 政策建议

针对上述研究结论，以及研究中发现的问题，提出如下政策建议：

1. 拓宽企业直接融资通道，加大企业债券融资比例。目前我国企业债券在企业内部融资占比不高，银行持有企业债券占其资产中的比例也非常小，而银行贷款是企业融资的主要来源，对企业而言压力大，对银行而言风险高。所以拓宽企业的直接融资通道，特别是对于上市公司除了股权融资、银行贷款，应加大企业债券等市场融资工具的运用。

2. 提高企业的信用水平。实证研究结果提示，我国企业的信用水平也许并不能让银行放心，关系贷款并没有降低企业的债务融资成本，出现了保证贷款、信用贷款和抵质押贷款的公司治理绩效效应依次增强的现象。此外，这几种贷款存在对管理者的约束作用但效应不明显。说明银行监督意识不强的同时，企业的信用水平还有待提高，管理者的机会主义动机明显。也正因此，应该加强企业的信用水平，进而提高企业的融资能力和公司价值。

3. 强化商业银行的商业化运作理念，综合运用各种贷款的性质和特征，加强对企业的公司治理，同时提高风险意识和风险管理能力。如债务期限结构中短期贷款的运用上，加强其治理作用，限制管理者的自由现金流和管理成本；对信用贷款、保证贷款、抵质押贷款等，也要针对贷款特性，加强对其监督和控制，令其发挥出应有的公司治理效应；关系贷款的应用上，应进一步加强关系贷款在限制企业自由现金流中的作用，进而提高企业的运作效率。

4. 积极稳妥地推动商业银行参与并购融资。发展并购贷款业务，有利于推动我国产业升级和行业重组，有利于资源的优化配置。因此，尽快建立和完善相关法律制度及管理机制，帮助商业银行建立开展并购贷款的技术和人才等条件，促进并购贷款业务和并购市场的健康发展。这样便为银行通过控制权市场参与企业公司治理提供了条件。

## 第三节  研究展望

按照既定的项目研究任务，对商业银行参与上市企业公司治理的机理进行了较为深入的研究，有很多收获，其中之一就是发现了几个值得进一步研究的主题，也许可能成为下一个研究任务。

首先是银行或银行集团的公司治理问题。研究之后发现银行要有效发挥其在企业中的公司治理作用，提升其自身的公司治理水平尤为重要。如在银行贷款的信用条件研究中发现，银行信用贷款体现出其较弱的公司治理效应，并未像理论研究所揭示的那样会加强对企业的监督。这也许就涉及银行自身的治理问题，如其对资金使用效率的关注等，银行自身可能存在管理层在作无效投资的问题。另外，商业银行的集团化运作趋势明显，很多商业银行都拥有很多全资子公司和控股子公司。由于这些子公司的业务与母公司间有联系，甚至与村镇银行子公司间的业务雷同，在业务关系复杂化和产权关系也复杂化的情况下，银行的经营风险加大，母子公司间的管控难度加大，因此，商业银行的集团公司治理问题将日益凸显，加强对其公司治理问题的研究十分必要。

其次是银企关系的进一步研究。商业银行参与上市企业公司治理只是银企关系的一个内容，研究中发现银行与企业有着广泛的业务往来，如咨询服务等中间业务，也许不直接涉及公司治理层面的内容，但是可以对彼此的公司价值产生影响。此外，随着未来金融系统的改革，金融体制的不断变迁，银企关系又会出现新变化，所以银企关系将是一个永恒的有价值的研究主题。

# 参考文献

［1］［美］J. 弗雷德·威斯通、马克·L. 米切尔、J. 哈罗德·马尔赫林：《接管重组与公司治理》，北京大学出版社 2006 年版。

［2］［美］J. 弗雷德·威斯通：《兼并重组与公司控制》，经济科学出版社 1998 年版。

［3］［美］阿道夫·A. 伯利、加德纳·C. 米恩斯：《现代公司与私有财产》，商务印书馆 2005 年版。

［4］［美］博迪（Bodie, Z.）、莫顿（Merton, B. C.）：《金融学》，中国人民大学出版社 2000 年版。

［5］［美］富兰克林·艾伦、道格拉斯·盖尔：《比较金融系统》，中国人民大学出版社 2002 年版。

［6］［美］科斯、哈特、斯蒂格利茨：《契约经济学》，经济科学出版社 2000 年版。

［7］［美］洛（RoeM. J.）：《强管理者弱所有者》，郑文通等译，上海远东出版社 2000 年版。

［8］［日］青木昌彦：《经济体制的比较制度分析》，中国发展出版社 1999 年版。

［9］［英］乔纳森·查卡姆：《公司常青：英美法日德公司治理比较》，中国人民大学出版社 2006 年版。

［10］［英］亚当·斯密：《国富论：国民财富的性质和起因的研究》，中南大学出版社 2003 年版。

［11］阿德里安·卡德伯里：《公司治理和董事会主席》，中国人民大学出版社 2005 年版。

［12］邓莉、李宏胜：《公司治理中银行作用的国际比较研究》，《经济纵横》2005 年第 12 期。

［13］邓莉、张宗益、李宏胜等：《银行在控制权市场中的作用机制研究：

来自中国上市公司的证据》，《金融研究》2008 年第 1 期。

[14] 邓莉、张宗益、李宏胜：《银行债权的公司治理效应研究：来自中国上市公司的经验证据》，《金融研究》2007 年第 1 期。

[15] 邓莉、张宗益：《商业银行在非金融公司治理中的作用研究综述》，《生产力研究》2008 年第 15 期。

[16] 邓莉：《商业银行在上市企业公司治理中的作用研究》，西南财经大学出版社 2009 年版。

[17] 邓莉：《商业银行在上市企业公司治理中的作用研究》，博士学位论文，重庆大学，2007 年。

[18] 杜景林、卢谌译：《德国有限责任公司法、德国公司改组法、德国参与决定法》，中国政法大学出版社 2000 年版。

[19] 杜娟、王莹：《论全能银行的含义、特点及发展趋势》，《吉林金融研究》2011 年第 1 期。

[20] 杜莹、刘立国：《中国上市公司债权治理效率的实证分析》，《证券市场导报》2002 年第 12 期。

[21] 方晓霞：《对主银行在企业治理结构中作用的再认识——SOGO 集团破产的启示与思考》，中国工业经济 2000 年第 9 期。

[22] 费国平、张云玲：《并购贷款图解 2009》，中国经济出版社 2009 年版。

[23] 钟加勇、韩世清等：《商业银行在并购中的角色定位》，《西部论丛》2009 年第 4 期。

[24] 冯波：《并购贷款：国际经验之借鉴》，湖北农村金融研究 2010 年第 1 期。

[25] 高玉贞：《日本主银行制度：发展改革与启示》，硕士学位论文，中国海洋大学，2005 年。

[26] 高月仓：《关于我国金融业混业经营模式的研究》，《世界经济情况》2002 年第 12 期。

[27] 龚明华：《关于主银行制度和人为低利率政策——日本高速成长时期的金融制度研究》，《现代日本经济》2005 年第 6 期。

[28] 何玉长：《国有公司产权结构与治理结构》，上海财经出版社 1997 年版。

[29] 胡奕明、谢诗蕾：《银行监督效应与贷款定价——来自上市公司的

一项经验研究》，《管理世界》2005 年第 5 期。

［30］胡奕明、周伟：《债权人监督：贷款政策与企业财务状况——来自上市公司的一项经验研究》，《金融研究》2006 年第 4 期。

［31］黄纯纯：《公司上市、关系贷款与中国银企关系的重建》，《管理世界》2003 年第 12 期。

［32］黄少安、张岗：《中国上市公司股权融资偏好分析》，《经济研究》2001 年第 11 期。

［33］孔庆燕、刘玉灿：《西方主银行及投资机构在公司治理中的作用——基于日本和美国的经验》，《求索》2005 年第 10 期。

［34］雷英：《银行监督与公司治理——中国非金融类上市公司经验证据》，华东理工大学出版社 2007 年版。

［35］李怀祖：《管理研究方法论》，西安交通大学出版社 2004 年版。

［36］李宽、周好文、张烨：《中国金融业发展的全能银行研究》，《金融理论与实践》2005 年第 7 期。

［37］李宽：《全能银行与中国银行业未来》，中国金融出版社 2006 年版。

［38］李瑞红：《防控银行并购贷款法律合规风险的思考》，《金融会计》2010 年第 2 期。

［39］李世银、李璐彤：《金融业混业经营模式比较研究》，《江西财经大学学报》2009 年第 5 期。

［40］李维安、张俊喜主编：《公司治理前沿》（第一辑，经典篇），中国财政经济出版社 2003 年版。

［41］李维安：《公司治理》，南开大学出版社 2001 年版。

［42］李维安：《现代公司治理研究——资本结构、公司治理和国有企业股份制改造》，中国人民大学出版社 2002 年版。

［43］李向阳：《企业信誉、企业行为与市场机制——日本企业制度模式研究》，经济科学出版社 1999 年版。

［44］李芝倩、杨德才：《关系型借贷理论的新进展》，《经济理论与经济管理》2005 年第 5 期。

［45］林鹭燕：《中小企业关系型融资研究》，硕士学位论文，厦门大学，2007 年。

［46］凌涛：《金融控股公司经营模式比较研究》，上海人民出版社 2007 年版。

[47] 刘斌红：《杠杆收购的融资探讨》，《改革与战略》2003 年第 12 期。

[48] 刘丹著：《利益相关者与公司治理法律制度研究》，中国公安大学出版社 2005 年版。

[49] 刘艳妮：《从我国的金融业态看民营金融控股集团的发展模式》，《广西农村金融研究》2006 年第 3 期。

[50] 卢俊编译：《资本结构理论研究译文集》，上海三联书店、上海人民出版社 2003 年版。

[51] 鲁道夫·希法亭著：《金融资本——资本主义最新发展的研究》，商务印书馆 1994 年版。

[52] 吕长江、张艳秋：《企业财务状况对负债代理成本的影响》，《数量经济技术经济研究》2002 年第 12 期。

[53] 吕景峰：《债权的作用与我国国有企业治理结构的改进》，《经济科学》1998 年第 3 期。

[54] 罗松江：《市场经济条件下银企关系研究》，博士学位论文，华南师范大学，2002 年。

[55] 帕特曼：《帕特曼报告》，商务印书馆 1980 年版。

[56] 彭文平：《关系型融资理论述评》，《经济社会体制比较》2004 年第 6 期。

[57] 钱颖一：《企业的治理结构改革和融资结构改革》，《经济研究》1995 年第 1 期。

[58] 秦国楼：《现代金融中介论》，中国金融出版社 2002 年版。

[59] 秦宏昌：《商业银行办理并购贷款的法律风险与控制》，《金融理论与实践》2010 年第 3 期。

[60] 青木昌彦、钱颖一主编：《转轨经济中的公司治理结构——内部人控制和银行的作用》，中国经济出版社 1994 年版。

[61] 青木昌彦：《比较制度分析：起因和一些初步的结论》，《经济社会体制比较》1997 年第 1 期。

[62] 邵东亚：《全能银行的金融产品：创新、替代与组合》，《金融理论与实践》2004 年第 2 期。

[63] 邵国良、王满四：《上市公司负债融资的股权结构效应实证分析》，《中国软科学》2005 年第 3 期。

[64] 石海宏：《杠杆收购在企业并购中的应用》，硕士学位论文，贵州大

学，2007 年。

[65] 斯蒂芬·A. 罗斯、伦道夫·W. 斯尔特菲尔德、布们德福德·D. 乔丹：《公司理财》（第 6 版），方红星译，机械工业出版社 2004 年版。

[66] 宋玮：《国有商业银行治理机制研究》，煤炭工业出版社 2003 年版。

[67] 苏洲：《企业杠杆收购与银行金融创新》，中国财政经济出版社 2006 年版。

[68] 孙丽瑶：《论国际金融业混业经营模式及对我国的启示》，《现代商贸企业》2009 年第 24 期。

[69] 唐纳德·H. 邱主编：《公司财务和治理机制：美国、日本和欧洲的比较》，中国人民大学出版社 2005 年版。

[70] 汪景福：《我国企业杠杆收购问题探讨》，硕士学位论文，厦门大学，2008 年。

[71] 王彬：《公司的控制权结构》，复旦大学出版社 1999 年版。

[72] 王刚义：《中国公司控制权市场形态与效率分析》，博士学位论文，复旦大学，2003 年。

[73] 王满四：《负债融资的公司治理效应及其机制研究》，中国社会科学出版社 2006 年版。

[74] 王巍：《中国并购报告（2003）》，人民邮电出版社 2003 年版。

[75] 王昭凤：《银企关系制度比较研究》，人民出版社 2001 年版。

[76] 危凤：《杠杆收购：理论及其在中国的实践》，硕士学位论文，厦门大学，2009 年。

[77] 吴冬梅：《公司治理结构运行与模式》，经济管理出版社 2001 年版。

[78] 吴建伟：《中国国有企业管理层收购行为研究》，博士学位论文，天津大学，2004 年。

[79] 吴洁：《关系型贷款研究综述》，《理论探讨》2005 年第 10 期。

[80] 吴敬琏：《论现代企业制度》，《财经研究》1994 年第 2 期。

[81] 吴淑琨、席酉民：《公司治理与中国企业改革》，机械工业出版社 2000 年版。

[82] 谢清河：《企业并购：基于商业银行并购贷款风险管理分析》，《金融理论与实践》2010 年第 3 期。

[83] 徐联初、肖晓光：《银行对企业控制权与我国企业治理结构的改

善》，《金融研究》1999 年第 8 期。

[84] 徐茂魁：《现代公司制度概论》，中国人民大学出版社 2001 年版。

[85] 徐强胜、李中红：《论银行在公司治理结构下的法律地位》，《金融研究》2001 年第 8 期。

[86] 徐文彬：《德国全能银行制度对我国商业银行的启示》，《经济研究参考》2011 年第 5 期。

[87] 徐作君：《美德金融混业经营模式比较分析及对我国的启示》，硕士学位论文，天津商业大学，2007 年。

[88] 杨瑞龙主编：《企业理论：现代观点》，中国人民大学出版社 2005 年版。

[89] 杨松：《股东之间利益冲突研究》，博士学位论文，北京大学，2004 年。

[90] 杨兴全、陈旭东：《负债融资契约的治理效应分析》，《财政研究》2004 年第 8 期。

[91] 杨兴全：《我国上市公司融资结构的治理效应分析》，《会计研究》2002 年第 8 期。

[92] 姚兴涛：《机构投资者的交易需求》，《资本市场》2000 年第 10 期。

[93] 叶向阳：《公司治理：基于债权融资视角的分析》，《经济体制改革》2004 年第 5 期。

[94] 衣龙新：《财务治理理论研究》，博士学位论文，西南财经大学，2001 年。

[95] 于东智：《董事会、公司治理与绩效——对中国上市公司的经验分析》，《中国社会科学》2003 年第 3 期。

[96] 于东智：《董事会与公司治理》，清华大学出版社 2004 年版。

[97] 于东智：《公司治理》，中国人民大学出版社 2005 年版。

[98] 于东智：《资本结构、债权治理与公司绩效：一项经验分析》，《中国工业经济》2003 年第 1 期。

[99] 于潇：《美日公司治理结构比较》，中国社会科学出版社 2003 年版。

[100] 岳慧：《非 LBO 的中国式并购贷款——中国资产杠杆化的开端》，《邵阳学院学报》2009 年第 10 期。

[101] 泽维尔·维夫斯编：《公司治理：理论与经验研究》，中国人民大学出版社 2006 年版。

［102］张辉、李强、晏敬东：《试论杠杆收购》，《科技进步与对策》2002年第9期。

［103］张鹏：《债务契约理论》，上海财经大学出版社2003年版。

［104］张秋生、王东：《企业兼并与收购》，北方交通大学出版社2001年版。

［105］张维迎：《产权、激励与公司治理》，经济科学出版社2005年版。

［106］张维迎：《企业理论与中国企业改革》，北京大学出版社1999年版。

［107］张维迎：《所有制、治理结构及委托—代理关系》，《经济研究》1996年第9期。

［108］张晓峒主编：《计量经济学软件EVIEWS使用指南》，南开大学出版社2003年版。

［109］张湧、王冀宁、李心丹：《德国全能银行参与公司融资与治理研究》，《求索》2005年第6期。

［110］张湧：《德国全能银行体制下的银企关系、融资模式和公司治理》，《上海投资》2004年第1期。

［111］郑秀君：《日本主银行制度研究综述》，《经济研究导刊》2009年第36期。

［112］中国企业并购年鉴编委会：《中国企业并购年鉴（2005）》，人民邮电出版社，2006年版。

［113］周睿：《论银行在公司治理结构中的作用》，博士学位论文，华东师范大学，1999年。

［114］周艺：《我国负债融资治理机制的研究》，硕士学位论文，湖南大学，2004年。

［115］朱武祥：《KKR、杠杆收购与公司治理》，《证券市场导报》2001年第7期。

［116］佐藤孝弘：《日本主银行制度的作用》，《金融与经济》2009年第8期。

［117］Admati, A., P. Pfleiderer, and J. Zechner, Large Shareholder Activism, Risk Sharing, and Financial Market Equilibrium ［J］. Journal of Political Economy, 1994, 102.

［118］Aghion, P., and P. Bolton, An Incomplete Contract Approach to Financial Contracting ［J］. Review of Economics Studies, Vol. 59, 1992.

［119］ Alchain, A. , and H. Demsetz, American Economic Review ［J］. Production, Information Costs and Economics Organization, 1972, Vol. 62.

［120］ Allen, F. , Credit Rationing and Payment Incentives ［J］. Review of Economic Studies, 1981, 50.

［121］ Allen, L. , J. Jagtiani, S. Peristiani, and A. Saunders. The Role of Bank Advisors In Mergers and Acquisitions ［J］. Journal of Money, Credit, and Banking, 2004 (4), Vol. 36.

［122］ Ansoff, I. H. , Corporate Strategy: An Analytic Approach to Business Policy for Growth and Expansion ［M］. McGraw – Hill, New York, 1965.

［123］ Aoki, M. , and H. Patrick, The Japanese Main Bank System: Its Relevance for Developing and Transforming Economies, Oxford: Clarendon Press Oxford, 1994.

［124］ Baums, T. , Universal Banks and Investment Companies in Germany. In: Saunders, A. , Walter, I. (Eds. ) ［M］. Universal Banking: Financial System Design Reconsidered. Irwin, Chicago, 1996.

［125］ Berger, A. , Udell, G. . Relationship Lending and Lines of Credit in Small Firm Finance ［J］. Journal of Business, 1995 (68).

［126］ Berlin, M. J. , Loyes. Bond Covenants and Delegated Monitoring ［J］. Journal of Finance, 1988 (43).

［127］ Berlin, M. Mester, L. For Better and for Worse: Three Lending Relationships ［Z］. Business Rev. Fed. Bank Philadelphia, 1996 (December).

［128］ Berlin, M. , Meste, L. . Deposits and Relationship Lending ［Z］. Working Paper, Federal Reserve Bank of Philadelphia, 1998, No. 1.

［129］ Blackwell, D. , Winterd, D. B. Banking Relationships and the Effect of Monitoring on Loan Pricing ［J］. Journal of Financial Research, 1997 (22).

［130］ Boehmer, E. , Business Groups, Bank Control, and Large Sharehold-

ers: An Analysis of German Takeovers [J] . Journal of Financial Inter-
mediation, 2000 (9) .

[131] Boot, A. W. , A. V. . Can Relationship Banking Survive Competition
[J] . Journal of Finance, 2000 (55) .

[132] Boyd, J. , E, Prescott, Financial intermediary coalitions [J] . Jour-
nal of Financial Theory, 1986.

[133] Carlin, W. , and C. Mayer, Finance, Investment and Growth [M] .
Mimeo, Sa Business School, University of Oxford, 2000.

[134] Cole, R. . The Importance of Relationships to the Availability of Credit
[J] . Journal of Banking Finance, 1998 (22) .

[135] David J. Denis, Mihov, Vassil T. The Choice Among Bank Debt, Non –
bank Private Debt, and Public Debt: Evidence from New Corporate
Borrowings [J] . Journal of Financial Economics, 2003 (70) .

[136] Day, J. , and P. Taylor, Institutional Change and Debt – Based Corpo-
rate Governance: A Comparative Analysis of Four Transition Economies
[J] . Journal of Management and Governance, 2004 (8) .

[137] Degryse, Hans. Relationship Lending within a Bank – based System:
Evidence from European Small Business Data [J] . Journal of Financial
Intermediation, 2000 (3) .

[138] Dewatripont, M. and J. Tirole, A Theory of Debt and Equity: Diversity
of Securities and Manager – Shareholder Congruence [J] . The Quarter-
ly Journal of Economics, MIT Press, Vol. 109 (4) , 1994.

[139] Diamond, D. W. , Financial Intermrdiation and Delegated Monitoring
[J] . Journal of Review of Economic Studies, 1984 (L1) .

[140] Diamond, D. , Monitoring and Reputation: The Choice Between Bank
Loans and Directly Placed Debt [J] . Journal of Political Economy,
1991 (99) .

[141] Diamond, D. , Reputation Acquisition in Debt Market [J] . Journal of
Political Economics, 1989 (97) .

[142] Dietl, Capital Market and Corporate Governance In Japan, Germany
and The United States [J] . Routledge, 1998.

[143] Easterbrook, F. , and D. Fischel, The Economic Structure of Corpo-

rate Law［M］. Cambridge： Harvard University Press，1991.

［144］ Eaton，J.，and M. Gersovitz，Debt With Potential Reputation ： Theoretical and Empirical Analysis ［J］. Review of Economic Studies，1981，48.

［145］ Fama，E.，Agency Problems and The Theory of The Firm ［J］. Journal of Political Economy，April，1980.

［146］ Fama，E.，and M. Jensen，Separation of Ownership and Control ［J］. Journal of Law and Economics，1983，26.

［147］ Fama，E.，What's Different about Banks ［J］. Journal of Monetary Economics，1985，15（1）.

［148］ Farrar，D. E.，and L. Selwyn，Taxes，Corporate Financial Policy and Return to Investment ［J］. National Tax Journal，20，No. 4，1967.

［149］ Franks，J.，C. Mayer，Bank Control，Takeovers and Corporate Governance in Germany ［J］. Journal of Banking & Finance，1998（22）.

［150］ Franks，J.，C. Mayer，Hostile Takeovers in the UK and the Correction of Managerial Failure，Institute of Finance and Accounting Working Paper，1992，No. 156 – 192. London Business School，London.

［151］ Gray，C. W.，Creditors' Crucial Role Incorporate Governance ［J］. Finance & Development，June，1997.

［152］ Grossman，R. J.，and O. Hart，The Costs and Benefits of Ownership： A Theory of Vertical and Laterral Integration ［J］. Journal of Polirical Economy，1986，Vol. 94，No. 4.

［153］ Grossman，S.，and O. Hart，Corporate Financial Structure and Managerial Incentives，in J. J. Mccall （ed. ）The Economics of Information and Uncertainty ［M］. Chicago： University of Chicago Press，1982.

［154］ Harris，M.，and A. Raviv，Corporate Control Contests and Capital Structure ［J］. Journal of Financial Economics，1988（20）.

［155］ Harris，M.，and A Raviv，Capital Structure and the Information Role of Debt ［J］. Journal of Finance，1990（45）.

［156］ Hart，O. D.，and J. Moore，Debt and Seniority： An Analysis of the Role of Hard Claims in Constraining Management ［J］. Journal of American Economic Review, 1998 (85).

[157] Hart, O. D. , Firms, Contracts, and Financial Structure [M]. London: Oxford University Press, 1995.

[158] Houston, J. , James, C. , Banking Relationships, Financial Constraints, and Investments: Are Bank Dependent Borrowers More Financially Constrained? [Z]. Unpublished Working Paper, University of Florida, Gaineville, 1995.

[159] Huddart, S. , The Effect of a Large Shareholder on Corporate Value [J]. Journal of Management Science, 1993 (39).

[160] Instefjord, N. , The Market for Corporate Control and the Agency Paradigm [J]. European Finance Review, 1999, 3.

[161] Ivashina, Victoria, V. B. Nair, A. Saunders, and N. Z. Massoud, Bank Debt and Corporate Governance [J]. SSRN Working Paper, August, 2005.

[162] James, C. , Some Evidence on the Uniqueness of Bank Loans [J]. Journal of Financial Economics, 1987, 19 (2).

[163] Jensen, M. C. , Meckling, William. Theory of the Firm: Managerial Behavior, Agency Cost, and Capital Structure [J]. Journal of Financial Economics, 1976 (3).

[164] Jensen, M. , Agency Costs of Free Cash Flow, Corporate Finance and Takeover [J]. American Economic Review, 1986, Vol. 76, No. 2.

[165] Jensen, M. , and R. Ruback, the Market for Corporate Control: the Scientific evidence? [J]. Journal of Financial Economics, 1983, 11.

[166] Jensen, M. , The Modern Industrial Revolution, Exit , and The Failure of Internal Control Systems [J], Journal of Finance, 1993, No. 3.

[167] Jensen, M. C. The Eclipse of the Public Corporation [J]. Harvard Business Review, 1989 (89).

[168] Kaplan, S. , Top Executive Rewards and Firm Performance: A Comparison of Japan and the United States [J]. Journal of Political Economy, 1994 (102).

[169] Kroszner, R. S. , Rajan, R. G. , Is the Glass – Steagall Act justified?

A study of the United States Experience with Universal Banking before 1933 ［J］. American Economic Review, 1994, 84.

［170］ Kroszner, R. , S. Strahan, and E. Philip, Bankers on Boards: Monitoring, Conflicts of Interest, and Lender Liability ［J］. Journal of Financial Economics, 2001 (62).

［171］ Leibenstein, H. , Allocative Efficiency vs. "X – Efficiency" ［J］. American Economic Review, 1966, 56, June.

［172］ Leland, H. E. , and D. H. Pyle, Informational Asymmetries, Financial Structure, and Financial Intermediation ［J］. Journal of Finance, Vol. 32, No. 2, 1977 (5).

［173］ Manne, H. , Mergers and the Market for Corporate Control. ［J］. Journal of Political Economy, 1965, 73 (April).

［174］ Miller, M. H. , Debt and Taxes ［J］. Journal of Finance, 1977, 32.

［175］ Modigliani, F. , and M. H. Miller, The Cost of Capital, Corporation Finance, and the Theory of Investment ［J］. American Economic Review, 1958 (48).

［176］ Modigliani, F. , and M. H. Miller, Corporate Income Taxes and the Cost of Capital: A Correction ［J］. American Economic Review, 1963, 53.

［177］ Mork, R. , A. shleifer, and R. Vishny, Managment Ownership and Market Valuation: An Empirical Analysis ［J］. Journal of Financial Economics, 1988, 20.

［178］ Mork, R. , and M. Nakkamura, Banks and Corporate Control in Japan ［J］. Journal of Finance, 1999, 54.

［179］ Myers, S. , Determinants of Corporate Borrowing ［J］. Journal of Financial Economics, 1977, 5 (2).

［180］ Myers, The Capital Structure Puzzle ［J］. Journal of Finance, 1984 (39).

［181］ OECD, Financial Markets and Corporate Governance ［J］. Financial Market Trends, 1995. No. 62.

［182］ ongena, Steven, Smith, David C.. What Determines the Number of Bank Relationships? Cross – country Evidence ［J］. Journal of Financial Intermediation, 2000 (9).

[183] Petersen, M. A., Rajan R. G.. The Benefits of Lending Relationships: Evidence from Small Businesses [J]. Journal of Finance, 1994 (49).

[184] Petersen, M. A., Rajan, R. G.. The Effect of Credit Market Competition on Lending Relationships [J]. Quarterly Review of Economics, 1995 (110).

[185] Prowse, S. D., Corporate Governance in an International Perspective: A Survey of Corporate Control Mechanisms Among Large Firms in the U. S., U. K., Japan and Germany, Financial Markets [J]. Institutions and Investments, 1995, Feb., 4

[186] Prowse, S. D., The Structure of Corporate Ownership in Japan [J]. The Journal of Financial Economics, 1990, 27.

[187] Rajan, R. G., Insiders and outsiders: The Choice between Informed and Arm's – length Debt [J]. Journal of Finance, 1992, 47.

[188] Rauterkus, A., Banks As Shareholders: Conflict of Interest or Efficient Corporate Governance? The Case of Germany [D]. A Dissertation Submitted to The Division of Research and Advanced Studies of The University of Cincinnati for The Degree of PH. D, 2002.

[189] Ross, S. A., The Determination of Financial Structure: the Incentive Signaling Approach [J], Bell Journal of Economics, 1977 (8).

[190] Sang – Woo Nam, Relationship Banking and Its Role in Corporate Governance [Z]. ADB in statute Research Paper Series, 2004 (4), No. 56.

[191] Sheard, P., the Main Bank System and Corporate Monitoring and Control in Japan [J]. Journal of Economic Behavior and Organization, 1989, Vol. 11.

[192] Shleifer, A., and L. Summers, Breach of Trust in Hostile Takeovers [M]. In Corporate Takeovers: Causes and consequencesed. A. Auerbach, Chicago Press, 1988.

[193] Shleifer, A., and R. W. Vishny, A Survey of Corporate Governance [J]. Journal of Finance, 1997, 52 (2).

［194］ Shleifer, A., and R. W. Vishny, Large Shareholders and Corporate Control ［J］. Journal of Political Economy, 1986 (94), No 3.

［195］ Slovin, M. B., Sushka, M. E. J. A Poloncheck. The Value of Bank Durability: Borrowers as Bank Stakeholders ［J］. Journal of Finance, 1993 (48).

［196］ Sharpe, Steven A. Asymmetric Information, Bank Lending, and Implicit Contracts: A Stylized Model of Customer Relationships ［J］. Journal of Finance, 1990 (45).

［197］ Stiglitz, J., Credit Markets and The Control of Capita ［J］. Monetary, Credit, and Banking, 1985 – 5, 17 (2).

［198］ Stuart I Greenbaum, George Kanatas, Itzhak Venezia. Equilibrium loan pricing under the bank – client relationship ［J］. Journal of Banking and Finance, 1989.

［199］ Thadden, Von, Ernst – Ludwig. The Commitment of Finance, Duplicated Monitoring, and the Investment Horizon, Unpublished manuscript ［Z］. Working Paper, Basel University, 1994.

［200］ Tricker, R. I., Corporate Governance ［M］. Gower Publishing Company Limited, 1984.

［201］ Williamson, O., Corporate Finance and Corporate Governance ［J］. The Journal of Finance, 1988, Vol. 43.

# 后　　记

时光飞逝，岁月如梭！不知不觉，离课题结题两年多了。作为国家社科基金课题的研究成果，由于自己的懒怠，迟迟未修改形成专著。在导师、同学、同事和编辑朋友的多方鼓励和支持下，专著的撰写、修订和出版最终完成，在此向你们致以衷心的感谢！

首先，感谢我的博士后合作导师西南财经大学刘锡良教授，他为人正直善良，学识渊博，思想深邃。每次向刘老师请教，都深受启发，给我提供很多研究的方向和思路；除了专业研究方面给我启迪，还鼓励我努力工作，潜心研究，令我终生获益。

在西南财经大学博士后研究期间，同门师兄弟们给予了我莫大的支持和鼓励，莫建明、彭克强、冉晓东、唐敏、邹德政、易雪辉、张德海、段文清等博士后，在开题和研究过程中都提供了很多中肯的意见，特别是莫建明师弟还提供了很多学术之外如经费支持等方面的帮助。在此向你们表示诚挚的谢意！

我要感谢重庆工商大学企业管理学科对专著的资助。特别感谢学科带头人——梅洪常教授，无论是课题研究还是专著的出版，作为学科带头人都给予了充分的支持。

我还要特别感谢北京科技大学博士生导师——曹文斌教授，本书的校订稿就是他帮忙从台湾带回来交给编辑部的，所以本书的顺利出版，曹教授提供了最直接的援助。

我也感谢我的家人，他们是我一生的精神财富，也是我工作生活的源动力。我先生为研究工作提供了最有力的支持，提供了大量的研究资料，甚至在写作思路上也提供了一些建议；儿子也是我学习的榜样，与他交流会给我很多研究灵感，而且我们还会互相勉励；我的父亲、哥哥、嫂嫂，他们都经常关心我的研究工作，亲情给了我莫大的鼓励。

最后要特别感谢王曦编辑，本书的出版是在她的直接推动下完成的。

此外，还要感谢中国社会科学出版社其他编辑们的辛勤努力，你们的严谨态度感染着我，正是你们的努力才让本书顺利地与读者见面。

邓莉

重庆·兰花湖

2015 年 12 月